Der Hamburger Sonderweg im System
der öffentlich-rechtlichen Ethik-Kommissionen Deutschlands

RECHT & MEDIZIN

Herausgegeben von den Professoren
Dr. Erwin Deutsch, Dr. Adolf Laufs, Dr. Hans-Ludwig Schreiber

Bd./Vol. 44

PETER LANG
Frankfurt am Main · Berlin · Bern · Bruxelles · New York · Oxford · Wien

Almut Wilkening

Der Hamburger Sonderweg im System der öffentlich-rechtlichen Ethik-Kommissionen Deutschlands

PETER LANG
Europäischer Verlag der Wissenschaften

Die Deutsche Bibliothek - CIP-Einheitsaufnahme

Wilkening, Almut:

Der Hamburger Sonderweg im System der öffentlich-rechtlichen Ethik-Kommissionen Deutschlands / Almut Wilkening. - Frankfurt am Main ; Berlin ; Bern ; Bruxelles ; New York ; Oxford ; Wien : Lang, 2000
(Recht und Medizin ; Bd. 44)
Zugl.: Göttingen, Univ., Diss., 1999
ISBN 3-631-36413-X

Gedruckt auf alterungsbeständigem, säurefreiem Papier.

D 7
ISSN 0172-116X
ISBN 3-631-36413-X

Printed in Germany 1 2 4 5 6 7

Vorwort

Die vorliegende Arbeit wurde im Jahre 1999 von der juristischen Fakultät der Georg-August-Universität Göttingen als Dissertation angenommen. Das Manuskript wurde im August 1999 fertiggestellt.

An dieser Stelle möchte ich meinem Doktorvater Prof. Dr. Dr. h.c. mult. Erwin Deutsch danken, der die Arbeit in unbürokratischer Weise gefördert und mit wertvollen Hinweisen betreut hat. Mein Dank gilt außerdem Herrn Prof. Dr. Harald Bogs für die Übernahme und kurzfristige Erstellung des Zweitgutachtens.

Für das zur Verfügung gestellte Informationsmaterial und aufschlußreiche Gespräche bin ich zahlreichen Institutionen, insbesondere aber der Hamburger Ethik-Kommission, dankbar.

Zu großem Dank bin ich Felicitas und Steffen Witte für ihre technische Hilfestellung sowie Christiane Schmaltz für die Textdurchsicht verpflichtet.

Besonders möchte ich meinen Eltern für ihre Unterstützung in all den Jahren danken.

Hamburg, im Februar 2000 *Almut Wilkening*

Inhaltsverzeichnis

Abkürzungsverzeichnis

ÄK	Ärztekammer
AMA	American Medical Association
AMG	Arzneimittelgesetz
Apr	Ausschußprotokoll
ArztR	Arztrecht
BÄK	Bundesärztekammer
BÄO	Bundesärzteordnung
BfArM	Bundesinstitut für Arzneimittel und Medizinprodukte
CE	Conformité Européenne
CIOMS	Council for International Organizations of Medical Sciences
Clin.Pharmacol	Clinical Pharmacology (Zeitschrift)
Clin.Research	Clinical Research (Zeitschrift)
CPMP	Committee for Proprietary Medicinal Products (Europäischer Arzneispezialitätenausschuß)
DÄBl	Deutsches Ärzteblatt
DFG	Deutsche Forschungsgemeinschaft
DMW	Deutsche Medizinische Wochenschrift
DNÄ	Die Neue Ärztliche
Drucks.	Drucksache
DVBl	Deutsches Verwaltungsblatt
EG	Europäische Gemeinschaft
EthikMed	Ethik in der Medizin (Zeitschrift)
EU	Europäische Union
FÄPI	Fachgesellschaft der Ärzte in der Pharmazeutischen Industrie e.V.
FDA	Food and Drug Administration (Lebensmittel- und Arzneimittelverwaltung in den USA)
FS	Festschrift
GCP	Good Clinical Practice
GesundA	Gesundheitsausschuß
GO-Bü	Geschäftsordnung der Hamburgischen Bürgerschaft
HÄBl	Hamburger Ärzteblatt
Hamb.ÄrzteG	Hamburgisches Ärztegesetz
ICH	International Conference of Hamonization (Internationale Konferenz zur Harmonisierung von Zulassungsanforderungen für Arzneimittel)
Intensivmed	Intensivmedizin (Zeitschrift)

IRB	Institutional Review Board
LÄK	Landesärztekammer
MBO	Musterberufsordnung
Med.Klin.	Medizinische Klinik (Zeitschrift)
MedR	Medizinrecht (Zeitschrift)
MF	Medizinische Fakultät/Medizinischer Fachbereich
MMG	Medikament Mensch Gesellschaft (Zeitschrift)
MMW	Münchener Medizinische Wochenschrift
MPG	Medizinproduktegesetz
MPJ	Medizinprodukte Journal
N Engl J Med	New England Journal of Medicine
PharmaR	Pharma-Recht (Zeitschrift)
PharmInd	Die Pharmazeutische Industrie (Zeitschrift)
PlPr	Plenarprotokoll
RDH	Revidierte Deklaration von Helsinki
RPG	Zeitschrift für Recht und Politik im Gesundheitswesen
TFG	Transfusionsgesetz
UCLA	University of California at Los Angeles
UKE	Universitätskrankenhaus Eppendorf
UTR	Umwelt- und Technikrecht (Zeitschrift)
VBlBW	Verwaltungsblätter für Baden-Württemberg
VFA	Verband Forschender Arneimittelhersteller e.V.
WHO	World Health Organization (Weltgesundheitsorganisation)
WMA	World Medical Association (Weltärztebund)
ZEKO	Zentrale Kommission zur Wahrung ethischer Grundsätze in der Medizin und ihren Randgebieten
ZRP	Zeitschrift für Rechtspolitik

Wegen aller übrigen Abkürzungen wird verwiesen auf:

Kirchner, Hildebert, Abkürzungsverzeichnis der Rechtssprache, 4. Auflage, Berlin, New York 1993

Einleitung

A. Entstehungsbedingungen medizinischer Ethik-Kommissionen

In den vergangenen Jahrzehnten hat sich in der Öffentlichkeit eine zunehmende Sensibilisierung hinsichtlich ethischer Probleme in der Medizin vollzogen. Diese erhöhte Aufmerksamkeit wurde nicht nur durch bedauerliche Auswüchse in der medizinischen Praxis ausgelöst, sondern hat ihren Grund auch in den Risiken einer hoch entwickelten medizinischen Forschung. Die Forschung, der wir einerseits segensreiche Fortschritte verdanken, wirft andererseits auch ernsthafte Probleme auf: Neu entwickelte, hochwirksame Medikamente zeigen gelegentlich schwerwiegende Nebenwirkungen, und neue Verfahren einer hochtechnisierten Apparatemedizin werfen ethische Probleme in einem bisher nicht gekannten Maße auf. Der Arzt und Forscher befindet sich in einem immer schwerer zu überschauenden Dilemma zwischen medizinisch-naturwissenschaftlicher Erkenntnisforschung zugunsten zukünftiger Generationen und dem verantwortungsvollen therapeutischen Handeln gegenüber seinen gegenwärtigen Patienten.[1] Die moralischen Grundsätze des Hippokratischen Eides bieten zur Auflösung dieses Widerspruches wenig Orientierungshilfe; danach verpflichtet sich der Arzt „nach bestem Wissen und Gewissen“ zu handeln und den Patienten „vor Schaden zu bewahren“. „Bestes Wissen“ bedeutet heute wissenschaftlich gesicherte Erkenntnis.[2] Diese kann nur durch den Versuch am Menschen einwandfrei gewonnen werden. Der Versuch am Menschen jedoch widerspricht wegen des Schädigungsrisikos des Probanden der Verpflichtung des Arztes, niemals zu schaden. Mit der Institutionalisierung von Ethik-Kommissionen wird der Versuch unternommen in dem Konflikt, der bei Forschungen am Menschen entsteht, Orientierungshilfe zu bieten.

B. Terminologie

Für die Institutionen, die in Deutschland „Ethik-Kommissionen“ genannt werden, ist international noch kein einheitlicher Ansatz zur Namensgebung gefunden worden. In den Vereinigten Staaten werden sie als *Institutional Review Boards* bezeichnet, abgekürzt *IRB*. Gelegentlich werden sie auch *Human Subjects Protection Committee* genannt, um den Schutz, der den Patienten und Probanden durch die Kommission gewährt werden soll, zu betonen.[3] Den Ausdruck „Ethics Committee“ benutzt man dagegen in den USA für die Beratung

1 Vgl. Deutsch, Klinische Forschung, S. 13 ff.
2 Toellner, S. 3 (7).
3 Deutsch, Medizinrecht, Rn. 589.

oder Beschlußfassung in Fragen des gesamten Bereichs der Ethik in der Medizin. Hier reichen die Aufgaben von der Beratung bei konkreten ethisch schwierigen Fällen der medizinischen Praxis bis hin zu der Beschäftigung mit Grundsatzthemen wie dem Patiententestament.[4] Auch im deutschen Sprachgebrauch legt der Begriff Ethik, der in der Philosophie als die Lehre vom Sittlichen definiert wird,[5] einen derart weiten Aufgabenbereich nahe. Dieses Betätigungsfeld trifft jedoch für „Ethik-Kommissionen" in Deutschland gerade nicht zu. Die hiesigen Ethik-Kommissionen sind vielmehr Ausschüsse, die sich nahezu ausschließlich mit biomedizinischer Forschung am Menschen befassen, so daß sie eigentlich die Bezeichnung „Forschungskommissionen" verdienen würden.[6] Dennoch hat sich in Deutschland der Begriff „Ethik-Kommission" eingebürgert.

C. Ziel der Arbeit und Gliederungsübersicht

Die Hamburger Ärztekammer hatte schon 1980 als eine der ersten in der Bundesrepublik eine Ethik-Kommission eingerichtet. Als am 17.08.1995 die 5. Novelle des Arzneimittelgesetz (AMG) in Kraft trat und darin die Bildung einer Ethik-Kommission den Landesgesetzgebern aufgegeben wurde, zögerte die Hamburger Bürgerschaft. Mit medizinischen Schwierigkeiten in die Schlagzeilen geraten, wurde über die landesrechtliche Gestaltung der Ethik-Kommission in Hamburg lange diskutiert und schließlich ein Sonderweg eingeschlagen.

Ziel dieser Arbeit ist es, die Entwicklung und die Charakteristika der Ethik-Kommission in der Hansestadt Hamburg herauszuarbeiten und in einer bewertenden Vergleichung festzustellen, ob diese Ausgestaltung zweckmäßig für die Hansestadt ist und ob darüber hinaus Aspekte ihrer Ausgestaltung auch für andere Bundesländer Anregungen geben können.

Im ersten Teil der Arbeit werden zunächst die Entwicklung, rechtlichen Einbindungen und Funktionen der Ethik-Kommissionen sowie deren Voten mit ihren haftungsrechtlichen Konsequenzen allgemein dargestellt, um die Grundlagen herauszuarbeiten, die für alle Ethik-Kommissionen in Deutschland gelten. Anschließend wird gezeigt, wie zum einen die Ethik-Kommissionen in den Bundesländern außerhalb Hamburgs (Teil 2) und zum anderen die Ethik-Kommission in der Hansestadt Hamburg (Teil 3) innerhalb der gegebenen Grundlagen aus Gesetz und Empfehlung landesrechtlich und tatsächlich ausgestaltet sind. Die Grundlage für die Darstellung der tatsächlichen Struktur und Verfahrensweise der Ethik-Kommissionen bilden eingehende Recherchen zur Praxis der Ethik-Kommissionen in Deutschland, die durch eine umfassende empirische Untersuchung ab-

4 Levine, Hastings Center Report, vol. 14, no. 3, 1984, 9 ff.; Scheffold, S. 35.
5 Brockhaus, Band 6, S. 623 ff.
6 Deutsch, Medizinrecht, Rn. 589; ders. hat schon in NJW 1981, 614 f. auf die irreführende Bezeichnung hingewiesen.

gesichert werden. Die Ausführungen zu der Hamburger Ethik-Kommission schließen den medizingeschichtlichen Zusammenhang mit ein, um die Beweggründe für die dortige Ausgestaltung verständlich zu machen. Auf die Untersuchungen in Teil 2 und 3 aufbauend wird abschließend im 4. Teil die Ausgestaltung in Hamburg mit denen der anderen Bundesländer verglichen. Durch Aufdeckung differenter und identischer Strukturen zwischen der Hamburger Ethik-Kommission und den Ethik-Kommissionen anderer Bundesländer wird die Charakteristik der Hamburger Ethik-Kommission und damit ihr Sonderweg auf dem Hintergrund der Vielfalt bundesrepublikanischer Ethik-Kommissionen herausgearbeitet und einer Bewertung zugeführt. Die Bewertung erfolgt nicht allein unter dem Gesichtspunkt allgemeinverbindlicher Kriterien, sondern auch unter Berücksichtigung der besonderen Situation des Hamburger Stadtstaates.

1. Teil: Entwicklung, Funktionen und rechtliche Einbindungen der Ethik-Kommissionen und ihrer Voten

A. Herkunft und Entwicklung

I. Ursprung in den USA

Die Institutionalisierung der Ethik-Kommissionen in den USA ist eine Reaktion auf eklatante Mißbräuche an Patienten und Probanden in der medizinischen Forschung. Dabei waren die Menschenversuche in den deutschen Konzentrationslagern im zweiten Weltkrieg besonders in den USA ein Ausgangspunkt für die erhöhte Sensibilisierung in der Öffentlichkeit.[7] Im Rahmen der sog. Nürnberger Nachfolgeprozesse gegen eine größere Zahl von Medizinern wurden im Urteil des amerikanischen Militärtribunals 1947 konkrete Kriterien für die Zulässigkeit biomedizinischer Forschung aufgestellt. Sie bildeten von da an als Nuremberg Code[8] eine anerkannte Beurteilungsgrundlage.[9] Sie sollte später als Vorlage für die Deklaration von Helsinki im Jahre 1964[10] dienen.[11] Allerdings ist weder in dem Urteil noch in der Deklaration von Helsinki in der Fassung von 1964 die Überwachung biomedizinischer Versuche durch eine Kommission erwähnt. Kernaussage der Deklaration von Helsinki in der damaligen Fassung war lediglich die allgemeine Feststellung, daß der Arzt das Wohl des Patienten allen anderen Überlegungen voranzustellen hat.[12]

In den 60er Jahren wurde deutlich, daß auch unter rechtsstaatlichen Bedingungen die Grenzen des Rechts und der Moral in der Forschung häufig mißachtet werden; ausschlaggebend waren im wesentlichen drei Geschehnisse in den USA in den sechziger Jahren:[13]

---

7 Vgl. zur Entwicklung in den USA insb. Robertson, in UCLA L. Rev. Bd. 26 1979, 484 (487 ff.) sowie Deutsch, Klinische Forschung, S. 99 ff. und PharmaR 1982, 45 ff.; zur medizinischen Wissenschaft im „Dritten Reich" in Hamburg vgl. van den Bussche, S. 32 ff.

8 Abgedruckt bei Tröhler/Reiter-Theil, S. 353 f., deutschsprachige Fassung NJW 1949, 377.

9 Vgl. zum Ganzen Deutsch, Klinische Forschung, S. 24 f.; ders., FS für Wassermann, S. 69 ff.

10 BAnz. Nr. 113 vom 25.06.1971, S. 3.

11 Diese wurde von der World Medical Association (WMA) beschlossen, um der modernen medizinischen Forschung den notwendigen ethischen Hintergrund zu geben. Vgl. zum Verhältnis des Nürnberger Codex zu der 1975 revidierten Deklaration von Helsinki Deutsch, NJW 1978, 570 (573 ff.).

12 Vgl. zur weiteren Entwicklung der Deklaration von Helsinki unten, 1. Teil A. II. (S. 21) und B. III. 1. (S. 47 ff.).

13 Die Tatsache, daß viele Berichte über medizinische Forschung aus den USA stammen, bedeutet nicht unbedingt, daß Mißbräuche dort häufiger vorkommen. Die Berichte scheinen vielmehr auf eine größere Sensitivität der medizinischen Profession und auf eine politische

Zunächst hatte 1962 das Law-Medicine Research Institute der Universität Boston eine Untersuchung über die Praxis bei medizinischen Experimenten gestartet. Sie ergab, daß an den meisten Instituten weder besondere Einwilligungsformulare Anwendung fanden, noch Dienstanweisungen oder Kommissionen bestanden.[14]

Darüber hinaus wurde durch die Berichterstattung über den Fall *Hyman v. Jewish Chronic Disease Hospital* vor dem obersten Gericht des Staates New York die Furcht in der Bevölkerung vor rücksichtslosen Versuchen an unwissenden Patienten geweckt:[15] 22 schwerkranken Patienten waren Karzinomzellen unter die Haut gespritzt worden, um festzustellen, ob diese Zellen genauso wie vom Gesunden abgestoßen werden. Die Patienten waren lediglich allgemein gefragt worden, ob sie an einem Test teilnehmen wollten, der ihre Immunität prüfen sollte; ihre Zustimmung bezog sich jedoch nicht darauf, daß im Rahmen des rein wissenschaftlichen Experimentes virulente Krebszellen eingespritzt werden sollten.

Sodann erschien im Jahre 1966 ein Aufsatz von Henry K. Beecher, Professor of Research in Anaesthesia, Harward Medical School, im New England Journal of Medicine.[16] Beecher wies darin nach, daß von 100 fortlaufenden Untersuchungen in einer angesehenen Fachzeitschrift wenigstens zwölf als unethisch erschienen. Die Beanstandungen reichten von mangelnder Aufklärung über Versuche, die rein wiederholenden Charakters waren, bis zu bizarren Versuchen.

Es ist nicht feststellbar, wie hoch die Dunkelziffer nicht aufgedeckter Mißbräuche von Probanden in der Forschung war. Aber schon die bekannt gewordenen Fälle machten deutlich, daß es bei der Forschung am Menschen ein Kontrolldefizit gab, das von den etablierten Verfahren nicht abgedeckt werden konnte. Das nun anwachsende öffentliche und wissenschaftliche Interesse an dem Konflikt zwischen Forscher und Versuchsperson führte zu einer Suche nach ethischen Standards und schließlich zu der Erkenntnis, daß die medizinische Forschung am Menschen durch ein unabhängiges Gremium kontrolliert werden mußte.[17]

Um dem nun entstandenen Druck der Öffentlichkeit gerecht zu werden, erließ das Department of Health, Education and Welfare (DHEW) eine Anordnung zum Schutz der menschlichen Würde bei biomedizinischen Versuchen. Hiernach durften mit Wirkung von 1966 Bundesmittel zur Unterstützung für Forschungsaufgaben nur noch verwendet werden, wenn das Projekt vorher einer

---

Kultur, die die Thematisierung solcher Probleme fördert, zurückzuführen zu sein, vgl. van den Daele/Müller-Salomon, S. 13, Fn. 12.

14 Von 52 befragten Institutionen hatten nur zwei spezielle Richtlinien für Experimente am Menschen entwickelt und nur 16 benutzten besondere Einwilligungsformulare, Frankel, Ethics in Science & Medicine 2/1975, 43 (48). An neun von ihnen bestanden Dienstanweisungen und lediglich 22 Institutionen hatten Komitees eingerichtet, Levine[2], S. 323; Robertson, a.a.O., 484 (487).

15 206 N.E. 2d 338 (Court of Appeals, New York 1965).

16 Beecher, in: N Engl J Med 1966, 1354 (1355).

17 Vgl. zu der Entwicklung Deutsch, Klinische Forschung, S. 99 ff.; ders., PharmaR 1982, 45 ff.; Roberson a.a.O., 484 (487); Eberbach, S. 11 ff.

Kommission an der antragstellenden Institution zum Schutz von Versuchspersonen vorgelegt worden war und der Ausschuß vor Beginn der Studie geprüft hatte, daß die Rechte und das Wohlergehen der Probanden gewahrt werden, daß die Einwilligung nach ausreichender Aufklärung eingeholt wird und daß das Risiko zu den Vorteilen der Untersuchung in einem angemessenen Verhältnis steht.[18] Die seit ihrem ersten Erlaß häufig veränderte Regelung galt nur bei öffentlich geförderten Forschungsvorhaben als Voraussetzung für die Vergabe von Mitteln des Bundes zu Zwecken der Forschung. Die meisten amerikanischen Universitäten, ebenso wie andere Forschungseinrichtungen, übernahmen jedoch aus Gründen der Gleichbehandlung die Überprüfung durch Institutional Review Boards auch in die durch Eigenmittel finanzierte Forschung.[19] Daraufhin entwickelte sich das IRB-System stark. 1978 gab es bereits über 500 Institutionen, an denen IRBs tätig waren.[20] Auch die amerikanische Lebensmittel- und Arzneimittelverwaltung (Food and Drug Administration, FDA) verlangt inzwischen bei der Arzneimittelprüfung die Vorlage an ein IRB.[21]

Insgesamt bewährte sich dieses System, obwohl es bis heute mehrmals geändert wurde und es auch zu einzelner Kritik an der Machtfülle der IRBs (die IRBs entscheiden verbindlich[22]) und an dem Zeitverzug durch die Prüfung gekommen ist.[23]

II. Überblick über die internationale Entwicklung

Auf internationaler Ebene etablierten sich die Ethik-Kommissionen auf der 29. Generalversammlung des Weltärzteverbandes am 10.10.1975 in Tokio. Dort wurde die Helsinki-Deklaration von 1964[24] überarbeitet und stellte nun als sog. „revidierte Deklaration von Helsinki“[25] in ihrem Abschnitt I Nr. 2 erstmals die Forderung nach einem „besonders berufenen unabhängigen“ Komitee zur Beurteilung der Forschungspläne für die klinische Forschung auf. Sie bildete die Grundlage, auf der sich weltweit Ethik-Kommissionen entwickelten.[26]

---

18 Abgedruckt bei Levine[1], S. 209 f.
19 S. Deutsch, PharmaR 1982, 45.
20 S. Bork, S. 29.
21 FDA Rules and Regulations, Part. 56 – Institutional Reviw Boards, abgedruckt bei Levine[2], S. 413 ff.
22 Vgl. Penslar, Chapter 1. A.
23 Vgl. Deutsch, PharmaR 1982, 45 (46 f.).
24 Vgl. Fn. 10 und 11.
25 BAnz. Nr. 152 vom 14.08.1976, S. 3 f., geändert von der 35. Generalversammlung in Venedig, Oktober 1983, von der 41. Generalversammlung in Honkong, September 1989 und von der 49. Generalversammlung in Sommerset West 1996, aktuelle Fassung abgedruckt bei Deutsch/Lippert, S. 117 ff., vgl. auch unten, B. III. 1. (S. 47).
26 Vgl. Koechlin Büttiker, S. 161 f.; Nachweise zur Entwicklung in Schweden, England, Schweiz, Österreich, Belgien Dänemark, Norwegen, Israel, Schottland, Kanada, Australien, Neuseeland, Japan und Malaysia bei Czwalinna, S. 3; vgl. auch die Länderberichte der XXVIth CIOMS Conference bei Bankowski/Levine, S. 173 ff.

III. Entwicklung in Deutschland

Trotz der Erfahrungen aus der Nazizeit und des späteren Thorotrast-Falles[27], in dem der BGH 1956 eine Schadensersatzklage wegen mißbräuchlicher Forschung zu behandeln hatte (und ihr stattgab), existierten zunächst keine Ethik-Kommissionen in Deutschland. Anstoß für die Einrichtung von Ethik-Kommissionen in Deutschland waren erst die Erfahrungen mit den IRBs in den USA und schließlich der Beschluß der revidierten Deklaration von Helsinki 1975. Zunächst fehlte eine konkrete gesetzliche Anordnung,[28] die Entscheidung einer Ethik-Kommission einzuholen. Gem. den Empfehlungen der revidierten Deklaration von Helsinki[29] bestand jedoch zunehmend ein faktischer Zwang, die Ethik-Kommission anzurufen. Viele medizinische Fachzeitschriften machten schon Anfang der 80er Jahre die Veröffentlichung solcher Manuskripte, die über Humanexperimente berichten, von dem positiven Votum einer Ethik-Kommission abhängig.[30] Hinzu kam, daß das Bundesministerium für Forschung und Technologie und die Deutsche Forschungsgemeinschaft ebenso wie andere öffentliche Geldgeber als Voraussetzung für die Gewährung von Zuschüssen die Zustimmung einer Ethik-Kommission verlangten.[31]

1. Die öffentlich-rechtlichen Ethik-Kommissionen

Öffentlich-rechtliche Ethik-Kommissionen entstanden an den medizinischen Fakultäten der Hochschulen, an den Landesärztekammern und an anderen öffentlichen Einrichtungen.[32]

a) Ethik-Kommissionen an den medizinischen Fachbereichen der Hochschulen

Die ersten Ethik-Kommissionen in Deutschland wurden 1973 – offenbar angeregt durch die Entwicklung in den USA – von der Deutschen Forschungsgemeinschaft in Göttingen und Ulm an Sonderforschungsbereichen gegründet.[33]

In den Jahren 1976 bis 1982 wurden dann auf der Grundlage der revidierten Deklaration von Helsinki allmählich Ethik-Kommissionen an medizinischen Fakultäten bzw. Fachbereichen eingerichtet.[34] Diese Kommissionen gingen

27 BGHZE 20, 61 ff.

28 Zur Rolle der Ethik-Kommissionen als Instrument der Verkehrssicherung, vgl. unten, 1. Teil B. II. 1. (S. 43 ff.).

29 Vgl. I. 8. S. 2 RDH.

30 Bork, S. 34; Deutsch, NJW 1981, 614.; Kollhosser, in: Symposium, S. 37 (42); zum heutigen Stand, Graf, PharmaR 1998, 236 (238).

31 Kollhosser, in: Symposium, S. 37 (42); HÄBl 12/1988, 415.

32 Vgl. van den Daele/Müller-Salomon, S. 11; Deutsch, NJW 1981, 114 (116).

33 Deutsch, Medizinrecht, Rn. 591; ders., Chirurg 1983, 623; Czwalinna, S. 3 u. 4; die Sonderforschungsbereiche sind – entsprechend den Bestimmungen in den Hochschulgesetzen der Länder – regelmäßig Einrichtungen der Hochschule, an der sie errichtet werden, nicht der DFG, die nur die finanzielle Förderung abwickelt, vgl. v. Bar/Fischer, NJW 1980, 2734 (2739) .

34 Vgl. Fischer, in: Symposium, S. 79 (84).

zum Teil aus den Ethik-Kommissionen der Deutschen Forschungsgemeinschaft an Sonderforschungsbereichen hervor oder wurden neu gegründet.[35] An der Universität Göttingen wurde 1976 die erste Ethik-Kommission an einem medizinischen Fachbereich errichtet,[36] danach wurden auch an der Universität Hannover[37], Bonn[38] und Tübingen[39] Ethik-Kommissionen gegründet.

Nachdem schließlich auch der Medizinische Fakultätentag 1979 und 1981 die Einführung von Ethik-Kommissionen gefordert hatte,[40] konstituierten sich hauptsächlich 1979 bis 1982 an fast allen medizinischen Fakultäten Ethik-Kommissionen.[41] Ihnen waren nach inneruniversitärem Recht alle klinischen Versuche mit Menschen vorzulegen. Die Kommissionen waren nur beratend nach der Revidierten Deklaration von Helsinki oder auch beschließend tätig, wenn das inneruniversitäre Recht eine Beschlußbefugnis enthielt.[42]

b) Ethik-Kommissionen an den Landesärztekammern

Die Ethik-Kommissionen an den Landesärztekammern entwickelten sich erst infolge der revidierten Deklaration von Helsinki. Sie fand ihren Niederschlag in der 1979 von der Bundesärztekammer ausgesprochenen Empfehlung, Ethik-Kommissionen bei den einzelnen Landesärztekammern einzurichten.[43] Die ersten Ethik-Kommissionen an Landesärztekammern entstanden dann 1980.[44]

Seitdem auf dem 88. Deutschen Ärztetag 1985 erstmals die Forderung der revidierten Deklaration von Helsinki nach Ethik-Kommissionen in die Musterberufsordnung übernommen worden war, sind an allen Ärztekammern Ethik-Kommissionen gegründet worden, und die Zahl der den Ethik-Kommissionen der Ärztekammern zur Prüfung vorgelegten Forschungsvorhaben ist stetig angestiegen. Die in den „Grundsätzen für die ordnungsgemäße Durchführung der klinischen Prüfung von Arzneimitteln“ des Bundesministers für Jugend, Familie, Frauen und Gesundheit[45] geforderte Anhörung einer „unabhängigen und sachkundigen“[46] Ethik-Kommission vor Aufnahme einer klinischen Prüfung hat zu einer weiteren Zunahme der Anträge geführt.

---

35 Czwalinna, S. 4.
36 Piechowiak, Fortschritte in der Medizin 1982, 1023 (1024); vgl. auch Kirchhoff, arzt im krankenhaus 1980, 672 (674).
37 Vgl. Kirchhoff, a.a.O., 672 (674).
38 Piechowiak, a.a.O., 1023 (1024).
39 Piechowiak, a.a.O., 1023 (1024); Malchow u.a., Der Internist 1982, 227 ff.
40 Vgl. Kollhosser, in: Symposium, S. 37 (39); DÄBl 1981, 1427 f.
41 Wagner, DÄBl 1981, 168.
42 Deutsch, Medizinrecht, Rn. 592.
43 „Empfehlung zur Errichtung von Ethik-Kommissionen bei den Ärztekammern“, abgedruckt bei Kühn, in: Symposium, S. 73 (74 ff.).
44 Zunächst an der ÄK Hamburg und der LÄK Rheinland-Pfalz, vgl. die Übersicht bei Czwalinna, S. 132.
45 BAnz. Nr. 243 vom 30.12.1987, S. 16617.
46 Punkt 1.3. der Grundsätze.

c) *Ethik-Kommissionen an anderen öffentlichen Einrichtungen*

Überwiegend wurden Ethik-Kommissionen zwar an den medizinischen Fakultäten der Universitäten und bei den Landesärztekammern angesiedelt. Sie wurden aber auch an einigen städtischen Krankenhäusern, so etwa an den Städtischen Kliniken München, an der V. Med. Klinik Nürnberg[47] und an Landesversicherungsanstalten[48] eingerichtet. Die Stadt Bremen konstituierte 1986 eine „Ethik-Kommission für die Krankenhäuser im Lande Bremen", die weder an eine Ärztekammer noch an eine bestimmte Klinik angegliedert ist.[49]

2. *Privat-rechtliche Ethik-Kommissionen*

Neben den staatlich eingesetzten Kommissionen haben sich auch private Gremien entwickelt, die sich ebenfalls „Ethik-Kommissionen" nennen.

Sie sind zum einen Arzneimittelprüfinstituten (z.B. Arzneimittelforschung GmbH Berlin oder Biodesign GmbH Freiburg), Pharma-Unternehmen (z.B. Beiersdorf AG Hamburg, Schering AG Berlin) sowie anderen Institutionen (z.B. Deutsche Liga zur Bekämpfung des hohen Blutdrucks/Hochdruckforschungsinstitut) angegliedert.[50]

Zum anderen gibt es auch die sogenannten „freien" – weil keiner Institution zugeordneten – Ethik-Kommissionen.[51] Ein Beispiel bildet die „Freiburger Ethik-Kommission".[52] Es gibt sogar europäische und internationale Kommissionen, welche keinerlei Rückhalt im nationalen Bereich haben.[53]

a) *Abgrenzung zu den öffentlich-rechtlichen Ethik-Kommissionen*

Während regelmäßig davon auszugehen ist, daß eine an eine öffentlich-rechtliche Körperschaft angegliederte Ethik-Kommission auch öffentlich-rechtlich organisiert ist, fehlt es den privat-rechtlichen Ethik-Kommissionen an dieser öffentlich-rechtlichen Zuordnung.[54] Diese Kommissionen sind meist als bürgerlich-rechtliche Gesellschaften, aber auch in Gestalt einer GmbH oder als Teil eines Unternehmens organisiert, das sie bestellt hat. [55]

---

47 Deutsch, Medizinrecht, Rn. 606.
48 Van den Daele/Müller-Salomon, S. 11.
49 Sie wurde auf der Grundlage eines Erlasses des Senators für Gesundheit, Jugend und Soziales tätig.
50 Czwalinna, MedR 1986, 305 (306). Einige der von Pharma-Unternehmen und Arzneimittelprüfinstituten gegründeten Kommissionen orientieren sich an den Anforderungen der FDA und stehen damit in der Nähe der amerikanischen IRBs (bei Schering genügen die Kommissionen sogar exakt den Anforderungen der FDA), vgl. Czwalinna, MedR 1986, 305 (306, Fn. 16).
51 Deutsch, VersR 1989, 429 (430); van den Daele/Müller-Salomon, S. 11.
52 Sie ist, entgegen ihrer leicht irreführenden Namensgebung, in keiner Weise mit der Universität Freiburg verbunden.
53 Deutsch, Medizinrecht, Rn. 594; ders., VersR 1989, 429 (431).
54 Schenke, NJW 1991, 2313 (2314).
55 Deutsch, Medizinrecht, Rn. 594; Laufs/Uhlenbruck-Laufs, § 130 Rn. 49.

b) *Entstehungszeitraum*

Die privatrechtlichen Ethik-Kommissionen entstanden zwischen dem Erlaß der revidierten Deklaration von Helsinki im Jahre 1975 und der Umsetzung in die Musterberufsordnung 1985 (sog. „Dekade des Zwielichts").[56] Sie berufen sich dabei ebenso wie die öffentlich-rechtlichen Kommissionen auf die revidierte Deklaration von Helsinki, in der zwar die Anhörung einer „besonders berufenen und unabhängigen" Kommission vor der Durchführung eines Versuchs am Menschen gefordert, die Organisation dieses Ausschusses jedoch noch nicht genau definiert wurde.

3. *Arbeitskreis medizinischer Ethik-Kommissionen*

Da die Forderung nach einem unabhängigen Komitee in der revidierten Deklaration von Helsinki zunächst nicht konkret in Bundesrecht umgesetzt wurde,[57] entwickelte sich in der BRD die Institutionalisierung keineswegs einheitlich, so daß sehr bald das Bedürfnis nach Informationsaustausch über die Grundsätze der Tätigkeit von Ethik-Kommissionen bestand.[58] So fand 1980 auf Einladung der Ethik-Kommission an der Universität Münster ein Symposium „Medizinische Ethik-Kommission – Aspekte und Aufgaben -" statt, das seine Fortführung 1982 fand.[59] Ebenfalls in Münster beschlossen Vertreter von 18 medizinischen Fakultäten und 7 Landesärztekammern unter der wohlwollenden Begleitung der Bundesärztekammer schließlich am 07.05.1983 die Gründung eines „Arbeitskreises Medizinischer Ethik-Kommissionen" in der Bundesrepublik Deutschland einschließlich „Berlin-West" (der Zusatz „Berlin West" entfällt seit 1990) als Diskussionsforum sachbezogener Probleme.[60]

Innerhalb des Arbeitskreises wurden Empfehlungen zur Vereinheitlichung von Verfahren und Organisation der einzelnen Ethik-Kommissionen erarbeitet. Sie sollten die Akzeptanz der Ethik-Kommissionen in der Öffentlichkeit, insbesondere auch gegenüber dem Gesetzgeber erhöhen, die Beachtung ihrer Voten stärken und den Nachweis der Sorgfalt der Entscheidungsfindung möglich machen.[61] Die hierfür gegründete Kommission „Verfahrensgrundsätze"[62] legte 1985 einen Entwurf vor, der nach einjähriger Erörterung in den einzelnen Ethik-Kommissionen am 19.11.1986 als „Verfahrensgrundsätze" in Düsseldorf gebilligt wurde. Er hat am 18.11.1987 und 16.11.1988 in Köln jeweils gering-

---

56 Deutsch, VersR 1989, 429 (430).
57 Vgl. zur weiteren Entwicklung unten, 1. Teil B. I. (S. 27 ff.)
58 Vgl. Doppelfeld, in: Toellner, S. 49.
59 Titel: „Die Tätigkeit der medizinischen Ethik-Kommissionen – Möglichkeiten und Grenzen"
60 Vgl. zu der Entwicklung im einzelnen Doppelfeld, in: Toellner, S. 49-51; Dokumentation der Jahresversammlung 1995 im Anhang bei Lachmann/Meuter, S. 193 ff.; Dokumentation der Jahresversammlung 1996 bei Toellner/Wiesing, S. 173 ff.
61 Doppelfeld, in: Toellner, S. 49 (53).
62 Mitglieder waren zunächst: Deutsch und Berg aus Göttingen, Kanzow aus Bonn und Kirchhoff aus Hannover.

fügige Änderungen erfahren und wurde – nach einer vorläufigen Ergänzung am 21.11.1990 – in seiner bis heute gültigen Fassung in der Versammlung des Arbeitskreises medizinischer Ethik-Kommissionen vom 17.11.1993 beschlossen.[63] Hier wurde u.a. ein Mindestkonsens für die Besetzung und das Verfahren dieser Ausschüsse erzielt. Die Kommission „Verfahrensgrundsätze" legte auch den Entwurf einer „Check-Liste zur Überprüfung der Vollständigkeit von Anträgen an die Ethik-Kommission vor der Durchführung klinischer Versuche oder epidemiologischer Forschung am Menschen" vor.[64] Der Vorstand der Bundesärztekammer hat in seinem Beschluß vom 14.06.1991 die Empfehlung herausgegeben, daß die von dem Arbeitskreis verabschiedeten Verfahrensgrundsätze einheitlich bei den Ethik-Kommissionen der Landesärztekammern und denen der medizinischen Fakultäten anzuwenden seien.[65] Die Verfahrensgrundsätze sind von den einzelnen Kommissionen auch tatsächlich weitgehend übernommen worden.

4. Zentrale Ethik-Kommission bei der Bundesärztekammer

Im Jahre 1995 hat sich eine „Zentrale Kommission zur Wahrung ethischer Grundsätze in der Medizin und ihren Randgebieten" (ZEKO) bei der Bundesärztekammer konstituiert.[66] Die 16 Mitglieder der ZEKO repräsentieren die wissenschaftlichen Fachgebiete Medizin, Naturwissenschaften, Philosophie, Sozialwissenschaften, Theologie und Rechtswissenschaften.[67] Die ZEKO hat nach der vom BÄK-Vorstand im Oktober 1994 beschlossenen Satzung im wesentlichen folgende Aufgaben: Sie soll

„– Stellungnahmen zu ethischen Fragen abgeben, die durch den Fortschritt und die technologische Entwicklung in der Medizin und ihren Grenzgebieten aufgeworfen werden und die eine gemeinsame Antwort für die BRD erfordern.

– in Fragen, die unter ethischen Gesichtspunkten im Hinblick auf die Pflichten bei der ärztlichen Berufsausübung von grundsätzlicher Bedeutung sind, Stellung nehmen.

– auf Wunsch der Ethik-Kommission einer Landesärztekammer oder einer medizinischen Fakultät bei Wahrung der Unabhängigkeit dieser Ethik-Kommission für eine ergänzende Beurteilung einer ethischen Frage von grundsätzlicher Bedeutung zur Verfügung stehen."

Die ZEKO kann ihre *Stellungnahmen* auch in Form von Empfehlungen oder Richtlinien abgeben. So hat sie z.B. 1991 die „Richtlinie zur Verwendung fetaler Zellen und fetaler Gewebe" herausgegeben[68] und 1998 eine „Stellungnahme zur Übertragung von Nervenzellen in das Gehirn von Menschen" abgegeben.[69]

---

63 Abgedruckt bei Toellner, S. 163, Änderungen in DÄBl 1991, B-1779; DÄBl 1994, B-1514.
64 Doppelfeld, in: Toellner, S. 49 (54).
65 DÄBl 1991, B-1779.
66 Vgl. hierzu BÄK-Intern v. 14.07.1995, S. 9 f.; BÄK-Ground v. 09.04.1996, S. 1 ff.
67 BÄK, Tätigkeitsbericht 1998, S. 326.
68 DÄBl 1991, A-2788 ff.
69 DÄBl 1998, A-1869 ff.

Die *Vorlage* an die ZEKO bewirkt eine zeitliche Verzögerung des Verfahrens und eine Beeinflussung der Ansicht der institutionellen Ethik-Kommission. Beides mag bei grundsätzlich neuen Fragen erwünscht sein. Eine öffentlich-rechtliche Kommission, die nach Landesrecht gebildet ist, kann jedoch eine ethische Frage der ZEKO nur zur Beurteilung vorlegen, wenn sie hierzu in ihrer Satzung legitimiert ist.[70]

B. Rechtsgrundlagen

Die Pflicht zur Anrufung einer Ethik-Kommission, ihr Aufgabenbereich, die Zusammensetzung und Verfahrensweise wird in einer Reihe von nationalen und internationalen Vorschriften geregelt. Ergänzend finden die allgemeinen Regeln des StGB und des BGB Anwendung. Für das Verfahren gilt subsidiär das VwVfG. Über allem stehen die Vorgaben des Grundgesetzes.

I. Besondere nationale Regelungen

1. Berufsrecht

In § 1 Abs. 4 der Muster-Berufsordnung (MBO) ist seit 1985 die Anrufung einer Ethik-Kommission vorgeschrieben.

a) Rechtscharakter der MBO

Die MBO ist von der Bundesärztekammer erlassen. Diese stellt als Zusammenschluß der Landesärztekammern einen privatrechtlichen Zusammenschluß der Ärztekammern des Bundesgebiets dar.[71] Ihre Rechtsform ist die eines nichteingetragenen Vereins.[72] Daraus folgt, daß sie keine Kompetenz hat, berufsregelnde Vorschriften zu erlassen.[73] Die Musterberufsordnung ist daher nicht rechtlich bindend.

Standesrechtlich verbindlich sind erst die einzelnen Berufsordnungen der Landesärztekammern: Die Landesärztekammern sind Körperschaften öffentlichen Rechts.[74] Sie sind befugt zu berufsausübungsregelnden Satzungen aufgrund

70 Vgl. Deutsch, Medizinrecht, Rn. 600.
71 Deutsch, Medizinrecht, Rn. 22; Narr, Bd. 2, Rn. B 66.
72 Pfeiffer, VersR 1991, 613 (614).
73 Vgl. Narr, Bd. 2, Rn. B 70; Pfeiffer, VersR 1991, 613 (614); Schröder, VersR 1990, 243 (244 Fn. 6).
74 Deutsch, Medizinrecht, Rn. 22; Pfeiffer, VersR 1991, 613 (614).

landesrechtlicher Kompetenzen.[75] Für Hamburg ergibt sich diese z.B. aus § 15 Abs. 4 S. 2 Hamburgisches Ärztegesetz.[76]

Erst mit der Übernahme der MBO in die Landesärzteordnungen kann eine standesrechtliche Grundlage für die Anrufung von Ethik-Kommissionen geschaffen werden.

b) Entwicklung der MBO und ihre Umsetzung

Die 1985 in § 1 Abs. 4 erweiterte MBO enthielt zunächst eine „Soll-Vorschrift" in bezug auf die Anrufungspflicht der Ethik-Kommission:

> „Der Arzt *soll* vor der Durchführung klinischer Versuche am Menschen oder der Forschung mit vitalen menschlichen Gameten oder lebendem embryonalen Gewebe oder der epidemilogischen Forschung mit personenbezogenen Daten eine bei der Ärztekammer oder einer medizinischen Fakultät gebildete Ethik-Kommission anrufen, um sich über die mit seinem Vorhaben verbundenen berufsethischen und berufsrechtlichen Fragen beraten zu lassen. (...)"[77]

Die Regelung wurde von den Landesärztekammern übernommen, wobei von einigen, die in § 1 Abs. 4 MBO enthaltene Soll-Vorschrift in eine Muß-Vorschrift umgewandelt wurde.[78] Dies führte dazu, daß im Jahre 1988 auch § 1 Abs. 4 der MBO in eine „Muß-Vorschrift" geändert worden ist:

> „(4) Der Arzt *muß* sich vor der Durchführung klinischer Versuche am Menschen oder der epidemiologischen Forschung mit personenbezogenen Daten durch eine bei der Ärztekammer oder bei einer medizinischen Fakultät gebildeten Ethik-Kommission über die mit seinem Vorhaben verbundenen berufsethischen und berufsrechtlichen Fragen beraten lassen.
>
> (5) ... Der Arzt *muß* sich vor der Durchführung der Forschung mit vitalem menschlichen Gameten und lebendem embryonalen Gewebe durch eine bei der Ärztekammer gebildete Ethik-Kommission (...) beraten lassen."[79]

Auch diese Regelung wurde von den Ärztekammern – teilweise mit geringen Änderungen – in verbindliches Satzungsrecht übernommen, so daß die MBO über die Landesärztekammern mittelbar doch standesrechtiche Verbindlichkeit erfahren hat.[80]

---

75 Vgl. Wolff/Bachof, Bd. II, § 84, Rn. 13; Steiner, I, Rn. 31.

76 Hamburgisches Gesetz- und Verordnungsblatt Teil I vom 25.05.1978, S. 152 ff., zuletzt geändert am 27.09.1995, Hamburgisches Gesetz- und Verordnungsblatt Teil I 1995, S. 231 ff.

77 Veröffentlicht in DÄBl 1985, B-3371.

78 Vgl. die Nachweise bei Laufs/Reiling, MedR 1991, 1 (2); Görlich/Schmedding, PharmaR 1990, 42.

79 Veröffentlicht in DÄBl 1988, A-3601.

80 Die aktuelle Fassung, veröffentlicht in DÄBl 1997, A-2354, § 15 Abs. 1 MBO: „Der Arzt muß sich vor der Durchführung *biomedizinischer Forschung am Menschen – ausgenommen bei ausschließlich epidemiologischen Forschungsvorhaben* – durch eine bei der Ärztekammer oder bei einer medizinischen Fakultät gebildeten Ethikkommission über die mit seinem Vorhaben verbundenen berufsethischen und berufsrechtlichen Fragen beraten lassen. Dasselbe *gilt vor der Durchführung gesetzlich zugelassener Forschung mit vitalen menschlichen Gameten und lebenden embryonalen Gewebe.*" (Hervorhebungen von

c) *Landesärzteordnungen*

Durch die Umsetzung der geänderten Musterberufsordnung in den Landesärzteordnungen wurde sowohl die *Pflicht* zur Anhörung einer Ethik-Kommission begründet als auch die *öffentlich-rechtliche* Organisationsform zwingend vorgeschrieben. Spätestens mit der Fassung aus dem Jahr 1988 verpflichten die aufgrund des § 1 Abs. 4 MBO erlassenen Berufsordnungen jeden Arzt zur Anrufung einer bei einer Ärztekammer oder Medizinischen Fakultät gebildeten, somit öffentlich-rechtlich organisierten, Ethik-Kommission. In Hamburg findet sich die entsprechende Regelung seit 1995 in § 1 Abs. 4 der „Berufsordnung der Hamburger Ärzte/Ärztinnen".[81] Aber auch dort, wo die Landesärzteordnungen noch eine Sollvorschrift enthalten, ist es dem Arzt nicht freigestellt, sich durch eine private Kommission beraten zu lassen. Eine Sollvorschrift besagt lediglich, daß nach dem Standesrecht der Ärzte nicht zwingend *alle* Forschungsvorhaben einer Ethik-Kommission zur Begutachtung vorgelegt werden müssen. Unter bestimmten Voraussetzungen kann die Anrufung unterbleiben (etwa wenn die Anrufung der Ethik-Kommission aus bestimmten Gründen eine reine Formalität wäre). Sobald sich aber die Notwendigkeit der Beratung durch eine Ethik-Kommission ergibt, schreiben auch die Sollbestimmungen dem Arzt zwingend vor, die Ethik-Kommission einer Ärztekammer oder einer medizinischen Fakultät anzurufen.[82] Dies bedeutet für die privaten „Ethik-Kommissionen", ob sie entgeltlich oder unentgeltlich arbeiten, daß sie sich in keinem Bereich der klinischen Forschung am Menschen auf eine *„besondere Berufung"* und damit nicht mehr auf die revidierte Deklaration von Helsinki berufen können.[83] Bisweilen wird das Gutachten einer privaten Ethik-Kommission von einer staatlichen Kommission *akzeptiert*. Damit handelt es sich aber um eine Bewertung durch die Kammerkommission, die auch die Verantwortung übernimmt.[84] Davon zu unterscheiden ist die versehentliche *Übernahme* eines privaten Ethik-Kommissionsvotums durch eine öffentlich-rechtliche Ethik-Kommission.

Für die privaten Ethik-Kommissionen war dies ein entscheidender Einschnitt, da nun der Arzt, will er klinische Versuche am Menschen durchführen, verpflichtet ist, eine öffentlich-rechtliche Ethik-Kommission anzurufen. Wegen der Zurückdrängung privat-rechtlicher Ethik-Kommissionen und auch wegen der nun zwingenden Verweisung des forschenden Arztes an die Ethik-Kommission, wurden gegen die Regelung verfassungsrechtliche Bedenken erhoben.[85]

---

der Verfasserin) wurde weitestgehend noch nicht in verbindliches Satzungsrecht übernommen, vgl. hierzu Ratzel/Lippert, § 15.

81 Fassung des Beschlusses der Kammerversammlung v. 12.09.1994, in Kraft getreten am 01.08.1995, veröffentlicht im HÄBl 7/1995, 272 ff.; auch Anhang E.

82 Kollhosser, in: Toellner, S. 79 (89).

83 Vgl. unten 1. Teil B. III. 1. (S. 47); Deutsch, VersR 1989, 429 (430 f.).

84 Vgl. für Bayern DÄBl 1989, 2694 (2696).

85 Pfeiffer, VersR 1990, 685 ff.; ders., VersR 1991, 613 (615); Sickmüller, PharmInd 1990, 543 (544); Pfeiffer/Tiedemann, Med.Klin. 1989, 557 (558 ff.); Tiedemann, ZRP 1991, 54 (58 ff.); Schenke, NJW 1991, 2313 ff.

Die Auseinandersetzung zwischen privaten Ethik-Kommissionen und Ärztekammern gipfelte in einem Normkontrollverfahren gegen § 1 Abs. 5 der Berufsordnung für die Ärzte in Hessen vor dem VGH Kassel.[86] Antragsteller waren zwei Mitglieder einer freien Ethik-Kommission, ein pharmazeutisches Unternehmen und zwei Ärzte aus dem Bereich der Ärztekammer Hessen. Beantragt wurde, die Verpflichtung der Hessischen Ärzteordnung für nichtig zu erklären, wonach sich die forschenden Ärzte Hessens zur Beratung an eine öffentlich-rechtliche Ethik-Kommission wenden mußten. Das Verfahren brachte in der Sache jedoch keine vollständige Klärung, weil die angegriffene Satzungsnorm schon aus formellen Gründen für nichtig erklärt wurde.[87] Die materiellen Fragen blieben damit bestehen und rechtfertigen eine weitere Auseinandersetzung mit dem Problem.

aa) Verteilung der Gesetzgebungszuständigkeiten zwischen Bund und Ländern

In dem Prozeß vor dem VGH Kassel wurde zunächst geltend gemacht, daß die kritisierte Regelung in den Bereich der konkurrierenden Gesetzgebungszuständigkeit des Bundes gem. Art. 72, 74 Nr. 19 GG fiele und §§ 40 f. AMG als Bundesgesetz eine abschließende Regelung für den Bereich des Verkehrs mit Arzneimitteln träfe. Damit wären die Landesgesetzgeber und Körperschaften des öffentlichen Rechts aus diesem Bereich verdrängt. Bestimmungen der Ärzteordnungen, die hiergegen verstießen, seien nichtig.[88]

Dem kann nicht zugestimmt werden. Nach der Rechtsprechung des BVerfG und der Verwaltungsgerichte entfällt die den Kammern durch die Landesgesetze verliehene Befugnis zur Regelung von Standespflichten selbst dann nicht, wenn die hiervon betroffene berufliche Betätigung des Arztes zugleich einer dem Bundesgesetzgeber zur Normierung zugewiesenen Materie angehört.[89] Bei unterschiedlicher Zielsetzung zweier Normen fehlt es an der für die Verdrängung vorausgesetzten Kollision zwischen den Normen.[90] Regelungsgegenstand und Normzwecke von AMG und Berufsrecht der Ethik-Kommissionen gleichen

---

86 Vgl. Hess. VGH Urteil vom 29.06.1993-11 N 2442/90, auch VGH Hess., ESVGH 43, 296 ff. sowie NJW 1994, 812 f. Der VGH Baden-Württemberg hat für einen Normkontrollantrag hinsichtlich der Berufsordnung der Landesärztekammer Baden-Württemberg in seinem Beschluß vom 10.02.1998 Antragsbefugnis und Rechtsschutzbedürfnis verneint, weil die zu kontrollierende untergesetzliche Vorschrift den gleichen Inhalt wie die unmittelbar geltende gesetzliche Bestimmung (§ 30 Abs. 3 KG) hat, VGH Bad.-Württ., ESVGH 46, 275 ff. Das BVerfG hatte am 23.08.1996 eine Verfassungsbeschwerde wegen Fristablauf nicht angenommen (1 BVR 1584/96). Die Jahresfrist für eine Verfassungsbeschwerde zum Bundesverfassungsgericht kann nicht umgangen werden, indem gegen die inhaltsgleiche Satzungsnorm ein Antrag nach § 47 VwGO mit dem Ziel der Vorlage nach Art. 100 Abs. 1 GG gestellt wird, vgl. auch die Anmerkung von Stamer, MedR 1998, 478 f.

87 VGH Kassel, 11 N 2442/90, S. 15 ff.

88 VGH Kassel, 11 N 2442/90, S. 6.; vgl. dies. im Schrifttum: Pfeiffer, VersR 1990, 685 (687); ders., VersR 1991, 613 (615); ders. VersR 1994, 1377 (1381); Schenke, NJW 1991, 2313 (2315 f.).

89 BVerfGE 71, 162 (171 f.); BVerwG, NJW 1986, 1533; BVerwG, NJW 1986, 1558 (1559).

90 BayObLG, DÖV 1961, 832 ff.; VGH Bad.-Württ., VblBW 1989, 139 (142).

sich nicht: Der Berufsregel liegt in erster Linie die Sicherung der ärztlichen Standesethik zugrunde. Sie erfaßt das gesamte Feld der medizinischen Forschung am Menschen, während das Bundesarzneimittelgesetz nur dem Schutz des Menschen bei der klinischen Arzneimittelprüfung dient. Darüber hinaus trifft das AMG bezüglich der Einsetzung und Anhörung einer Ethik-Kommission keine abschließende Regelung, da die Pflege und Fortbildung des ärztlichen Berufsethos auch nach dem Sinn und Zweck des AMG zu den Hauptaufgaben des ärztlichen Standes zählen[91] und somit eine diesbezügliche standesrechtliche Regelung neben dem AMG zulässig ist.[92]

Die satzungsrechtliche Pflicht eines jeden Arztes, vor der Durchführung jedweder klinischer Versuche am Menschen eine öffentlich-rechtliche Ethik-Kommission anzurufen, besitzt danach auch gegenüber dem bundesrechtlich erlassenen AMG Gültigkeit.

bb) Parlamentsvorbehalt und Wesentlichkeitslehre

Außerdem wurde eingewandt, nach dem sogenannten Parlamentsvorbehalt dürften alle wesentlichen Elemente des legislatorischen Programmes vom parlamentarischen Gesetzgeber zur Regelung nicht an den Satzungsgeber weitergegeben werden, sondern müßten von ihm selbst geregelt werden.[93] Dieser Einwand stammt vornehmlich aus der Zeit, als die Verpflichtung zur Anrufung einer Ethik-Kommission noch nicht in parlamentarischen Gesetzen festgeschrieben war. Inzwischen wurde die Konsultationspflicht für den Geltungsbereich des MPG[94] und AMG[95] bundes- bzw. landesgesetzlich geregelt. Im Geltungsbereich des AMG werden zusätzlich nur öffentlich-rechtliche Kommissionen anerkannt.[96] Die Gültigkeit der berufsrechtlichen Regelung kann wegen des Parlamentsvorbehaltes nur noch außerhalb des Geltungsbereiches dieser Bundesgesetze (dort aber immerhin immer noch) angezweifelt werden.

Richtig ist der Ausgangspunkt der Kritik, daß nach heute ständiger Rechtsprechung der Gesetzgeber verpflichtet ist, in grundlegend normativen Bereichen, zumal in der *Grundrecht*sausübung, soweit diese staatlicher Regelung zugänglich ist, alle *wesentlichen* Entscheidungen selbst zu treffen.[97] Zu betrachten ist also, inwieweit durch die Satzungsregelung Grundrechte tangiert werden.

---

91 Vgl. Kloesel/Cyran, § 40 Anm. 4.
92 Laufs/Reiling, MedR 1991, 1 (10); Deutsch/Lipppert, S. 23 f.; vgl. auch Di Fabio, S. 219 ff.
93 Vorbringen der Antragsteller in dem Prozeß vor dem VGH Kassel, 11 N 2442/90, S. 6; vgl. ders. im Schrifttum: Pfeiffer, VersR 1990, 685 (686); ders., VersR 1991, 613 (616) sowie Rupp, UTR (12) 1990, 23 (48 ff.).
94 Vgl. unten, 1. Teil B. I. 2. a) (S. 39).
95 Vgl. unten, 1. Teil B. I. 2. b) (S. 40).
96 Vgl. unten, 1. Teil B. I. 3. (S. 42).
97 Vgl. BVerfGE 49, 89 (126); 68, 1 (86 f.).

Aus Sicht des zwingend an die Ethik-Kommission verwiesenen *Arztes* ist neben Art. 5 Abs. 3 GG der Anwendungsbereich des Art. 12 Abs. 1 GG eröffnet.[98] Dabei steht die therapeutische und die forschende Tätigkeit des Arztes in einem untrennbaren Zusammenhang. Dies zeigt sich schon daran, daß zur Ausübung des ärztlichen Berufes nach § 2 Abs. 5 i.V.m. § 1 Abs. 1 BÄO [99] nicht nur kurative, sondern u.a. auch wissenschaftliche Tätigkeiten gezählt werden.[100] Soll nicht jede Form berufsordnungsrechtlicher Kompetenz der Kammer gegenüber einem (auch) forschenden Arzt bestritten werden, so muß den Kammern prinzipiell die Befugnis zugesprochen werden, auch den Schutzbereich der Forschungsfreiheit zu tangieren.[101]

Fraglich ist, *wie weit der Eingriff* ohne gesetzliche Regelung gehen darf. Nach der zur Autonomie von Berufsverbänden ergangenen Facharztentscheidung des BVerfG[102] hängt die Frage, ob und wie weit ein Berufsverband zu berufsregelnder Satzung ermächtigt werden darf und welche Anforderungen an die Ermächtigung zu stellen sind, von der jeweiligen Intensität des Grundrechtseingriffs ab. Soweit es sich um die Regelung der *Berufsausübung* von Verbandsmitgliedern handele, die nicht wesentlich das Gesamtbild der beruflichen Betätigung prägten, bestünden jedenfalls prinzipiell keine Bedenken gegen eine Normierung durch die berufsständischen Selbstverwaltungskörperschaften mittels autonomer Satzungen.[103] Die Berufsausübung umfaßt die Bedingungen, unter denen sich die berufliche Tätigkeit vollzieht, sowie die Modalitäten, in denen sie abläuft (das „Wie"), während die Berufswahl die Zulassung zum Beruf betreffen würde (das „Ob").[104]

Die in § 1 Abs. 4 MBO angeregte Vorschrift hat weder den Zugang zum Beruf noch die Berufsaufnahme zum Gegenstand, sondern bestimmt nur die Art und Weise der Berufsgestaltung. Als allgemeine Berufspflicht stellt sie sich für den Arzt als typische Regelung der *Berufsausübung* dar, die das Gesamtbild der beruflichen Betätigung praktisch nicht prägt.[105] Demnach steht die berufsrechtliche Vorschrift unter diesem Aspekt grundsätzlich der untergesetzlichen Satzungsregelung der Standesorganisation offen.

Aus Sicht der *privaten Ethik-Kommissionen* wird eingewandt, die Vorschrift würde den öffentlich-rechtlichen Ethik-Kommissionen eine Monopolstellung

98 Schröder, VersR 1990, 243 (250 f.); Laufs/Reiling, MedR 1991, 1 (3).
99 V. 02.10.1961 (BGBl I S. 1857) i.d. f. der Bekanntmachung vom 16.04.1987 (BGBl I S. 1218).
100 Narr, Bd. 1, Rn. 15 ff.; Schiwy, Bd. 1, zu § 2 BÄO, Nr. 22; OVG Lüneburg, MedR 1989, 104 (105); a.A. noch OVG Koblenz, NJW 1964, 466 f.
101 Schröder, VersR 1990, 243 (251); Laufs/Reiling, MedR 1991, 1 (5); a.A. Schenke, NJW 1991, 2313 (2320).
102 BVerfGE 33, 125 ff. Der Beschluß fand bis auf wenige Ausnahmen die Zustimmung des verfassungsrechtlichen Schrifttums.
103 BVerfGE 33, 125 (160).
104 Vgl. zur Abgrenzung v. Münch-Gubelt, Art. 12, Rn. 33 ff.; Dreier-Wieland, Art. 12, Rn. 78; Schmidt-Bleibtreu/Klein-Schmidt-Bleibtreu, Art. 12, Rn. 18 ff.
105 Laufs/Reiling, MedR 1991, 1 (6); Classen, MedR 1995 148 (149); vgl. dazu BVerfG, NJW 1986, 1533 (1534); BVerfGE 76, 171 (185).

einräumen, die den *privaten Gremien* das Recht der Privatinitiative nehme und wegen seiner Sperrwirkung einen äußert schwerwiegenden Eingriff in die Berufs*wahl* darstelle.[106] Kennzeichen eines (Verwaltungs-) Monopols ist, daß der Staat oder ein sonstiger öffentlich-rechtlicher Träger bestimmte Tätigkeiten dergestalt an sich zieht, daß Privaten jene Tätigkeiten verboten sind.[107] Das Berufsrecht beinhaltet aber weder ein Verbot, private Ethik-Kommissionen zu befragen, noch entwertet es ein zusätzlich eingeholtes Votum einer privaten Ethik-Kommission.[108] Den Kontrollgremien bleibt weiterhin ihr Tätigkeitsfeld auf dem gesamten Gebiet der biomedizinischen Forschung am Menschen. Forschern wie Unternehmen steht es frei, Studien zunächst privatrechtlich organisierten Ethik-Kommissionen zur Vorabbegutachtung vorzulegen. Schon heute knüpft eine Vielzahl der Aufgaben freier Ethik-Kommissionen nicht an die Funktionen im Rahmen der Berufsordnungen an. Dazu gehören neben Diensten auf internationaler Ebene die Hilfestellung beim Entwurf von Prüfungsprotokollen und die Beratung von Arzneimittelherstellern auf dem Gebiet des Vertriebs und der Erprobung pharmakologischer Substanzen.[109] Die durch das Standesrecht eingeführte Pflicht hat also nur eine geringfügige faktische Einschränkung freier Kontrollgremien zur Folge. Eine verfassungsrechtlich relevante Rückwirkung auf die Freiheit der Berufswahl begründen diese Auswirkungen nicht.[110] Allenfalls wird mittelbar die Freiheit der Berufsausübung tangiert.

Demnach könnte die berufsrechtliche Vorschrift grundsätzlich der untergesetzlichen Satzungsregelung der Standesorganisation offen stehen, weil sie unmittelbar allein die Berufsausübungsfreiheit der Kammerangehörigen betrifft, und nicht wesentlich das Gesamtbild der beruflichen Tätigkeit prägt.

Als Korrektiv dieser Einschätzung verbleibt lediglich der allgemeine Maßstab des „Wesentlichen". Wie weit der Gesetzgeber tätig werden muß, bemißt sich danach in erster Linie nach den spezifischen Gefahren, welche die autonome Rechtssetzung durch Berufsverbände für die betroffenen Verbandsmitglieder sowie für die Allgemeinheit mit sich bringen kann.[111] Die neuere Rechtsprechung tendiert jedoch dazu, die Vorbehaltslehre nach einer Phase der Ausdehnung einer gewissen Korrektur zu unterziehen.[112] Speziell für den Bereich der berufsständischen Autonomie gehen die Gerichte mittlerweile von einem äußerst großzügigen Spielraum des Gesetzgebers zur Übertragung der Satzungs-

---

106 Schenke, NJW 1996, 745 (748 f.); Rupp, UTR (12) 1990, 23 (51 f.); Graf, PharmaR 1998, 236 (239), vgl. grundlegend BVerfGE 7, 377 (403, 408); BVerfGE 21, 261 (267); BVerwGE 62, 224 ff.: Die Monopolisierung muß erforderlich sein, um nachweisbare oder höchst wahrscheinliche Gefahren für ein überragend wichtiges Gemeinschaftsgut abzuwehren.
107 Maunz/Dürig-Scholz, Bd. 1, Art. 12, Rn. 406.
108 Vgl. die Entscheidungsgründe des VGH Kassel, 11 N 2442/90, S. 10.
109 Vgl. Kleinsorge, MedR 1987, 140 (141 f.); Illhardt, in: Eser/v. Lutterotti/Sporken, Sp. 319.
110 Vgl. Laufs/Reiling, S. 33; VGH Kassel, 11 N 2442/90, Entscheidungsgründe, S. 9 ff.; Dreier-Wieland, Art. 12, Rn. 79.
111 Vgl. BVerfGE 33, 125 (160); 76, 171 (185).
112 BVerwGE 56, 155 (160); BVerfGE 47, 46 (79); 68, 1 (86 ff.).

gewalt aus.[113] Nicht jede Geringfügigkeit ist als parlamentspflichtig zu erklären, soll der Selbstverwaltung noch Raum bleiben.

(1) Die Auswirkungen der Berufsregel auf ihren unmittelbaren Adressatenkreis

Ob die standesrechtlich aufgestellte Pflicht des Arztes, sich in jedem Fall durch öffentlich-rechtlich legitimierte Ethik-Kommissionen beraten zu lassen, für die betroffenen Kammermitglieder von erheblichem Gewicht für die Gestaltung der ärztlichen Tätigkeit ist, bestimmt sich in erster Linie nach den den Ethik-Kommissionen außerhalb des Geltungsbereiches von AMG und MPG eingeräumten Kompetenzen.[114] Aufgabe der Ethik-Kommissionen ist es, den zwingend an sie verwiesenen Arzt auf dem Felde der Neulandmedizin zu beraten. Im Rahmen des Berufsrechts werden keine weiteren Konsequenzen mit der Stellungnahme der Ethik-Kommission verbunden. Die Voten der Ethik-Kommissionen tragen dementsprechend *hier* den Charakter unverbindlicher Gutachten.[115]

Scholz/Stoll[116], Schenke[117] und Sobota[118] geben mit Verweis auf die Transparenzlistenentscheidung des BVerwG[119] zu bedenken, daß die ablehnende Stellungnahme der Ethik-Kommission durch Sanktionen der Geldgeber[120] mittelbare – aber bezweckte – grundrechtsrelevante Auswirkungen auf den zur Anrufung verpflichteten Arzt hätten, die einem unmittelbaren staatlichen Eingriff gleichkämen. Scholz und Stoll ziehen daraus vorsichtig den Schluß, daß eine gesetzliche Ermächtigung für das Tätigwerden der Ethik-Kommission aus diesem Grunde für notwendig erachtet werden könnte.[121]

Zu beachten ist jedoch, daß die Sanktionen der Geldgeber, die auf ein negatives Votum folgen, auch ohne die berufsrechtlich aufgestellte Konsultationspflicht eintreten würden. Nicht nur im Falle eines negativen Votums, sondern auch schon bei Nichtvorlage eines positiven Votums werden dem Forscher Fördermittel verweigert. Unmittelbar belastend für das Kammermitglied sind damit allein die verfahrensrechtlichen Behinderungen, welche infolge der obligatorischen Kommissionskontrolle entstehen: Den Arzt kostet die Abfassung eines

---

113 Vgl. BVerfG, NJW 1980, 633; NJW 1986, 1533 ff.; BVerfGE 45, 346 (353); 60, 215 (230); BVerwGE 67, 261 (266 f.); 72, 73 (75 ff.); dazu Ring, 49 ff., 408 ff.

114 Vgl. Staupe, S. 124 f.

115 Vgl. Laufs/Reiling, MedR 1991, 1 (6); Bork, S. 69 f.

116 MedR 1990, 58 (59 f.).

117 NJW 1991, 2313 (2318).

118 AöR 1996, 229 (244 ff.).

119 NJW 1985, 2774 ff.: Die Veröffentlichung von Arzneimittel-Transparenzlisten wurde vom BVerwG für unzulässig erklärt, obwohl nur mittelbar und tatsächlich – aber bezweckt – Einfluß auf die unternehmerische Betätigungsfreiheit der Arzneimittelhersteller ausgeübt wurde. Der Grundrechtsschutz der unternehmerischen Betätigungsfreiheit könne sich ausnahmsweise auf die Veränderungen von Erwerbsbedingungen erstrecken, wenn und soweit staatlicherseits auf diesen Effekt abgezielt worden sei. Das Transparenzlistenverfahren bedürfe daher einer gesetzlichen Grundlage (an der es fehlte).

120 S.o. 1. Teil A. III. (S. 22).

121 MedR 1990, 58 (60).

detaillierten Antrags an die Ethik-Kommission u.U. einige Tage intensiver Arbeit. Zudem bringt das Verfahren von der Antragstellung über die Sitzung der Ethik-Kommission bis hin zum Erhalt der Stellungnahme eine gewisse zeitliche Verzögerung mit sich. Insgesamt sind diese prozeduralen Belastungen als geringfügig zu erachten, zumal sich die Ethik-Kommissionen um eine Beschleunigung der Verfahren bemühen und überdies die Begutachtung durch ein *kompetentes* Gremium in mancherlei Hinsicht auch in der Sache förderlich zu sein vermag.[122] Eine Regelung von derart minimaler Grundrechtsrelevanz ist nicht als wesentlich i.S.d. Lehre vom Parlamentsvorbehalt zu qualifizieren. Dies gilt insbesondere dann, wenn durch die Berufspflicht nur ein spezieller Teilbereich der ärztlichen Berufsausübung – wie vorliegend die klinische Forschung – betroffen wird.[123] Hinzu kommt, daß gesetzliche Bestimmungen nicht alle Einzelheiten der Berufsausübung regeln können. Die vollständige Aufführung berufsbezogener Pflichten im Gesetz ist nicht nötig, soweit es sich um Normen handelt, die sich aus den den Berufsangehörigen gestellten Aufgaben ergeben.[124] Schon das herkömmliche staatliche Kammerrecht[125] verpflichtet den Arzt, seinen Beruf gewissenhaft auszuüben und dem ihm im Zusammenhang mit dem Beruf entgegengebrachten Vertrauen zu entsprechen. Wo die Arztethik Zweifeln unterliegt, die der Klärung bedürfen, ist die erwünschte Selbstkontrolle des Standes gefordert. Diesem Zweck dienen die Ethik-Kommissionen.[126]

Nach all dem wirkt die berufsrechtliche Pflicht des Arztes, sich von einer öffentlich-rechtlichen Ethik-Kommission beraten zu lassen, nicht derart auf den unmittelbar betroffenen kammerangehörigen Arzt ein, daß sie nur auf der Grundlage einer speziellen gesetzlichen Ermächtigung Bestand haben könnte.

(2) Die Auswirkungen der Berufsregel auf die Allgemeinheit

In welchem Umfang die statutarische Erfassung Dritter der Rechtsgrundlage in einem förmlichen Gesetz bedarf, richtet sich gem. der Wesentlichkeitslehre auch in bezug auf die Auswirkungen auf die Allgemeinheit nach der Intensität der getroffenen Regelung. Der Bereich des „Wesentlichen" ist bei Regelungen gegenüber Externen weiter zu ziehen, als bei Vorschriften, die nur die Kammermitglieder betreffen. Lediglich die unvermeidbaren und mit der sozialen Pflichtenstellung des Standes in einem engen und notwendigen Sachzusammenhang stehenden belastenden Auswirkungen von Berufspflichten auf Dritte bedürfen keiner ausdrücklichen gesetzlichen Ermächtigungsgrundlage.[127]

---

122 Vgl. unten, 1. Teil C. II. 2. (S. 54); zum Ganzen Schröder, VersR 1990, 243 (251 f.).
123 Schröder, VersR 1990, 243 (252) unter Berufung auf die Entscheidung zu § 6 HUG, BVerfGE 47, 327 ff.; vgl. auch BVerfGE 57, 121 (132); BVerwGE 67, 261 (266).
124 BVerfG, NJW 1980, 633; BverfGE 60, 215 (230); BVerwG, NJW 1986, 1558 (1559).
125 Vgl. etwa Hamburgisches Ärztegesetz § 4 Abs. 1 Nr. 1.
126 Vgl. Laufs/Reiling, MedR 1991, 1 (7); Schröder, VersR 1990, 243 (251).
127 Vgl. Kleine-Cosack, S. 271 f.; Laufs/Reiling, MedR 1991, 1 (8); Brandstetter, S. 151 f.; Bieräugel, S. 183 ff.; Isensee/Kirchhoff-Ossenbühl, § 66, Rn. 33.

Die den Arzt treffende Konsultationspflicht hat zwar Auswirkungen auf die *Versuchsperson*, diese wird dadurch jedoch in keiner Weise beeinträchtigt. Die Ethik-Kommission nimmt vielmehr in einer Stellvertreterfunktion die schutzwürdigen Interessen der Probanden und Patienten wahr.[128] In dieser Hinsicht steht einer Regelung durch Satzung nichts entgegen.

Das berufsrechtliche Konsiliarverfahren beeinträchtigt jedoch die Mitglieder *privater Kommissionen*. Ihnen droht der Verlust von bisherigen, den Normen des Berufsrechts unterworfenen Auftraggebern.[129] Hier ist zu berücksichtigen, daß mit der per Gesetz ermöglichten Selbstverwaltung der Ärztekammer zugleich die öffentlich-rechtliche Anerkennung einer sozialen Funktion erfolgte. An die Stelle unmittelbarer (demokratisch legitimierter) Staatskontrolle sollte die berufsständische Selbstkontrolle treten, deren Wesensmerkmal gerade ist, daß sie um der Eigenverantwortung des Staates willen ohne die Zuhilfenahme externer Instanzen ausgeübt wird. Die in Rede stehende Berufsausübungsregel entspricht dem gesetzlichen Leitbild von der eigenverantwortlichen Überwachung der dem ärztlichen Stand vorgegebenen Aufgaben. Die notwendigerweise mit der berufsständischen Selbstkontrolle verbundenen Rückwirkungen auf Externe, die aus privater Initiative mit ähnlichem Ziel tätig werden, müssen daher in Kauf genommen werden.[130] Dies gilt um so mehr, als den privaten Gremien auch weiterhin ein das gesamte Gebiet der klinischen Forschung umfassendes Betätigungsfeld verbleiben wird.[131]

Die diskutierte Regelung bedarf nach all dem keiner speziellen gesetzlichen Ermächtigung.

cc) Materielle Vereinbarkeit mit den Grundrechten

Nachdem sich die Berufsregel als formell mit dem Grundgesetz vereinbar erwiesen hat, soll zum Schluß auf den Vorwurf der materiellen Verfassungswidrigkeit eingegangen werden.

Die materiell verfassungsrechtlichen Bedenken gegen die Landesberufsordnungen könnten sich vor allem auf einen Verstoß gegen die Forschungsfreiheit gem. Art. 5 Abs. 3 GG des forschenden Arztes sowie gegen die Berufsfreiheit gem. Art. 12 Abs. 1 GG der privatrechtlichen Ethik-Kommissionen stützen lassen.[132]

---

128 Deutsch, VersR 1989, 429 (431); Laufs/Reiling, MedR 1991, 1 (8); Bork, S. 168; Schröder, VersR 1990, 243 (251, Fn. 79).

129 Vgl. zu den Auswirkungen den Bericht von Pflanz, DÄBl 1989, C-1239 f.

130 Vgl. Laufs/Reiling, MedR 1991, 1 (9).

131 S.o. 1. Teil B. I. 1. c) bb), S. 31 ff.

132 Pfeiffer, VersR 1990, 685 (687); ders., VersR 1991, 613 (615 f.); ders., MMW 1990, 16 f.; Rupp, UTR (12) 1990, 23 (45 ff.).

(1) *Die Forschungsfreiheit des forschenden Arztes*

Jede staatliche Einflußnahme – und sei sie auch nur prozeduraler Natur[133] – auf Fragestellung, Methode, Materialsammlung, Bewertung und Verbreitung der Ergebnisse bei der Forschung ist als Beeinträchtigung der Wissenschaftsfreiheit anzusehen.[134] Daß durch die berufsrechtliche Pflicht zur Konsultation in den durch Art. 5 Abs. 3 GG geschützten Freiheitsraum des forschenden Arztes eingegriffen wird, ist anerkannt.[135]

Der Eingriff in dieses vorbehaltlose, aber nicht schrankenlose[136] Grundrecht kann aus der Verfassung selbst gerechtfertigt sein. Nach dem grundlegenden Urteil des BVerfG zu § 6 des Hessischen Universitätsgesetzes[137] bestünden grundsätzlich keine Bedenken, die freie wissenschaftliche Betätigung zu begrenzen, soweit es zum Schutz hochwertiger Rechtsgüter erforderlich und angemessen sei. Insbesondere Verfahrensregeln, welche die Inhalte der Forschung unberührt lassen, seien ein besonders geeignetes und verhältnismäßiges Mittel, um widerstreitende Grundrechte zum Ausgleich zu bringen.

Hier steht der möglichen Einschränkung der Forschungsfreiheit durch die Verfahrensregel die Möglichkeit der Beeinträchtigung der Rechtsgüter der von Versuchen am Menschen betroffenen Personen gegenüber, die durch eigene Vorkehrungen aufgrund der Angewiesenheit auf die ärztliche Dienstleistung und des evidenten Informationsgefälles zwischen Arzt und Probanden nicht wirksam geschützt werden können. Angesichts der Geringfügigkeit des Grundrechtseingriffs auf der einen Seite und der besonderen Risiken klinischer Forschung für Menschenwürde, Leben und Gesundheit der von klinischen Versuchen betroffenen Personen bei mitunter fehlenden ethischen und juristischen Kenntnissen des forschenden Arztes, kann die materielle Verfassungsmäßigkeit der Berufspflicht in dieser Hinsicht nicht zweifelhaft sein.[138]

(2) *Die Berufsfreiheit der Mitglieder privatrechtlicher Ethik-Kommissionen*

Das Übermaßverbot verlangt die angemessene Beachtung der grundgesetzlich geschützten Berufsfreiheit der Mitglieder privater Ethik-Kommissionen.[139] Das

---

133 Vgl. BverfGE 47, 327 ff., in der das Gericht dem einzelnen Wissenschaftler ein Abwehrrecht aus Art. 5 Abs. 3 GG gegenüber der ihn nur mäßig belastenden Pflicht, die gesellschaftlichen Pflichten seines Tuns mitzubedenken und über gefährliche Forschungsergebnisse zu informieren, zugestand.

134 Dreier-Pernice, Art. 5 III (Wissenschaft), Rn. 32.

135 Trute, S. 166 ff.; Rupp, UTR (12) 1990, 23 (45 ff.); Benda/Maihofer/Vogel-Schulze-Fielitz, § 27 Rn. 31, Dreier-Pernice, Art. 5 III (Wissenschaft), Rn. 32; Laufs/Reiling, MedR 1991, 1 (3); Schröder, VersR 1990, 243 (251); Bork, DRiZ 1986, 166 (172).

136 Maunz/Dürig-Scholz, Art. 5 Abs. 3, Rn. 81 ff.; Dreier-Dreier, Vorb. Rn. 88.

137 BverfGE 47, 327 ff.

138 Laufs/Reiling, S. 48 ff.; Rupp, UTR (12) 1990, 23 (45 ff.); Schröder, VersR 1990, 243 (250 ff.); Trute, S. 166 ff.

139 Zur Eingriffsqualität einer mittelbaren Beeinträchtigung vgl. Dreier-Dreier, Vorb., Rn. 82; Dreier-Wieland, Art. 12, Rn. 79.

bedeutet, daß die in den Berufsordnungen normierte Pflicht zur Anrufung einer öffentlich-rechtlichen Ethik-Kommission durch vernünftige Erwägungen des Allgemeinwohls gerechtfertigt sein muß.[140]

Für die Kontrolle der klinischen Forschung durch Ethik-Kommissionen bei Ärztekammern und medizinischen Fakultäten spricht, daß sie in Körperschaften des öffentlichen Rechts integriert sind und damit eine Kontrolle des Gremiums durch staatliche Aufsicht gegeben ist. Die demokratische Legitimation durch Wahl sowie die fehlende kommerzielle Ausrichtung aufgrund ehrenamtlicher Tätigkeit bieten weitere Gewähr für die Unabhängigkeit der Kommission. Annähernd gleiche Bedingungen für die freien Gremien herzustellen, ist schon aus kompetenzrechtlichen Gründen nicht möglich.[141] Auch ließe sich die Tätigkeit der freien Kommissionen nicht praktikabel überwachen.[142] Hinzu kommt, daß insbesondere bei firmeneigenen Gremien eine besondere Gefahr von Interessenkollision in der Person der einzelnen Kommissionsmitglieder besteht. Die Mitglieder privater Ethik-Kommissionen sehen diesen Punkt freilich anders.[143] In jedem Fall muß allein der Gefahr eines Anscheins von Befangenheit entgegen gewirkt werden. Den öffentlich-rechtlich organisierten Ethik-Kommissionen berufsrechtlich den Vorrang einzuräumen, erscheint durch vernünftige Erwägungen gerechtfertigt. Die Vorschrift ist auch in dieser Hinsicht materiell mit den Grundrechten vereinbar.

Die aufgrund des § 1 Abs. 4 MBO erlassenen berufsrechtlichen Regelungen der Landesärztekammern genügen im Ergebnis den verfassungsrechtlichen Anforderungen. Sie bilden damit gültige Rechtsgrundlagen für die Pflicht zur Anrufung einer öffentlich-rechtlich organisierten Ethik-Kommission vor der Durchführung jeglicher klinischer Versuche am Menschen oder der epidemiologischen Forschung mit personenbezogenen Daten.

Dem Urteil des VGH Kassel vom 29.06.1993 ist lediglich in bezug auf die Anträge der Mitglieder einer freien Ethik-Kommission und der Pharmafirma eine solch eindeutige Aussage zu entnehmen. Deren Anträge wurden sogar als unzulässig abgewiesen, da sie von der Regelung in Hessen noch nicht einmal betroffen seien.[144] Ob die Vorschrift Grundrechte der kammerangehörigen Ärzte verletzt, blieb offen, da die angegriffene Satzungsnorm schon aus formellen Gründen für nichtig erklärt wurde.[145]

---

140 Nach der Stufentheorie des BVerfG sind Berufsausübungsregeln schon dann legitimiert, wenn und soweit vernünftige Erwägungen des Allgemeinwohls ihre Normierung zweckmäßig erscheinen lassen, vgl. BVerfGE 36, 47 (58 f.); 39, 210 (225).

141 Vgl. Stamer, S. 70 ff.

142 Laufs/Reiling, MedR 1991, 1 (11); Stamer, S. 74 ff.

143 Für die USA: vgl. Heath, IRB 20, Nr. 5, 8 ff.; für Deutschland: vgl. Graf, PharmaR 1998, 236 f.

144 VGH Kassel, 11 N 2442/90, S. 9 ff.

145 S.o. Fn. 87.

d) *Regelungsweite*

Da alle Ärzte Pflichtmitglieder in ihrer jeweiligen Landesärztekammer sind, betreffen die Regelungen der Landesärzteordnungen alle Ärzte. Spätestens seit es dem Arzt nach seiner Berufsordnung nicht mehr freisteht, die Beratung einer Ethik-Kommission in Anspruch zu nehmen, besteht für alle forschenden Ärzte eine Verpflichtung zur Anrufung einer Ethik-Kommission. Bei Nichteinhalten dieser Vorschrift drohen dem Arzt standesrechtliche Konsequenzen.

2. *Bundesgesetze*

a) *Das MPG*

Im Medizinproduktegesetz vom 02.08.1994[146] ist erstmals die Pflicht zur Anrufung einer Ethik-Kommission im Bereich der medizinischen Forschung am Menschen gesetzlich festgelegt worden. Die Regelung über Ethik-Kommissionen ist Art. 15 der EG-Richtlinie vom 02.07.1993[147] entnommen. Nach § 17 Abs. 6 MPG darf grundsätzlich erst dann mit einer klinischen Prüfung im Geltungsbereich des MPG begonnen werden, wenn eine zustimmende Stellungnahme einer Ethik-Kommission zu dem Prüfplan bei der zuständigen Behörde oder zuständigen Stelle vorliegt.[148] Soweit keine zustimmende Stellungnahme einer Ethik-Kommission vorliegt, kann der Hersteller mit der betreffenden klinischen Prüfung nach Ablauf einer Frist von 60 Tagen nach Anzeige bei der zuständigen Behörde oder Stelle beginnen, wenn diese bis dahin nicht widersprochen hat.

Allerdings genügt es nach § 17 Abs. 7 S. 3 MPG, eine *irgendwo bestehende* Kommission einzuschalten. Bei der Übernahme der europäischen Regelung ist das Wort „zuständig“ weggefallen:

> „Eine im Geltungsbereich des Gesetzes tätige Ethik-Kommission muß unabhängig, interdisziplinär besetzt und bei der zuständigen Bundesoberbehörde registriert sein.“

Sofern die in § 17 Abs. 7 S. 3 MPG festgelegten Erfordernisse bezüglich der Registrierung beim Bundesinstitut für Arzneimittel und Medizinprodukte (BfArM)[149] für die Ethik-Kommission erfüllt sind, werden folglich auch die privaten Kommissionen als taugliche Beurteilungsgremien innerhalb des MPG angesehen.[150] So ist nicht verwunderlich, daß diese Formulierung ursprünglich von einer privaten Ethik-Kommission dem Bundestag nahegelegt wurde. Die Vergabe des Schutzes der Patienten und Probanden in die Hände privater Ethik-

---

146 BGBl. I S. 1963 vom 09.08.1994, im wesentlichen am 01.01.1995 in Kraft getreten, geändert durch das Gesetz vom 06.08.1998, BGBl. I S. 2005.
147 ABlEG Nr. L 169/9.
148 Maßgeblich sind die landesrechtlichen Zuständigkeitsbestimmungen, vgl. Nöthlichs, § 17, Anm. 7.
149 Vgl. Schorn, § 17 M2-3/20, Rn. 34.
150 Pfeiffer, PharmA. Ind. 1992, 841 (842); ders., VersR 1994, 1377 (1379 f.); WIKo, § 17 Nr. 4.

Kommissionen ist auf erhebliche Kritik gestoßen.[151] Insbesondere wird mit dieser Lösung der Schutz der Probanden und Patienten durch Beurteilung vor Ort vernachlässigt.[152] Hier wäre eine Angleichung an die entsprechenden Regelungen im AMG[153] und im TFG[154] wünschenswert.

In § 17 Abs. 7 S. 2 MPG wird zusätzlich noch der Aufgabenbereich, die Zusammensetzung und die Verfahrensweise der Ethik-Kommissionen innerhalb des Geltungsbereichs des MPG geregelt: Die Ethik-Kommissionen haben die Aufgabe, den Prüfplan mit den erforderlichen Unterlagen, insbesondere nach ethischen und rechtlichen Gesichtspunkten mit mindestens fünf Mitgliedern mündlich zu beraten. Sie müssen eine Verfahrensordnung veröffentlicht haben, in der die Mitglieder, die aus medizinischen Sachverständigen und aus nicht medizinischen Mitgliedern bestehen, das Verfahren der Ethik-Kommission und eine „angemessene" Vergütung aufgeführt sind.[155]

b) Das AMG

Seit der Neuregelung des AMG im Rahmen der fünften AMG-Novelle vom 09.08.1994[156] (Zeitpunkt des Inkrafttretens 17.08.1995)[157] sind erstmals die Ethik-Kommissionen im AMG verankert, § 40 Abs. 1 AMG n.F. Im Geltungsbereich des AMG werden – im Gegensatz zu der kritisierten Regelung im MPG[158] – nur die Voten öffentlich-rechtlicher Ethik-Kommissionen anerkannt.[159]

Mit der klinischen Prüfung eines Arzneimittels darf beim Menschen im Grundsatz nur begonnen werden, wenn diese zuvor von einer „*nach Landesrecht* gebildeten unabhängigen Ethik-Kommission zustimmend *bewertet* worden ist."

Die Ethik-Kommission hat die Einhaltung der in § 40 Abs. 1 Nr. 1-8 AMG genannten Bestimmungen zu überprüfen, § 40 Abs. 1 S. 2, 2. HS.

---

151 Vgl. vor allem Lippert, DMW, 1995, 1296 (1298); Deutsch, NJW 1995, 752 (754); ders., Medizinrecht, Rn. 596; s. auch die Argumentation, oben 1. Teil B. I. 1. c) cc) (2) (S. 37).

152 Deutsch, Medizinrecht, Rn. 596; vgl. auch die Stellungnahme der BÄK, BÄK-Ground v. 09.04.1996, S. 5: „[Der jetzige Wortlaut des MPG] könnte zu einem unerträglichen Suchspiel nach wohlgesonnenen Ethikkommissionen irgendwo in der Europäischen Union führen."; Deutsch , Doppelfeld und Vilmar, Kölner Stadt-Anzeiger vom 17.06.1994, Nr. 138, S. 3: „Roter Teppich für Pharma-Firmen"; zu den Vorzügen einer lokalen Kontrolle s. unten, 1. Teil B. II. 1. (S. 43 ff.).

153 Hierzu unten, 1. Teil B. I. 2. b) (S. 40).

154 Hierzu unten, 1. Teil B. I. 2. c) (S. 41).

155 Die gesetzlichen Anforderungen werden von der *empfehlenden* harmonisierten europäischen Referenznorm für Medizinprodukte, der DIN EN 540 („klinische Prüfung von Medizinprodukten am Menschen") noch detaillierter aufgeführt, vgl. WiKo, § 17 Anm. 1 c), zu dem Verbindlichkeitsgrad der Norm vgl. Herfurth, MPJ 1995, 12 ff.

156 BGBl. I S. 2071; vgl. den Überblick über das Entstehen der 5. Novelle bei Deutsch, NJW 1994, 2381 ff.

157 BGBl. I S. 3040 (FN), zuletzt geändert am 07.09.1998, BGBl. I S. 2649.

158 Vgl. oben 1. Teil B. I. 2. a) (S. 39).

159 Vgl. zur landesrechtlichen Bildung unten, 1. Teil B. I. 3. (S. 42).

Das Votum der für den Leiter der klinischen Prüfung zuständigen Ethik-Kommissionen ist bei der zuständigen Bundesoberbehörde vorzulegen, § 40 Abs. 1 Nr. 6 AMG.[160] Zuständig ist das Bundesinstitut für Arzneimittel und Medizinprodukte (§ 77 Abs. 1 AMG). Soweit kein positives Votum einer Ethik-Kommission vorliegt, darf mit der klinischen Prüfung erst dann begonnen werden, wenn die zuständige Bundesoberbehörde innerhalb von 60 Tagen nach Eingang der Unterlagen nicht widersprochen hat.

Im Gegensatz zu der Regelung im MPG schreibt das AMG ausdrücklich vor, daß die Ethik-Kommission zudem „über alle schwerwiegenden oder unerwarteten unerwünschten Ereignisse, die während der Studie auftreten und die Sicherheit der Studienteilnehmer oder die Durchführung der Studie beeinträchtigen könnten“ unterrichtet werden muß, § 40 Abs. 1 S. 4 AMG.[161]

c) *Transfusionsgesetz*

Nach § 8 Abs. 2 Nr. 7 des Gesetzes zur Regelung des Transfusionswesens (Transfusionsgesetz – TFG) vom 01.07.1998[162] darf ein Immunisierungsprogramm nur durchgeführt werden, wenn und solange das zustimmende Votum einer

> „*nach Landesrecht* gebildeten und für die ärztliche Person nach Satz 1 Nr. 3 [approbierte ärztliche Person, die nach dem Stand der medizinischen Wissenschaft sachkundig ist und die Durchführung des Immunisierungsprogrammes leitet] zuständigen und unabhängigen Ethik-Kommission“

vorliegt.

Erfreulicherweise ist die Regelung bezüglich des Erfordernisses der landesrechtlichen Bildung von Ethik-Kommissionen der des AMG nachgebildet.[163] Der Hinweis auf die Notwendigkeit der Zuständigkeit schafft weitere Klarheit.

Die Ethik-Kommission muß zudem über alle Ereignisse, die im Zusammenhang mit der Durchführung des Immunisierungsprogrammes auftreten und die Gesundheit der spendenden Person oder den gewünschten Erfolg des Immunisierungsprogrammes beeinträchtigen können, unverzüglich informiert werden, § 8 Abs. 3 und 4 TFG.[164]

---

160 Auch in den Arzneimittelprüfrichtlinien vom 05.05.1995, die der Umsetzung der Richtlinie 75/318/EWG i.d.F. vom 19.07.1991 dienen, wird verlangt, daß einem Antrag auf Genehmigung für das Inverkehrbringen eines Arzneimittels u.a. die Ergebnisse aller klinischen Versuche beigefügt werden. Die Studien dürfen auch nach dieser Richtline, die allerdings nur den Charakter einer Empfehlung hat, erst dann begonnen werden, wenn die Stellungnahme der für den Sponsor und/oder Leiter der klinischen Prüfung zuständigen Ethik-Kommission schriftlich vorliegt.

161 Vgl. hierzu unten, 2. Teil E. XIII. (S. 105).

162 BGBl. 1998 I S. 1752.

163 Vgl. zur Kritik an der anderslautenden Regelung des MPG oben 1. Teil B. I. 2. a) (S. 39).

164 Vgl. zum Ganzen Deutsch, NJW 1998, 3377 ff.

3. *Landesrecht*

Die Bildung von Ethik-Kommissionen hat laut § 40 Abs. 1 S. 2 AMG im Bereich der Arzneimittelforschung der Landesgesetzgeber zu gestalten. Der Bundesgesetzgeber hat im Rahmen der konkurrierenden Gesetzgebung (vgl. Art. 72, 74 Nr. 19 GG), zu deren Gegenstand der Verkehr mit Arzneimitteln gehört, in § 40 Abs. 1 S. 2 AMG nur die Tätigkeit einer „unabhängigen" Ethik-Kommission vor und während einer klinischen Prüfung geregelt. Die rechtlichen Grundlagen für die Bildung einer solchen Ethik-Kommission haben die Landesgesetzgeber – auch soweit für klinische Forschungen außerhalb des Pharmabereichs eine originäre Zuständigkeit der Länder besteht – zu schaffen.[165] Das Landesrecht besteht für gewöhnlich in einem formellen Gesetz, kann aber auch in einer genehmigten Kammersatzung seinen Ausdruck finden.[166] Die Bundesländer haben inzwischen, meist in Kammergesetzen, die Bildung von Ethik-Kommissionen gesetzlich eingeführt. Regelmäßig sind in den Landesgesetzen nur die Aufgabengebiete der Ethik-Kommissionen bezeichnet, die Einzelregelungen aber den Ärztekammern bzw. den Universitäten durch Satzungsrecht überlassen. Dabei hat der Landesgesetzgeber ganze Kataloge abstrakt zur Satzungsregelung vorgegeben. Ein typisches Beispiel bildet § 10 des Kammergesetzes für die Heilberufe des Landes Niedersachsen[167]:

> „(1) Die Ärztekammer richtet zur Beratung ihrer Mitglieder und anderer Stellen in berufsethischen Fragen zur Wahrnehmung der bundesrechtlich einer Ethik-Kommission zugewiesenen Aufgaben eine Ethik-Kommission ein.
>
> (2) Die Ärztekammer regelt durch Satzung insbesondere
> 1. die Aufgaben der Ethik-Kommission,
> 2. die Voraussetzungen für deren Tätigkeit,
> 3. deren Zusammensetzung,
> 4. die Anforderungen an die Sachkunde, die Unabhängigkeit und die Pflichten der Mitglieder,
> 5. das Verfahren,
> 6. die Geschäftsführung,
> 7. die Aufgaben des vorsitzenden Mitglieds,
> 8. die Berichterstattung im Rahmen des Jahresberichts der Kammer,
> 9. die Kosten des Verfahrens,
> 10. die Entschädigung der Mitglieder.
>
> (3) Die an medizinischen Fachbereichen der Hochschulen errichteten Ethik-Kommissionen treten für den Hochschulbereich an die Stelle der Ethik-Kommission der Ärztekammer."[168]

---

165 Vgl. auch oben 1. Teil B. I. 1. c) aa), S. 30.
166 Deutsch, NJW 1994, 2381 (2382); Deutsch/Lippert, S. 20.
167 GVBl. S. 259.
168 Auch gegen die Regelung von Landesgesetzgeber bzw. Landesärztekammer wurden seitens eines Mitglieds einer freien Ethik-Kommission verfassungsrechtliche Bedenken erhoben. Sie richten sich vornehmlich gegen eine angebliche „Monopolisierung" der Ethik-Kommissionen bei Ärztekammern und medizinischen Fakultäten sowie gegen die weitgehende Überlassung der Bildung der Ethik-Kommissionen an das Standesrecht, vgl. Pfeiffer, ZRP 1998, 43 (45 f.). Diesen Bedenken kann aber wie oben, als die Verfassungsmä-

II. Allgemeine Gesetze und ergänzende Regelungen

Auch aus allgemeinen Gesetzen und ergänzenden Regelungen ergeben sich Vorschriften für die Einrichtung bzw. Anrufung von Ethik-Kommissionen.

1. Verkehrspflicht i.S.e. Organisationspflicht

Verkehrspflichten[169] entspringen dem von der Rechtsprechung entwickelten haftungsrechtlichen Grundsatz, daß *„jeder, der im Verkehr eine Gefahrenquelle hervorruft oder andauern läßt, die notwendigen Vorkehrungen zum Schutze Dritter zu treffen hat"*.[170]

Die Schaffung oder Unterhaltung einer *Gefahrenquelle* kann sich aus der Eröffnung eines Verkehrs, aus dem Betrieb eines Gewerbes, aber auch aus dem Betrieb eines Krankenhauses ergeben.[171] Sie kann erst recht von einem Forschungsvorhaben herrühren; denn jede Forschungsmaßnahme, die ihrer Definition nach den Standard der medizinischen Wissenschaft verbessern will, also den bisherigen Standard verläßt, beinhaltet ein Risiko.[172] Der Träger eines Krankenhauses schafft und unterhält eine Gefahr dadurch, daß er medizinische Forschung am Menschen organisiert und zuläßt.

Die *notwendigen Vorkehrungen* sind diejenigen, die nach den Sicherheitserwartungen des jeweiligen Verkehrs im Rahmen des Zumutbaren geeignet sind, die Gefahr unter Kontrolle zu halten und möglichst zu verhindern.[173] Obgleich in erster Linie der Initiator der Forschungen selbst für die Beachtung der Zulässigkeitsvoraussetzungen und die Vermeidung von Gefahren zuständig ist, trifft die Institution als „Veranstalter" ebenfalls die Verkehrspflicht, die Gefahren gering zu halten.[174] Verkehrspflichten können das Gebot zum Inhalt haben, die eigene Sphäre so zu *organisieren*, daß Schädigungen Dritter vermieden werden.[175] Für die medizinische Behandlung erkennt die Rechtsprechung an, daß der Klinikträger im Rahmen seiner Verkehrspflicht organisatorisch sicherstellen muß, daß alles Zumutbare getan wird, um mögliche Gefahren für den Patienten

---

ßigkeit der Landesärzteordnungen diskutiert wurde, vgl. 1. Teil B. I. 1. c) bb) (S. 31 ff.), entgegengetreten werden.

169 Vgl. zur Terminologie ausführlich Brandes, S. 161 ff.

170 RGZ 54, 53 ff., BGHZ 62, 265 (270); BGH, VersR 1985, 839 (840), st. Rspr.; vgl. Palandt-Thomas, § 823, Rn. 58 ff.; Deutsch, Unerlaubte Handlungen, Rn. 255; v. Bar, JuS 1988, 169.

171 Palandt-Thomas, § 823, Rn. 67; Lippert, NJW 1984, 2606 ff.

172 Deutsch, Unerlaubte Handlungen, Rn. 255; ders., MedR 1995, 483 (484 f.); Fischer, S. 101 ff.; Bork, S. 37 f.

173 BGH NJW 1978, 1629; BGH NJW 1985, 1076 ff.; Palandt-Thomas, § 823, Rn. 58 ff.; RGRK-Steffen, § 823 Rn. 148 ff.

174 Bork, S. 37 f.; Scheffold, S. 141 ff.; Deutsch, Medizinrecht, Rn. 558; Grupp, in: Furkel/Jung, S. 125 (138).

175 V. Bar, S. 96; Palandt-Thomas, § 823, Rn. 67; Steffen, S. 69 ff.; Deutsch, Medizinrecht, Rn. 558; Scheffold, S. 143.

abzuwenden.[176] Auf die vorliegende Problematik übertragen heißt das, daß die Prüfinstitution an ihrer Einrichtung auch Forschung nur soweit zulassen darf, als sie organisatorisch die notwendigen Sicherungsmaßnahmen für den Patienten und Probanden sicherstellt.

Der Klinikträger muß, vor der Zulassung von klinischer Forschung an seiner Institution, im Rahmen einer sog. „*primären Organisationspflicht*" Sorge dafür tragen, daß Patienten und Probanden nur dann Versuchen ausgesetzt werden, wenn diese auch innerhalb der jeweiligen örtlichen Gegebenheiten ethisch vertretbar sind, die Versuchspersonen aufgeklärt worden sind und ihre Zustimmung gegeben haben.[177] Zu den variablen *örtlichen Gegebenheiten*, die von Bedeutung für die ethische Vertretbarkeit von Forschung sein können, gehören zunächst die Einrichtung der Forschungsstätte (technische Geräte, Entfernungen zwischen den einzelnen Therapieeinrichtungen) und die Person des Prüfarztes (wissenschaftliche Qualifikation, Erfahrung). Zusätzlich müssen die besondere Sensibilität bestimmter Bevölkerungsgruppen (insbesondere Forschungen, die Erhebungen bezüglich der personellen und sozialen Umstände der Patienten und Probanden beinhalten, müssen auch unter dem Aspekt besonderer Empfindlichkeiten bestimmter ethnischer oder religiöser Gruppen betrachtet werden) sowie die Belastung einer bestimmten Patientengruppe mit Forschungen in der jüngeren Vergangenheit, die weitere Versuche unangebracht oder sogar gefährlich erscheinen lassen (wiederholte Endoskopien oder Röntgenaufnahmen),[178] beachtet werden. Schließlich können bestimmte lokale Ereignisse, wie Industrieunfälle, gar Forschungszwischenfälle oder andere schmerzhafte Ereignisse spezielle Forschungsvorhaben an diesem Ort zu einer bestimmten Zeit unpassend erscheinen lassen.[179]

Zu der sog. „*sekundären Organisationspflicht*" gehört, zu kontrollieren, ob Erstanweisungen eingehalten werden und ggf. dafür zu sorgen, daß der Versuch abgebrochen wird, wenn seine Voraussetzungen (auch die örtlichen) nicht mehr gegeben sind.[180] Weiterhin gehört zur „sekundären Organisationspflicht" zu überprüfen, ob evtl. Verbesserungen angezeigt sind.[181]

---

176 Siehe BGH, NJW 1985, 2189 ff.: Verkehrspflicht des Klinikträgers i.S.e. Organisationspflicht wäre in diesem Fall gewesen, dafür zu sorgen, daß fachlich einwandfrei arbeitende Ärzte und ärztliche Hilfspersonen tätig werden, daß niemand überlastet ist und daß die Dauer der Dienste so eingeteilt ist, daß die ärztliche Tätigkeit nicht beeinträchtigt wird.

177 Vgl. Deutsch, MedR 1995, 483 (485).

178 Diese Fälle sollten zwar schon aufgrund adäquater Ausschlußkriterien aus dem Versuch genommen werden; nur die lokale Ethik-Kommission könnte aber darüber hinaus in der Lage sein zu erkennen, ob so viele potentielle Versuchspersonen aufgrund dieser Ausschlußkriterien nicht an dem Versuch werden teilnehmen können, daß sich das beabsichtigte Forschungsvorhaben an dieser Einrichtung als unpraktikabel erweist.

179 Vgl. Evans/Evans, S. 161 ff.

180 Deutsch, MedR 1995, 483 (485); Bork, S. 38.

181 Deutsch, MedR 1995, 483 (486).

Dies betrifft alle Bereiche der klinischen Forschung: Arzneimittel-, Medizinprodukte oder andere, insbesondere medizinische Grundlagenforschung mit Menschen. Die Organisationspflicht besteht im Interesse der Rechtsgüter des Patienten und Probanden, unabhängig von einer gesonderten gesetzlichen Anordnung.[182]

Fraglich ist nun, wie der Kliniktträger *konkret* diese Kontrolle organisieren muß. Da Verkehrspflichten im allgemeinen eine konkrete Gefahr steuern sollen,[183] ist es mit allgemeinen Anweisungen, welche nur abstrakt das Vorgehen bei der klinischen Forschung regeln, nicht getan. Vielmehr müssen die einzelnen Forschungsvorhaben konkret unter Einbeziehung der besonderen Umstände des jeweiligen Forschungsortes geprüft und überwacht werden.[184] Andererseits darf der Staat zur Verringerung der Gefahren, die mit Versuchen am Menschen verbunden sind, nicht durch inhaltliche Reglementierung unmittelbar in den durch Art. 5 Abs. 3 GG geschützten Forschungsfreiraum eingreifen.[185] Nachdem sich aufgrund der genannten Empfehlungen und gesetzlichen Vorschriften die Ansicht allgemein durchgesetzt hat, daß Ethik-Kommissionen geeignete Instrumente zur Dämpfung dieser Gefahren sind, bietet es sich an, daß diese Kommissionen mit solchen Kompetenzen ausgerüstet sind, daß sie ihre Aufgabe bestmöglich erfüllen können und mit den Gegebenheiten vor Ort vertraut sind.[186] Geeignet ist also insbesondere eine entsprechende lokale Ethik-Kommission. Dies nicht nur, weil sie die Gegebenheiten vor Ort am besten beurteilen kann, sondern auch weil die lokale Kommission unkompliziert mit den Forschern in persönlichen Kontakt treten kann, um z.B. ihre Bedenken und schließlich auch Entscheidungsgründe, die für den Forscher mitunter unverständlich und frustrierend wirken können, zu erklären. Ein örtliches Gremium wird auf diese Weise eher von den Forschern akzeptiert werden und in der Lage sein, ein gewisses Vertrauensverhältnis aufzubauen. Es wird besonders effektiv dazu beitragen können, daß zum einen Forschungsprotokolle auch wirklich vorgelegt werden und zum anderen, daß die kritisierten Aspekte bei zukünftigen Forschungsprojekten von vornherein berücksichtigt werden.[187]

Ob die Einrichtung einer entsprechenden Kommission allerdings für jede Prüfinstitution einzig geeignet und zumutbar ist, ist zweifelhaft. Bei der Zumutbarkeit sind Gefahrabwendungserfolg und Sicherungsaufwand im Einzelfall gegeneinander abzuwägen.[188] An Universitätskliniken, die zur Forschung verpflichtet sind und über die hierfür erforderlichen Einrichtungen verfügen, konzentriert sich die

182 Deutsch, Medizinrecht, Rn. 596; Kollhosser, in: Symposium, S. 37 (39 f.).
183 Vgl. den Katalog der Gefahren bei Palandt-Thomas, § 823, Rn. 64 ff.; Fuchs, S. 72 ff.
184 Deutsch, MedR, 483 (485); Evans/Evans, S. 161 ff.
185 Kollhosser, in: Symposium, S. 37 (39).
186 Scheffold, S. 142 ff.; Deutsch/Lippert, S. 21 f.; Kollhosser, zitiert in: Wagner, DÄBl 1981, 168.
187 Vgl. Evans/Evans, S. 162; Bergkamp, IRB 10, 1988, Nr. 5, 1 (5).
188 RGRK-Steffen, § 823 Rn. 150.

klinische Forschung. Hier potenzieren sich die Gefahren klinischer Forschung, wenn nicht schon aufgrund von unübersichtlicherer Größe, so zumindest aufgrund der hohen Zahl der durchgeführten Forschungsprojekte. Gleichzeitig verfügen Universitäten in besonderem Maße über Strukturen, die die Einsetzung von kompetenten Gremien ermöglichen. Jedenfalls den medizinischen Fachbereichen ist es folglich zuzumuten, eine Ethik-Kommission einzurichten.

In kleineren Kliniken oder Krankenhäusern, an denen nur in geringem Umfang geforscht wird, steht eine kleinere Zahl von klinischen Prüfungen einem höheren Aufwand der Einrichtung und Unterhaltung einer Ethik-Kommission gegenüber. Die Einsetzung einer Ethik-Kommission wäre hier unpraktikabel und deshalb, wenn nicht unzumutbar, so doch zumindest nicht die einzige geeignete Schutzmaßnahme. Denn hier können die wenigen Forschungsvorhaben durch eine andere Ethik-Kommission mitbetreut werden, die dann, falls kein Mitglied mit den Gegebenheiten vor Ort vertraut ist, einen Gutachter oder den Forscher selber zwecks Klärung dieser Frage laden können. Allerdings bedarf es auch in kleineren Kliniken zur Erfüllung der Verkehrssicherungspflicht zumindest einer Anweisung, eine Ethik-Kommission anzurufen.

Es ergibt sich also, daß für Universitäten die Errichtung und der Einsatz einer Ethik-Kommission eine geeignete und zumutbare Maßnahme zum Schutz des Patienten und Probanden darstellt. Für andere Kliniken sind die Gefahren und der Sicherungsaufwand im Einzelfall gegeneinander abzuwägen. Es kann also nicht pauschal eine Organisationspflicht zur Schaffung einer Ethik-Kommission festgestellt werden, wohl aber die Pflicht, dafür Sorge zu tragen, daß eine solche vor der Durchführung eines Forschungsvorhabens angerufen wird.

Im Falle der Nichtschaffung der entsprechenden Organisation oder mangelnder Kompetenzverleihung des Gremiums, verletzt der Klinikträger seine Organisationspflicht und ist selbst direkt nach § 823 Abs. 1 BGB schadenersatzpflichtig, wenn der Fehler bei einem pflichtentsprechend gestalteten Verfahren vermieden worden wäre.[189]

Entsprechendes könnte auch für andere Institutionen gelten, die Forschung am Menschen organisieren oder zulassen, wie insbesondere die Ärztekammern.[190]

2. Dienstanweisungen und Beschlüsse universitärer Gremien

Regelmäßig wird vor der Durchführung medizinischer Versuche am Menschen durch Dienstanweisungen und Beschlüsse von universitären Gremien die Vorlage an eine Ethik-Kommission verlangt.[191]

---

189 Vgl. Deutsch, MedR 1995, 483 (485); ders., Medizinrecht, Rn. 558; Deutsch/Lippert, S. 22; v. Bar/Fischer, NJW 1980, 2734 (2737 ff.); Laufs, Arztrecht, Rn. 702; Scheffold, S. 151; Grupp, in: Furkel/Jung, S. 125 (138 f.).

190 Kollhosser, in: Symposium, S. 37 (39).

191 Deutsch, Medizinrecht, Rn. 596.

3. Verordnungen

Insbesondere durch gesetzlich ermächtigte Verordnungen kann weiteres über Ethik-Kommissionen vorgeschrieben werden. Dies gilt z.B. für die Verordnungen nach § 40 Abs. 5 AMG, § 17 Abs. 6 MPG und für die Strahlenschutzverordnung.[192] Von dieser Möglichkeit ist jedoch bisher nicht Gebrauch gemacht worden. In § 41 Abs. 1 StrlSchV wird zwar bestimmt, daß dem Antrag auf Erteilung einer Genehmigung zum Umgang mit radioaktiven Stoffen für die Anwendung am Menschen in der medizinischen Forschung nur stattgegeben werden darf, wenn eine „vom Bundesgesundheitsamt eingesetzte Gutachtergruppe" das Vorhaben zuvor geprüft hat. Die Ethik-Kommission wird jedoch nicht vom Bundesgesundheitsamt eingesetzt. Sie muß also nicht nach der StrlSchV angerufen werden. Tatsächlich ist es aber häufig so, daß radioaktive Stoffe oder ionisierende Strahlen im Zusammenhang mit Arzneimittelforschung verwendet werden. Dann muß lediglich auf der Grundlage des AMG die Ethik-Kommission angerufen werden, die dann allerdings auch auf die Einhaltung der Strahlenschutzverordnung achtet.

III. Internationale Regelungen

Die internationalen Regelungen sind bis heute nicht rechtsverbindlich. Die revidierte Deklaration von Helsinki nimmt eine Sonderstellung ein, da auf sie in den Landesärzteordungen Bezug genommen wird („Bei der durchzuführenden Beratung (...) ist die Deklaration des Weltärztebundes (...) zugrundezulegen")[193]. Durch diese Einbeziehung erlangt sie Rechtsverbindlichkeit. Auf sie soll deswegen im Folgenden ausführlicher eingegangen werden. Die übrigen Leitlinien werden an dieser Stelle lediglich überblicksweise dargestellt. Auf die einzelnen Empfehlungen zum Aufgabenbereich, Zusammensetzung und Verfahren der Ethik-Kommissionen wird, soweit sie über die nationalen Vorschriften hinausgehen, in den entsprechenden Kapiteln eingegangen werden.

1. Revidierte Deklaration von Helsinki

Seit 1975 stellt die „revidierte Deklaration von Helsinki"[194] des Weltärztebundes in Abschnitt I Nr. 2 die Forderung auf, daß der Forschungsplan für Versuche am Menschen einer besonders ernannten Kommission zur Beurteilung vorgelegt werden solle.

> „Die Planung und Durchführung eines jeden Versuchs am Menschen sollte eindeutig in einem Versuchsprotokoll niedergelegt werden, welches einem *besonders berufenen*, vom Forschungsteam und Sponsor unabhängigen Ausschuß zur Beratung, *Stellungnahme* und

---

192 Neufassung vom 30.06.1989, BGBl. I S. 1321, 1926, zuletzt geändert am 31.08.1990, BGBl. II S. 1116.

193 So z.B. § 1 Abs. 6 der Berufsordnung der Hamburger Ärzte und Ärztinnen.

194 Revidierte Deklaration von Helsinki i.d.F. von 1996 in Summerset-West, deutsche Fassung, abgedruckt bei Deutsch/Lippert, S. 117, Hervorhebungen von der Verfasserin.

> Orientierung vorgelegt werden sollte. Dabei wird davon ausgegangen, daß dieser Ausschuß gemäß den Gesetzen oder Bestimmungen des Landes, in welchem der Versuch durchgeführt werden soll, anerkannt ist.“[195]

Zusätzlich wird den Herausgebern von Periodika in Abschnitt I Nr. 8 S. 2 untersagt, Berichte über Versuche, die nicht in Übereinstimmung mit den in der Deklaration niedergelegten Grundsätzen durchgeführt wurden, zu veröffentlichen.

In ihrem Vorwort definiert sich die Deklaration als Leitlinie für Ärzte auf der ganzen Welt, ohne diese gleichzeitig der straf-, zivil- und berufsrechtlichen Verantwortlichkeit gemäß ihren jeweiligen Landesgesetzen zu entheben.

Die seit 1975 im wesentlichen unveränderte Deklaration, die trotz ihrer rechtlichen Unverbindlichkeit in der bisher geltenden Fassung weltweit Akzeptanz und Einfluß erlangt hat,[196] ist in der letzten Zeit in die Diskussion geraten. Die American Medical Association (AMA) hat im September 1997 den Vorschlag einer Revision der Deklaration von Helsinki eingebracht, die wegen ihrer weitreichenden Änderungen einschließlich der Aufgabe der bisherigen Gliederung, weniger als „Revision“, denn als „Neufassung“ zu bezeichnen wäre. Weite Teile der vorgeschlagenen Änderungen sind zu Recht auf Kritik gestoßen. Neben gewichtigen Punkten wie z.B. die Aufgabe der Unterscheidung von therapeutischen und rein wissenschaftlichen Versuchen, die Möglichkeit der Zustimmung zu Versuchen durch die Ethik-Kommission, ohne daß auf den mutmaßlichen Willen des Patienten abgestellt wird und die erweiterte Zulässigkeit von Placebo Versuchen, betrifft der Vorschlag auch – nicht immer zweckmäßige – Bestimmungen über Ethik-Kommissionen:

(1) In dem Vorschlag der AMA wurde auf die „besondere Berufung“ der Ethik-Kommission und damit auf deren örtliche Zuständigkeit verzichtet. Das bedeutet, daß nach Wahl des Forschers auch eine vom Prüfungsort weit entfernte Ethik-Kommission angerufen werden könnte („forum-shopping“). Damit würde die Effektivität der Arbeit der Ethik-Kommissionen gefährdet.[197]

(2) In der Version vom September 1997 wurde inkonsequenterweise der Abbruch einer Studie bei „demonstrated benefit of the therapy“ vorgesehen, nicht aber der Abbruch wegen übermäßiger Gefährlichkeit.

(3) In demselben Entwurf wird die Aufgabe der Ethik-Kommission wesentlich ausführlicher als bisher umschrieben. Eine solch konkrete Darstellung scheint für eine Deklaration, die weltweite Akzeptanz genießen soll, unangebracht.

(4) Schließlich soll die Deklaration in dem Vorschlag der AMA auf Nichtärzte erweitert werden, was sich auch auf die Zuständigkeit der Ethik-Kommission auswirken würde. Mit dieser Regelung würde der Weltärztebund jedoch seine Kompetenzen überschreiten. Sie wäre unwirksam und kann

---

195 Kursivdruck = Inhalte, die von der American Medical Association zur Revision vorgeschagen wurden

196 Vgl. Deutsch, NJW 1995, 3019 (3024).

197 S.o. 1. Teil B. II. 1. (S. 43 ff.).

höchstens als „Einladung“[198] auf Nichtärzte wirken, sich an die Grundsätze der Deklaration von Helsinki zu halten.

(5) In demselben Vorschlag soll die Kommission nicht nur eine Stellungnahme („comment“), sondern eine Zustimmung („approval“) abgeben. Dies läßt auf eine Erweiterung der Tragweite der Entscheidungen der Ethik-Kommissionen schließen, die der Entwicklung und dem heutigen Verständnis dieser Einrichtung zu entsprechen scheint.[199]

Nach der 151. Versammlung des Weltärztebundes in Ottawa/Kanada reagierte im März 1999 die World Medical Association (WMA) mit der Abfassung eines veränderten Vorschlags zur Revision. In diesem Entwurf wurden die Unzulänglichkeiten des ersten Entwurfs in bezug auf die Bedeutung der Ethik-Kommission nicht wiederholt: Das Erfordernis der örtlichen Zuständigkeit wurde offensichtlich für gewichtig befunden und zu Recht wieder aufgenommen. Außerdem wurde die Möglichkeit des Abbruchs einer Studie allgemeiner gefaßt: „The committee should have the authority to monitor the conduct of research, when appropriate, to assure continuing compliance with these standards“. Die Unstimmigkeit des ersten Entwurfs wurde mit dieser Formulierung vermieden. Auch ist der Passus über Ethik-Kommissionen insgesamt wesentlich verkürzt worden. Die Fassung der WMA richtet sich im übrigen nur an Ärzte. Die Erweiterung der Tragweite der Entscheidungen der Ethik-Kommission wurde in diesem Vorschlag beibehalten.

Während des im April 1999 in Göttingen abgehaltenen internationalen Symposions „Forschungsfreiheit und Forschungskontrolle in der Medizin – zur geplanten Revision der Deklaration von Helsinki“ wurden Kritikpunkte zu beiden Vorschlägen und neue Änderungs- bzw. Ergänzungsvorschläge zusammengetragen. Inwieweit es also bei dem Wortlaut der Deklaration in der Fassung von 1975 bleibt, ist abzuwarten.

2. *CIOMS-Leitlinien*

1982 brachten der „Council for International Organizations of Medical Sciences“ (CIOMS) in Zusammenarbeit mit der „World Health Organization“ (WHO) weitere Leitlinien, die „Proposed International Guidelines for Biomedical Research Involving Human Subjects“ heraus.[200] In ihnen werden die Prinzipien der Deklaration von Helsinki konkretisiert. Sie sollen weder die Deklaration von Helsinki kopieren noch ändern, sondern einen Vorschlag darstellen, wie die Deklaration von Helsinki in der Praxis umgesetzt werden kann.[201] Sie

198 So Schreiber in einer Äußerung auf dem Symposion „Forschungsfreiheit und Forschungskontrolle – zur geplanten Revision der Deklaration von Helsinki“ im April 1999 in Göttingen (unveröffentlicht).

199 Hierzu unten, 1. Teil D. I. (S. 57 ff.).

200 Abgedruckt in Bankowski/Howard-Jones, S. 409 ff.

201 Preamble der Proposed Guidelines.

wurden später überarbeitet und 1993 als „International Ethical Guidelines for Biomedical Research Involving Human Subjects" veröffentlicht.[202]

In der „Guideline 14" werden die Ethik-Kommissionen behandelt. Die Leitlinie an sich geht kaum über die Empfehlungen der Deklaration von Helsinki hinaus. Allerdings schreibt sie der Kommission, ähnlich wie die beiden Revisionsentwürfe zur Deklaration von Helsinki, größere Kompetenz zu als die Deklaration in ihrer geltenden Fassung. Sie setzt den „approval" der Ethik-Kommission für den Beginn eines Projekts voraus:

> „All proposals to conduct research involving human subjects must be submitted for review and *approval* to one or more independent ethical and scientific review committees. The investigator must obtain such approval of the proposal to conduct research before the research is begun."

Die CIOMS-Richtlinien enthalten keine explizite Forderung der örtlichen Zuständigkeit. Sie gehen jedoch im offiziellen Kommentar[203] zur Guideline 14 wie selbstverständlich davon aus, daß Ethik-Kommissionen öffentlich-rechtliche Institutionen sind, deren Zuständigkeit national geregelt ist.[204] In dem Kommentar zu der Leitlinie 14 werden auch Vorschläge zu der konkreten Ausgestaltung der Ethik-Kommission gemacht.

3. *Europarechtliche Vorgaben*

a) Der Europäische Arzneispezialitätenausschuß (Committee for Proprietary Medicinal Products, CPMP) hat in seiner Sitzung am 16./17.07.1996 die „Good Clinical Practice" (GCP) – Leitlinie zur „Guten klinischen Praxis" der Internationalen Konferenz zur Harmonisierung von Zulassungsanforderungen (International Conference of Harmonization, ICH) für die Europäische Union (EU) übernommen.[205] Sie ist ab Januar 1997 für seitdem begonnene Studien wirksam geworden und an die Stelle der bisherigen EG-GCP-Leitlinie[206] vom Juli 1990 getreten. Ziel dieser Empfehlung ist es, harmonisierte Standards international zu implementieren, um eine gegenseitige Akzeptanz von Prüfdaten zu erreichen. Dabei handelt es sich nicht um eine Richtlinie, sondern um eine Leitlinie mit empfehlendem Charakter.[207] Sie soll europaweit beachtet werden und gilt wegen der gemeinsamen Entwicklung durch die ICH ebenso für die USA und Japan.[208] Sie beschreibt das Kontrollgremium als „unabhängige Ethik-Kommission" und

---

202 Abgedruckt in Bankowski/Levine, S. 231 ff.
203 Abgedruckt in Bankowski/Levine, a.a.O.
204 CIOMS-Leitlinien, Commentary on Guideline 14, S. 40: „Review committees may be created under the aegis of national or local health administrations, national medical research councils or other nationally-representative bodies".
205 CPMP/ICH/135/95, deutsche Fassung abgedruckt bei Sickmüller, S. 100 ff.; vgl. zum Harmonisierungsprozeß der ICH Blasius/Cranz, S. 95 ff.
206 Dokument III/3976/88 – EN – FINAL – der EG-Kommission.
207 Deutsch/Lippert, S. 21.
208 Vgl. zum Ganzen die Zusammenstellung von Sickmüller.

unterschreitet damit die Anforderungen der für Deutschland verbindlichen Regelung des AMG.

b) Am 03.09.1997 ist der Vorschlag für eine Richtlinie des Europäischen Parlaments und des Rats zur Angleichung der Rechts- und Verwaltungsvorschriften über die Anwendung der „Guten Klinischen Praxis" (GCP) bei der Durchführung von klinischen Prüfungen mit Humanarzneimitteln vorgelegt worden.[209] Auch dieser Entwurf enthält Bestimmungen über Ethik-Kommissionen. Sobald die Richtlinie erlassen worden ist, ist sie in nationales Recht umzusetzen.[210]

c) Die EU beabsichtigt, eine auf die klinische Forschung am Menschen im Zusammenhang mit Medizinprodukten bezogene Richtlinie zu erlassen.[211] Mit ihrem Erlaß ist nicht vor Anfang 2000 zu rechnen.[212] Sodann ist auch sie in nationales Recht umzusetzen.

IV. Verhältnis der Normen zueinander

Das Verhältnis der genannten Rechtsgrundlagen zueinander bestimmt sich nach dem Kumulationsprinzip. Die einzelnen Normen, seien sie gesetzlich, per Verordnung oder Satzung aufgestellt, finden jeweils für die Zwecke Anwendung, für die sie erlassen worden sind.[213] So gilt § 17 Abs. 7 MPG nur für die klinische Prüfung eines Medizinproduktes als Voraussetzung der CE-Kennzeichnung. Ob an einer Institution die klinische Prüfung durchgeführt werden darf und welche weiteren Voraussetzungen nach dem Standesrecht, dem allgemeinen bürgerlichen Recht und dem inneruniversitären Recht bestehen, wird davon nicht berührt. Das bedeutet, daß der forschende Arzt in jedem Fall nach der Berufsordnung und die Institution im Rahmen ihrer Organisationspflicht verpflichtet bleibt, eine Begutachtung durch die lokale Ethik-Kommission vornehmen zu lassen.[214]

---

209 Abgedruckt in PharmaR 1998, 107 ff.

210 Vgl. hierzu Sickmüller, PharmaR 1998, 80 f.

211 „Directive of the European Parliament and of the Council on the approximation of provisions laid down by law, regulation or administrative action relating to the implementation of Good Clinical Practice in the conduct of clinical trials on medicinal products for human use."

212 Vgl. Deutsch/Lippert, S. 21.

213 Vgl. zur Normenkonkurrenz Dietz.

214 Vgl. zum Ganzen Deutsch, MedR 1995, 483 (484); Deutsch/Lippert, S. 23 ff.; Hart, MedR 1994, 94 ff.; Keller, MedR 1991, 11 (13).

C. Aufgaben und Funktionen der Ethik-Kommission

I. Tätigkeitsbereiche

Ethik-Kommissionen begutachten biomedizinische Forschungsvorhaben am Menschen unter medizinischen, juristischen und ethischen Aspekten auf ihre Vertretbarkeit.

Beim Versuch werden im Gegensatz zur Standardbehandlung Methoden oder Mittel angewandt, deren Wirksamkeit aufgrund ihrer Neuartigkeit noch nicht allgemein anerkannt ist, aber vermutet wird, und durch deren Anwendung neue Erkenntnisse erlangt werden sollen.[215] Der Begriff „Biomedizinische Forschung“ deckt dreierlei ab: Heilversuche, wissenschftliche Experimente und epidemiologische Forschung. Erfolgt der Versuch aus einem „subjektiven Heilungsinteresse“ gegenüber dem zu behandelnden Patienten, spricht man von einem Heilversuch.[216] Ein rein wissenschaftliches Experiment fördert dagegen die Gesundheit des Probanden nicht, sondern besitzt nur einen wissenschaftlichen Erkenntniswert und gereicht allenfalls der Allgemeinheit zum Nutzen.[217] In der epidemiologischen Forschung werden Daten erhoben, die die Bewandnisse des Patienten und ihres Lebensstils aufweisen.[218]

Als klinische Versuche gelten alle Forschungsvorhaben, von der Pilotstudie (eine auf wenige Patienten beschränkte erste Untersuchung, die nicht ausschließlich im Interesse des betroffenen Patienten erfolgt[219]) bis zur klinisch kontrollierten Studie mit Test- und Kontrollgruppe an i.d.R. bis zu 500 Patienten.[220] Eingeschlossen in die Beurteilung ist auch die Kontrollgruppe,[221] der u.U. eine bewährte Behandlungsmethode vorenthalten wird.[222]

Welche Forschungsvorhaben vorlagepflichtig sind und welche lediglich zu den fakultativen Aufgaben der Ethik-Kommission zählen, ergibt sich aus den jeweiligen Rechtsgrundlagen. Zu den Pflichtaufgaben zählen danach insb. Arzneimittelprüfungen der Phasen I-IV[223] und die klinische Prüfung von implantierbaren

215 Deutsch, Medizinrecht, Rn. 527; Deutsch/Lippert, S. 27.
216 Eser, in: Gedächtnisschrift für Schröder, 191 (199); Deutsch, Medizinrecht, Rn. 528; Ratzel/Lippert, § 15, Rn. 3 ff.
217 Vgl. Hirsch/Weißauer, Klinikarzt 1985, 898; Deutsch, Medizinrecht, Rn. 528; Ratzel/Lippert, § 15, Rn. 8.
218 Ratzel/Lippert, § 15, Rn. 9.
219 Vgl. Deutsch, Medizinrecht, Rn. 560. Zur Anwendbarkeit der §§ 40 ff. AMG auf Pilotstudien sowie zur Abgrenzung zum individuellen Heilversuch oder Einzelversuch, bei dem nicht das Ziel verfolgt wird, über den einzelnen Anwendungsfall hinaus weitere Erkenntnisse über die Wirkungsweise zu gewinnen vgl. insb. Kollhosser/Krefft, MedR 1993, 93 ff.; auch Hirsch, in: Kleinsorge/Hirsch/Weißauer, 13 ff.
220 Vgl. Deutsch, Medizinrecht, Rn. 770.
221 Vgl. II. 3. RDH; Deutsch/Lippert, S. 27.
222 Vgl. Deutsch, Medizinrecht, Rn. 770.
223 Vgl. zu den Phasen der klinischen Prüfung von Arzneimitteln Blasius/Müller-Römer/Fischer, S. 68 ff.; Sander, § 40, Anm. 2; Deutsch, Medizinrecht, Rn. 768 ff.; Kleinsorge, DNÄ Nr. 235 v. 06.12.1989, 4.

Medizinprodukten und Produkten der Klasse III. Aber auch andere klinische Versuche und epidemiologische Studien sind nach den meisten Länderberufsordnungen und wegen der Organisationspflicht der Institution der Ethik-Kommission vorzulegen. Soweit eine Anrufungspflicht der Ethik-Kommission nicht besteht, kann sie mit der Prüfung eines experimentellen medizinischen Vorgehens dennoch betraut werden, vorausgesetzt, daß sich aus den Ländergesetzen und den Ausführungssatzungen eine solche Zuständigkeit ergibt. Dies gilt beispielsweise für den Einzelversuch, die Minimalforschung und die Forschung an entnommenem menschlichen Material.[224]

Durch eine Richtlinie der BÄK von 1991 ist auch die embryonale Forschung und durch § 8 Abs. 2 Nr. 7 TFG ist die Spenderimmunisierung Aufgabe der Ethik-Kommission geworden.

II. Funktionen

Primär sind die Ethik-Kommissionen dazu berufen, die Probanden vor gefährlicher und überraschender Forschung zu bewahren.[225] Diese Priorität kommt auch in der Namensgebung der amerikanischen Human Subjects Protection Committees zum Ausdruck.[226]

Über diese Hauptaufgabe der Probandensicherung hinaus hat die Ethik-Kommission auch den Forscher zu schützen. Schließlich sollte die Ethik-Kommission ebenfalls die Forschungseinrichtung vor den nachteiligen Folgen rechtlich und ethisch bedenklicher Forschung bewahren.[227]

1. Schutz für die Versuchsperson

Der Schutz des Patienten bedeutet nicht nur, den Patienten vor bestimmter fragwürdiger Forschung zu bewahren. Vielmehr kann es bei einem therapeutischen Versuch gerade auch im Interesse des Patienten liegen, in den Versuch aufgenommen zu werden. Dies ist insbesondere bei bisher nicht oder nur schwer therapierbaren Erkrankungen der Fall. Deshalb kann bei einem verzweifelten Krankheitsbild oder auch bei einer hochkarätigen Studie das Wohl des Patienten überwiegen, an der Studie teilnehmen zu dürfen.[228]

---

224 Vgl. Deutsch/Lippert, S. 27 ff.; Deutsch, VersR 1999, 1 (6).
225 Fischer, S. 71; Laufs, Arztrecht, Rn. 687; Deutsch/Lippert, S. 31; Deutsch, DNÄ, Nr. 241, v. 14.12.1989, S. 2., vgl. RDH, I. 5. S. 2.; Punkt 2.3. und 3.1.1. der Leitlinie zur Guten Klinischen Praxis (CPMP/ICH/135/95).
226 Deutsch, NJW 1981, 614 (615).
227 Deutsch, Medizinrecht, Rn. 602; Weißauer, MMW 1979, 551 (552).
228 Vgl. Deutsch/Lippert, S. 32 f.

2. *Schutz des Forschers*

Neben der Protektion des Patienten ist es die Aufgabe der Ethik-Kommission, den Forscher zu schützen.

Der Forscher soll in der Auseinandersetzung mit der Ethik-Kommission oder letztlich mit einem negativen Votum davor bewahrt werden, im Drang nach Wahrheit die Grenzen des rechtlich Zulässigen zu überschreiten.[229] Die Beratung durch ein fachlich kompetent besetztes Gremium kann dem Vorhaben in bezug auf die wissenschaftliche Korrektheit sowie die ethische und rechtliche Vertretbarkeit durchaus förderlich sein.[230]

Zudem kann ein positives Votum den Forscher vor Angriffen von außen schützen.[231]

3. *Schutz der Forschungseinrichtung*

Zusätzlich ist es Aufgabe der Ethik-Kommission, auch die Forschungseinrichtung vor den nachteiligen Folgen rechtlich und ethisch bedenklicher Forschung zu bewahren. Hierbei gilt es, nicht nur die mögliche Haftungsfolge, sondern auch den Schaden einer negativen Publizität abzuwenden.[232]

4. *Weitere Funktionen*

Gelegentlich wird an Ethik-Kommissionen der Wunsch herangetragen, sich auch mit der Finanzierung und dem Einfluß der Ausgaben für die klinische Forschung auf das öffentliche Gesundheitswesen zu beschäftigen. Der Schutz des öffentlichen Gesundheitswesens ist jedoch grundsätzlich anderen Gremien zugewiesen. Dort aber, wo die Ausgaben einer klinischen Forschung oder insb. die Einnahmen von Prüfärzten oder Probanden derartig hoch sind, daß sie unter ethischem Aspekt bedenklich erscheinen, wird die Ethik-Kommission diesen Punkt mit berücksichtigen müssen.[233]

Insgesamt sollte sich die Ethik-Kommission auf die Beurteilung rechtlicher und ethischer Voraussetzungen der Forschung am Menschen beschränken. Durch zusätzliche Aufgabenstellungen, z.B. die Einbeziehung fakultäts- oder institutspolitischer Gesichtspunkte, würde die Kommission Gefahr laufen, ihre Unabhängigkeit zu verlieren.[234]

---

229 Laufs, Arztrecht, Rn. 687.

230 Schröder, VersR 1990, 243 (252); Deutsch, VersR 1989, 429 (431).; Laufs, Medizin und Recht, S. 25; Laufs/Uhlenbruck-Laufs, § 130, Rn. 14; Weißnauer, MMW 1979, 551 (556).

231 Deutsch, Medizinrecht, Rn. 602; Schröder, VersR 1990, 243 (252); Bork, S. 79 ff.; Kollhossr, in: Toellner, S. 79 (84); Kirchhoff, arzt im krankenhaus 1980, 672 (681); Schiwy-Bochat/Althoff/Müller, MedR 1997, 68 (71); Walter-Sack, MedR 1997, 301 (304); zweifelnd zu diesem Aspekt Czwalinna, S. 135-138; Fischer, NJW 1985, 2182.

232 Deutsch/Lippert, S. 32; Laufs/Uhlenbruck-Laufs, § 130, Rn. 19; Deutsch, NJW 1995, 3019 (3023).

233 Deutsch, Medizinrecht, Rn. 603; vgl. hierzu die entsprechenden Vorgaben der Leitlinie zur Guten Klinischen Praxis (CPMP/ICH/135/95) in Punkt 3.1.8.

234 Deutsch, NJW 1981, 614 (615).

III. Wahrnehmung der Funktionen

Die oben bezeichneten Schutzfunktionen werden zum einen durch die konkrete sachgerechte Prüfung in der Sitzung der Ethik-Kommission wahrgenommen und zum anderen durch die Mechanismen des Verfahrens selber.[235]

1. Sachgerechte Prüfung

Inhaltlich muß vor allem geprüft werden, ob die der Forschung immanente Unsicherheit über Wirkungen und Nebenwirkungen des Experiments sowie die Wirkungen auf die Persönlichkeit der Versuchsperson durch geeignete Maßnahmen minimiert worden ist. Sodann stellt sich die Frage, ob das „Restrisiko" zu dem angestrebten Erkenntnisgewinn und dessen Bedeutung für die medizinische Wissenschaft, für die Allgemeinheit und ggf. auch für die Patienten selbst in einem angemessenen Verhältnis steht.[236] Welche Aspekte im Entscheidungsprozeß im Einzelnen zu berücksichtigen sind, ergibt sich insb. aus §§ 40, 41 AMG, §§ 17, 18 MPG und auch aus der Deklaration von Helsinki, den CIOMS-Leitlinien und der CPMP/ICH-Leitlinie sowie aus den Vorgaben des Grundgesetzes:[237]

1. Die Belastung der am Versuch Beteiligten muß auf ein vertretbares Minimum beschränkt bleiben.[238] Das heißt, daß bei gefährlichen Versuchen auf außerordentliche Sicherheitsvorkehrungen geachtet werden muß. Dazu gehört auch, daß Abbruchkriterien und individuelle Einschluß- und Ausschlußkriterien beachtet werden.[239]
2. Die Qualifikation des Forschers muß gewährleistet sein.[240]
3. Die Aufklärung der Probanden muß gesichert sein. Sie soll dem Probanden – frei von Druck und unangemessener Beeinflussung – die Abwägung des Für und Wider seiner Teilnahme an der Forschung ermöglichen.[241] Dazu gehört, daß das Ausscheiden aus der Studie ohne Nachteile für den Probanden zu gewährleisten ist.[242]

---

235 Zur Ergänzung der beiden Blickwinkel Czwalinna, S. 94 f. u. 111 f.; Schröder, S. 127 ff.; auch van den Daele/Müller-Salomon, S. 65 u. 71.

236 Vgl. Deutsch, NJW 1981, 614 (615); ders., VersR 1999, 1 (6); auch Walter-Sack, MedR 1997, 301 ff.

237 Vgl. oben 1. Teil B. (S. 27 ff.).

238 Dies ergibt sich schon aus Art. 2 Abs. 2 S. 1 GG.

239 Vgl. Deutsch, Medizinrecht, Rn. 602.

240 Vgl. ausdrücklich Punkt I. 3. RDH; § 40 Abs. 1 Nr. 4 AMG; §17 Abs. 1 Nr. 4 MPG; Punkt 4. der Leitlinie zur Guten Klinischen Praxis (CPMP/ICH/135/95).

241 Vgl. ausdrücklich I. 9., 11., II. 5. RDH; § 40 Abs. 1 Nr. 2, Abs. 4 Nr. 4, § 41 Nr. 2-4, 7 AMG, § 17 Abs. 1 Nr. 2, Abs. 4; § 18 Nr. 2-4, 5 MPG; ausführlich die Vorgaben in Punkt 4.8.10. und 3.1.8./9. der Leitlinie zur Guten Klinischen Praxis (CPMP/ICH/135/95) sowie Leitlinie 1-8 der CIOMS; eine gute Übersicht über beachtenswerte Prinzipien bei der Forschung an nicht einwilligungsfähigen Patienten gibt Deutsch in seinem Beitrag auf der 13. Jahresversammlung des Arbeitskreises Medizinischer Ethik-Kommissionen 1995, in: Lachmann/Meuter, S. 225 (226). Eine abschließende Stellungnahme des Arbeitskreises wurde zunächst zurückgestellt.

242 Vgl. § 40 Abs. 1 a.E. AMG; § 17 Abs. 2 a.E. MPG; I. S. 2 RDH; vgl. auch Deutsch, Medizinrecht, Rn. 602.

4. Die Ethik-Kommission hat auch die Aufgabe, auf den Datenschutz zu achten.[243]
5. Schließlich muß darauf geachtet werden, daß eine Probandenversicherung besteht.[244]
6. Innerhalb der Abwägung zwischen den voraussehbaren „Restrisiken“ und der Bedeutung des Versuchsziels[245] sollte die Ethik-Kommission jedenfalls wiederholenden und wissenschaftlich nicht begründeten Versuchen entgegentreten.[246] Diese können nur eine äußerst geringe oder keine Bedeutung für die Allgemeinheit haben.[247]

2. Legitimation durch Verfahren

Zusätzlich ist nach einer Untersuchung von Czwalinna aus dem Jahre 1987 schon alleine das Verfahren vor den Ethik-Kommissionen i.S.d. Verfahrenslehre Luhmanns[248] geeignet, entscheidend zu einer faktischen Legitimation der Humanforschung beizutragen.[249] Während Czwalinna seinerzeit noch eine Vereinheitlichung des Verfahrensablaufs, die Beteiligung des Forschers als Entscheidungsempfänger und eine adäquate Öffentlichkeit des Verfahrens vermißte,[250] existiert inzwischen bundesweit eine Grundstruktur für das Verfahren der Ethik-Kommissionen. Zum einen besteht inzwischen die normierte Pflicht zur Einleitung des Verfahrens,[251] so daß der Verfahrenstyp flächendeckend etabliert ist. Mit der Normierung geht die Tendenz einher, den Verfahrensablauf selbst in Form von Satzungsregelungen gleichen Regeln zu unterwerfen. Bei Unklarheiten oder Bedenken findet heutzutage üblicherweise eine persönliche Befragung statt.[252] Inzwischen wird regelmäßig auch eine adäquate Form der Öffentlichkeit hergestellt, indem etwa – ganz i.S. der Forderung Czwalinnas[253] – in aller Regel Checklisten über die zum einzelnen Projekt benötigten Informa-

---

243 Vgl. § 203 Abs. 1 Nr. 1 StGB; § 40 BDSG; § 40 Abs. 1 Nr. 2 AMG; § 9 Abs. 1 MBO; I. 6. S. 2 RDH; 2.11. der Leitlinie zur Guten Klinischen Praxis; dazu Lippert/Strobel, VersR 1996, 427 ff. sowie Lippert, VersR 1997, 545 (547).

244 Vgl. § 40 Abs. 1 Nr. 8, Abs. 3 AMG; § 17 Abs. 1 Nr. 9, Abs. 3 MPG.

245 Vgl. ausdrücklich I. 4., 5. RDH; § 40 Abs. 1 Nr. 1, § 41 Nr. 1 AMG; § 17 Abs. 1 Nr. 1, § 18 Nr. 1 MPG; 2.2. der Leitlinie zur Guten Klinischen Praxis (CPMP/ICH/135/95). Zu den unterschiedlichen Wertungsebenen beim rein wissenschaftlichen Experiment einerseits und dem Heilversuch andererseits vgl. insb. Deutsch, VersR 1983, 1 ff. und Laufs, VersR 1978, 385 (387 ff.).

246 Vgl. Deutsch, Medizinrecht, Rn. 602; ders., VersR 1999, 1 (7).

247 Zu den häufigsten Antragsdefiziten am Beispiel der Ethik-Kommission der Technischen Hochschule Aachen vgl. Schiwy-Bochat/Althoff/Müller, MedR 1997, 68 (70); für die Ethik-Kommission der Ärztekammer Nordrhein Hopf/Holtheide/Schäfer, Rh.ÄBl 2/1996, 18 ff.

248 Luhmann, S. 7 f., 27-37.

249 Czwalinna, S. 108 ff.

250 Czwalinna, S. 113.

251 Vgl. oben 1. Teil B. (S. 27 ff.).

252 S.u., 2. Teil E. V. 5. (S. 95).

253 Czwalinna, S. 117.

tionen an den antragstellenden Arzt versandt werden, und indem die meisten Kommissionen Jahresberichte über ihre Arbeit veröffentlichen.[254] Dies alles trägt dazu bei, daß bereits das Verfahren vor den Ethik-Kommissionen geeignet ist, die tatsächliche Hinnahme der Entscheidungen von Ethik-Kommissionen zu bewirken und so eine gewisse Gewähr für die Qualität der Forschung am Menschen zu bieten.

Nicht zu vernachlässigen ist der Aspekt, daß schon die Notwendigkeit einen Forschungsplan zu fixieren, eine gewisse Sicherung durch Einzelplanung bewirkt. Heilsam ist dabei auch die Vorstellung der Risiken bei Abfassung des Plans.[255]

Nimmt die Ethik-Kommission ihre Funktionen durch sachgerechte Prüfung und ein einheitliches, zweckmäßiges Verfahren wahr, so wird das ihre Akzeptanz und damit auch die der medizinischen Forschung generell fördern. Soll die Ethik-Kommission eine moralisch und rechtlich vertretbare Forschung gewährleisten, so ist sie zu einem erheblichen Teil darauf angewiesen, daß sie sowohl bei den Forschern als auch bei der Bevölkerung als ein zweckmäßiges Instrumentarium mit einem verläßlichen Verfahren akzeptiert wird. Nur wer auf wirksame Forschungskontrolle vertrauen kann, wird sich auch als Proband zur Verfügung stellen wollen und damit fundierte Forschung erst ermöglichen.[256] Ärzte werden sich der Kontrolle der Ethik-Kommission eher unterziehen, wenn die Kommission die Gewähr kompetenter und effektiver Beratung bietet.

D. Das Votum der Ethik-Kommissionen

I. Rechtliche Qualität

Soweit die Ethik-Kommissionen zu einem staatlichen Forschungsbereich gehören oder von den Ärztekammern errichtet worden sind, gehören sie dem öffentlich-rechtlichen Bereich an.[257] Die Literatur trägt inzwischen der tatsächlichen und rechtlichen Entwicklung Rechnung und sieht in den öffentlich-rechtlichen Kommissionen „Stellen“ i.S.d. § 1 Abs. 4 VwVfG.[258] Insofern könnte es sich

---

254 Vgl. für Hamburg § 15 g Hamburgisches Ärztegesetz; Schröder, S. 119 f., will in dieser Beziehung noch höhere Anforderungen stellen.

255 Fischer, S. 71; Eser, in: Gedächtnisschrift für Schröder, S. 191 (214); Deutsch, NJW 1981, 614 (615); vgl. auch Pflanz, DÄBl 1989, C-1239.

256 Nach Kroth, PharmInd 1997, 1022 (1026), soll eine speziell in Deutschland zu beobachtende negative Grundeinstellung weiter Teile der Bevölkerung gegen moderne Forschung und speziell gegen die klinische Prüfung es zunehmend erschweren, Probanden/Patienten für eine klinische Prüfung zu gewinnen. Burchardi, Intensivmed 1997, 352 (353): „... mangelnde Aktzeptanz könnte schließlich auch zur Überlebensfrage für die Forschung selbst werden.“

257 Vgl. oben 1. Teil A. III. 1. (S. 22 ff.).

258 Kloesel/Cyran, § 40 A 1.0 4 b; Schorn, § 17 M2-3/21, Rn. 36 ; Classen, MedR 1995, 148 (149); Sobota, AöR 229 (239 f.); ausführlich Stamer, S. 88 ff.; für die Behördeneigenschaft von weisungsfreien Ausschüssen auch BVerwG NJW 1985, 2774 (2775).

bei dem Votum einer Ethik-Kommission um einen Verwaltungsakt handeln. Nach der Legaldefinition des Verwaltungsakts in § 35 S. 1 VwVfG ist u.a. eine Einzelregelung, die auf unmittelbare Außenwirkung gerichtet ist, Voraussetzung.[259] Problematisch ist allenfalls der Begriff der Regelung. Eine Regelung treffen bedeutet, einseitig und verbindlich eine Rechtsfolge festzulegen oder einen Rechtszustand festzustellen.[260]

Soweit der Bescheid lediglich beratenden Charakter hat, fehlt es, mangels Verbindlichkeit, an der „Regelung". Es liegt dann kein Verwaltungsakt vor.[261]

Innerhalb des AMG und MPG hingegen ist die „zustimmende Bewertung" bzw. „zustimmende Stellungnahme" der Ethik-Kommission nicht mehr nur eine Empfehlung mit Gutachtencharakter, wie teilweise noch vertreten wird,[262] sondern vielmehr wesentlicher Teil des Verfahrens: Fehlt es an ihr, so kann die zuständige Bundesoberbehörde bzw. die zuständige Behörde innerhalb von 60 Tagen widersprechen, mit der Folge daß die klinische Prüfung zu unterbleiben hat, während bei einem positiven Votum ein solcher Widerspruch nicht gestattet ist. Die Ethik-Kommissionen haben aufgrund der Neuregelung in § 40 Abs. 1 S. 3 AMG nicht nur das Recht zur Prüfung und Beratung – wie ehemals aufgrund des ärztlichen Standesrechts –, sondern jedenfalls bei der Abgabe eines positiven Votums auch das Recht zur abschließenden und eigenverantwortlichen Entscheidung über die Zulässigkeit der Studie. Sie bietet eine abschließende Grundlage für die Einhaltung der gesetzlichen Voraussetzungen. Das positive Votum[263] ist mit einer Genehmigung vergleichbar und hat daher Verwaltungsaktcharakter.[264] An dieser Auffassung kann sich auch nichts ändern, wenn man sich vor Augen führt, daß das positive Votum der Ethik-Kommission keine Haftungsfreizeichnung hinsichtlich der von der Ethik-Kommission geklärten Fragen bedeutet.[265] Eine Haftungsfreizeichnung ist keine Voraussetzung für das Vorliegen eines Verwaltungsaktes.[266]

---

259 Zu der Definition des Verwaltungsaktes ausführlich Maurer, § 9.

260 Achterberg, § 21, Rn. 46; Kopp, § 35, Rn. 32.

261 Vgl. Ratzel/Lippert, § 15, Rn. 23; Bork, S. 69 ff.; Jung, in: Furkel/Jung, S. 145 (150 ff.).

262 Stamer, S. 115 ff.; Laufs/Uhlenbruck-Laufs, § 4, Rn. 32, Pfeiffer, VersR 1994, 1377 (1381), Sobota, AöR 1996, 229 (238 ff.); Classen, MedR 1995, 148 (149) und Hennies, ArztR 1996, 95 (98), nicht zwischen positivem und negativen Votum differenzierend; auch nach Meinung der Kammern handelt es sich bei den Voten generell nicht um Verwaltungsakte, vgl. Vogt, S. 667.

263 Soweit es sich auch im Geltungsbereich des MPG um das Votum einer öffentlich-rechtlichen Kommission handelt.

264 Vgl. für die Rechtslage nach dem AMG Arndt, PharmaR 1996, 72 (74); Rehmann, § 40, Rn. 13; Wenckstern, S. 174 f.; zu dieser Auffassung tendieren auch Deutsch,VersR 1995, 121 (124); ders., Medizinrecht, Rn. 626; Deutsch/Lippert, S. 54; Fröhlich, S. 158 f.

265 So Stamer, S. 120.

266 Vgl. ausführlich Wagner, S. 8 ff., insb. S. 271 f.: Einer Genehmigung kommt jedenfalls dann keine Rechtfertigungswirkung zu, wenn durch das erlaubte Verhalten die Gesundheit anderer verletzt wird oder gar ihr Leben bedroht wird.

Die Beurteilung der rechtlichen Qualität des negativen, d.h. ablehnenden oder einschränkenden, Votums bereitet größere Schwierigkeiten. Nach Deutsch[267] könnte das Votum einer Ethik-Kommission – ob zustimmend oder ablehnend – zumindest im Geltungsbereich des AMG als Verwaltungsakt gedeutet werden.[268] Der Grund liege darin, daß seit der 5. Novelle des AMG die Kommissionsentscheidung nicht mehr nur als „Beratung", sondern als „Bewertung" zu verstehen sei. Dies gelte jedenfalls für die Bewertung der federführenden Kommission, welche der Bundesoberbehörde mitgeteilt wird. An diesen Wortlaut knüpft auch der Bundesverband der Pharmazeutischen Industrie e.V. seine Interpretation, daß das Votum der Ethik-Kommission nun einer Genehmigung der klinischen Prüfung gleichkäme.[269] Tatsächlich dürfte es sich auch bei dem negativen Votum um eine Regelung handeln. Denn mit der Entscheidung, ob positiv oder negativ zu votieren sei, entscheidet die Kommission auch verbindlich, ob dem BfArM ein Widerspruchsrecht gegen den Beginn der Durchführung der Studie zusteht oder nicht. Der überwiegende Teil der Literatur sieht in dem negativen Votum dennoch keinen Verwaltungsakt, da es an der Außenwirkung fehle: In diesem Falle würde die Entscheidung über die Zulassung der klinischen Forschung erst durch die zuständige Behörde getroffen, während die zeitliche Verzögerung, die mit dem Abwarten der Entscheidung durch das BfArM verbunden ist, als solche keine Außenwirkung habe.[270] Richtig ist jedoch, daß der negativen Entscheidung Außenwirkung zukommt, weil sie die Durchführung des Forschungsprotokolls dadurch verhindert, daß sie das gesetzliche Prüfungsverbot für den konkreten Einzelfall zunächst gegenüber dem Forscher bestätigt.[271] Es fehlt eben nicht – wie vertreten wird – an der Außenwirkung, weil ein negatives Votum insofern nichts an der Situation des Forschers ändert, als er sowohl vor wie nach Erteilung des negativen Votums zunächst nicht mit seinem Projekt beginnen darf.[272] Abgesehen davon, daß sich dieses Argument auf die Regelungswirkung des Verwaltungsaktes bezieht, können bei einem Genehmigungsverfahren nicht die Folgen eines fehlenden mit einem ablehnenden Bescheid gegenübergestellt werden, sondern vielmehr diejenigen, die aus der Erteilung eines positiven und eines negativen Votums herrühren.[273]

267 Deutsch,VersR 1995, 121 (124); ders., Medizinrecht, Rn. 626 und 639.
268 Im Ergebnis sind auch Wenckstern, S. 174 f., und Fröhlich, S. 158 f., dieser Auffassung.
269 Vgl. die Stellungnahme zum Entwurf des Fünften Gesetzes zur Änderung des Arzneimittelgesetzes, der in diesem Punkt Gesetz geworden ist, PharmInd 1994, 131 (138).
270 Vgl. für die Rechtslage nach dem AMG Sobota, AöR 1996, 229 (240); Classen, MedR 1995, 148 (149); Arndt, PharmaR 1996, 72 (74); für die Rechtslage nach dem MPG Schorn, § 17 M2-3/21, Rn. 35; für beide Tätigkeitsbereiche, Stamer, S. 119 f.; im Ergebnis tendiert auch Ratzel/Lippert, § 15, Rn. 23, zu dieser Auffassung.
271 Vgl. Erichsen-Erichsen, § 12, Rn. 28.
272 So die Ansicht von Classen, MedR 1995, 148 (149).
273 Wollte man die Folgen eines fehlenden denen eines ablehnenden Bescheides gegenüberstellen, dürfte auch etwa der ablehnende Baubescheid keinen Verwaltungsakt darstellen, denn sowohl vor als auch nach Erhalt des ablehnenden Bescheides darf mit dem Bau nicht begonnen werden.

Die Voten der öffentlich-rechtlichen Ethik-Kommissionen im Geltungsbereich von AMG und MPG können nach der hier vertretenen Auffassung als Verwaltungsakte qualifiziert werden. Behördliche Entscheidungsfunktionen, die besondere Sachkunde erfordern, wurden zur Entlastung der Behörde auf externen Sachverstand ausgelagert.[274] Dies bedeutet für die öffentlich-rechtliche Ethik-Kommission im Geltungsbereich von AMG und MPG das Eingebundensein in die verfahrensrechtlichen und materiellrechtlichen Vorgaben, so wie es auch die Behörde bei einer Entscheidung sein würde.

Im Ergebnis sind die Voten der Ethik-Kommissionen im Arzneimittel- und Medizinprodukterecht einerseits und im Bereich der Forschung außerhalb dieser Spezialgesetze rechtlich unterschiedlich zu qualifizieren, ohne daß hierfür ein sachlicher Grund ersichtlich wäre. Eine Angleichung der Vorschriften wäre hier wünschenswert.

II. Rechtsschutz

Die Frage nach dem Rechtsschutz stellt sich im wesentlichen unter zwei Gesichtspunkten: zum einen, wenn die Ethik-Kommission trotz eines Antrags des Forschers untätig bleibt und zum zweiten, wenn die Kommission zwar tätig geworden ist, aber ablehnend oder einschränkend votiert hat. Im Folgenden soll erörtert werden, auf welchem Weg in diesen Fällen Rechtsschutz erlangt werden kann.

Die öffentlich-rechtlichen Ethik-Kommissionen unterstehen der Aufsicht.[275] Neben der Aufsichtskontrolle steht der Rechtsweg zu den Verwaltungsgerichten offen.

1. Aufsicht

Die Aufsicht wird von der Leitung der Institution ausgeübt, der die Kommission zugeordnet ist. Das zuständige Aufsichtsorgan (Präsident, Minister) darf zwar nicht selber über einen Antrag entscheiden, kann aber fehlerhafte Entscheidungen aufheben oder Anweisung geben, über einen Antrag zu beschließen.[276]

2. Rechtsmittel

a) Klage auf Begutachtung

Daß eine Ethik-Kommission den Antrag eines Forschers auf Begutachtung seines Versuchsvorhabens gar nicht beachtet, ist nicht sehr wahrscheinlich.[277] Denkbar ist aber, daß sie den Antrag zurückweist mit der Begründung, er falle

274 Vgl. hierzu Di Fabio, VerwArch. 1990, 193 (212).
275 Deutsch, NJW 1981, 614 (616).
276 Deutsch, Medizinrecht, Rn. 638.
277 Vgl. Bork, S. 101.

nicht in ihr Aufgabengebiet oder er könne aufgrund von Überbeanspruchung nicht bearbeitet werden.[278] Ob der Forscher in diesen Fällen eine Überprüfung seines Forschungsvorhabens durch die Ethik-Kommission einklagen kann, richtet sich insbesondere nach den folgenden Zulässigkeitsvoraussetzungen:

aa) Rechtsweg

Nach Art. 19 Abs. 4 GG steht jedermann, der durch die öffentliche Gewalt in seinen Rechten verletzt wird, der Rechtsweg offen. Da die Tätigkeit der Ethik-Kommissionen nach Maßgabe des öffentlichen Rechts erfolgt,[279] es sich nicht um eine verfassungsrechtliche Streitigkeit handelt und keine Spezialzuweisungen an andere Gerichte gegeben sind, ist gem. § 40 Abs. 1 S. 1 VwGO die Klage vor den Verwaltungsgerichten zulässig.[280]

bb) Klageart

Wird von dem Antragsteller ein Verwaltungsakt[281] verlangt, kommt als Klageform die Verpflichtungsklage gem. § 42 Abs. 1 VwGO in Betracht. Soweit Handlungen verlangt werden, die keinen Verwaltungsakt darstellen, ist die allgemeine Leistungsklage die richtige Klageart.[282] Sie ist in der VwGO nicht im einzelnen geregelt, sondern als allgemeines Institut des Prozeßrechts vorausgesetzt.[283]

cc) Klagebefugnis

§ 42 Abs. 2 VwGO macht für die Verpflichtungsklage die Geltendmachung einer Verletzung eigener Rechte zu einer Zulässigkeitsvoraussetzung, um Popularklagen auszuschließen.[284] Nach vorherrschender Ansicht ist auch bei der allgemeinen Leistungsklage eine Klagebefugnis analog § 42 Abs. 1 VwGO zu fordern, weil es auch hier gilt, Popularklagen zu verhindern.[285] Der Forscher muß also geltend machen, durch die Untätigkeit der Ethik-Kommission in seinen Rechten verletzt zu sein, und eine solche Rechtsverletzung dürfte nicht unmöglich erscheinen.[286] Dabei reicht es bei Verpflichtungs- und allgemeinen Leistungsklagen für die Klagebefugnis aus, wenn der Forscher das eingeklagte Verhalten zuvor beantragt hat, denn dann liegt in der Ablehnung oder Nichtbescheidung mindestens eine mögliche Verletzung von Art. 2 Abs. 1 GG.[287]

---

278 Kollhosser, in: Toellner, S. 79 (89).
279 Vgl. Bork, S. 67 ff.
280 Vgl. Deutsch, NJW 1981, 614 (616); Stamer, S. 162 f.
281 Dies gilt für den Geltungsbereich des AMG und MPG, s.o. 1. Teil D. I. (S. 57).
282 Vgl. Schmitt-Glaeser, Rn. 372.
283 Redeker/von Oertzen, § 42, Rn. 143; Eyermann-Hupp, § 42, Rn. 62.
284 Kopp/Schenke, § 42, Rn. 59.
285 BVerfGE 17, 87 (91); 62, 11 (14); Kopp/Schenke, § 42, Rn. 62; Schenke, Rn. 492; Schmitt Glaeser, Rn. 387; Schoch/Schmidt-Aßmann/Pietzner-Pietzcker, § 42 Abs. 2, Rn. 33.
286 Kopp/Schenke, § 42, Rn. 59.
287 Vgl. Bork, S. 105 f.

dd) Vorverfahren und Klagefrist

Bei der Verpflichtungsklage wären – im Gegensatz zur allgemeinen Leistungsklage – Widerspruchsverfahren (§§ 68 ff. VwGO) und Klagefrist (§ 74 VwGO) einzuhalten. Auf die Leistungsklage finden die §§ 68-80 VwGO keine Anwendung, da diese Vorschriften auf Anfechtungs- und Verpflichtungsklage beschränkt sind.[288]

ee) Klagegegner

Klagegegner kann nur sein, wer auch die Beteiligtenfähigkeit gem. § 61 VwGO besitzt. Danach können natürliche und juristische Personen, Vereinigungen und Behörden am Verfahren beteiligt sein. Die Ethik-Kommission ist eine Behörde.[289] Behörden sind gem. § 61 Nr. 3 VwGO beteiligungsfähig, sofern das Landesrecht dies bestimmt. Eine entsprechende Regelung enthalten die Landesgesetze meines Wissens nicht. Die Ethik-Kommission kann daher nicht Gegner einer Klage sein. Tauglicher Klagegegner ist die sie tragende Körperschaft des öffentlichen Rechts, d.h. entweder die Universität oder das Universitätsklinikum, wenn ihm der Status einer juristischen Person eingeräumt wird, oder die Landesärztekammer.[290] Landesärztekammer und Universität bzw. Klinikum sind auch passiv prozeßführungsbefugt, da sie Rechtsinhaber der durch die Ethik-Kommissionen ausgeübten Rechte sind.

b) Klage wegen Ablehnung oder Einschränkung des Forschungsantrages

Fraglich ist, ob und in welchem Verfahren inhaltlich fehlerhafte Stellungnahmen einer Ethik-Kommissionen der gerichtlichen Überprüfung unterliegen.

aa) Rechtsweg

Da Ethik-Kommissionen öffentliche Gewalt ausüben, sind deshalb auch Bescheide der Ethik-Kommissionen, die nicht als Verwaltungsakte anzusehen sind, vor Gericht angreifbar.[291] Der Rechtsweg führt zu den Verwaltungsgerichten, § 40 Abs. 1 S. 1 VwGO.

bb) Klageart

Soweit ein Verwaltungsakt angegriffen wird, ist die Anfechtungsklage gem. § 42 Abs. 1 die richtige Klageart. Soweit kein Verwaltungsakt angegriffen wird, ist wiederum die allgemeine Leistungsklage angezeigt.

---

288 Redeker/von Oertzen, § 42, Rn. 153.
289 S.o. D. I. (S. 57).
290 Ausführlich für die Ethik-Kommissionen der medizinischen Fachbereiche, vgl. Bork, S. 106 ff.
291 Deutsch, Medizinrecht, Rn. 640; Bork, S. 102.

cc) Klagebefugnis

Voraussetzung ist auch hier, daß der Antragsteller geltend macht, in seinen Rechten verletzt zu sein, § 42 Abs. 2 VwGO (ggf. analog[292]), und daß eine solche Rechtsverletzung nicht unmöglich erscheint.

Angesichts der Tatsache, daß selbst der Erlaß von ablehnenden oder einschränkenden Bescheiden mit unverbindlichem Charakter zumindest in Teilen der Literatur als Grundrechtseingriff qualifiziert wird,[293] kann eine Rechtsverletzung nicht unmöglich erscheinen.

dd) Vorverfahren und Klagefrist

Bei der Anfechtungsklage wären wieder – im Gegensatz zur allgemeinen Leistungsklage – Widerspruchsverfahren (§§ 68 ff. VwGO) und Klagefrist (§ 74 VwGO) einzuhalten.[294]

ee) Klagegegner

Klagegegner wäre wieder entweder die Universität, das betreffende Universitätsklinikum oder die Landesärztekammer.[295]

3. Umfang des Rechtsschutzes

Nach Deutsch[296] können die Aufsichtsbehörde und die Verwaltungsgerichte nur bei erheblichen Fehlern eingreifen. Darunter falle insbesondere formell wie materiell rechtsfehlerhaftes Handeln oder Unterlassen. Damit wird auch der von Scholz/Stoll[297] hervorgehobenen Forderung genüge getan, daß Rechtsfragen, wie Art. 19 Abs. 4 GG verlangt, gerichtlich überprüft werden.

Außerhalb der zwingenden Vorschriften hat die Ethik-Kommission als unabhängiges Sachverständigengremium einen weiten Beurteilungsspielraum.[298] Der Grund für die Kontrollbeschränkung liegt darin, daß bei entsprechender Zusammensetzung die Ethik-Kommission im Zweifel „sachgerechter" zu entscheiden vermag als das kontrollierende Gericht.[299] Wegen der Schwierigkeit, das Risiko eines Forschungsvorhabens hinsichtlich seiner ethischen Vertretbarkeit vorausschauend zu bewerten, bedarf es differenzierten Sachverstandes und

292 S.o. 1. Teil D. II. 2. a) cc) (S. 61).
293 Vgl. Sobota, AöR 1996, 229 (245 f.); Scholz /Stoll, MedR 1990, 58 (60); Schenke, NJW 1991, 2313 (2318), vgl. oben 1. Teil B. I. 1. c) bb) (1) (S. 34).
294 Vgl. oben 1. Teil D. II. 2. a) dd) (S. 62).
295 Vgl. oben 1. Teil D. II. 2. a) ee) (S. 62).
296 NJW 1981, 614 (616); ders., Medizinrecht, Rn. 640.
297 MedR 1990, 58 (60).
298 Vgl. Deutsch, NJW 1981, 614 (616); ders., Medizinrecht, Rn. 640; auch Maurer, § 7, Rn. 31 ff.; Erichsen-Ossenbühl, § 10, Rn. 23 ff.
299 Erichsen-Ossenbühl, § 10, Rn. 37.

einer engen Kooperation mit den Beteiligten.[300] Hinzu kommt, daß die Ethik-Kommission als unabhängiges Gremium jenen Vorzug aufweisen kann, der den „rechtsstaatlichen Mehrwert des richterlichen Urteils“[301] ganz wesentlich mitbestimmt, nämlich die Unabhängigkeit bei der Entscheidung.[302] Der Beurteilungsbereich der Ethik-Kommission kann der richterlichen Kontrolle nach alledem allenfalls auf Plausibilität zugänglich sein.[303]

III. Besonderheiten bei multizentrischen Studien

Das System der institutionellen Ethik-Kommissionen ist auf spezielle Versuchsreihen ausgerichtet. Viele Forschungsvorhaben beschränken sich jedoch nicht auf eine medizinische Fakultät oder Klinik, sondern werden in diversen Kliniken und auch in verschiedenen Ländern durchgeführt.[304] Diese Studien nennt man multizentrisch bzw. multinational. Würde bei diesen Studien jede einzelne der zuständigen Ethik-Kommissionen ein Votum abzugeben haben, bedeutete dies ein sehr langwieriges und das Forschungsprojekt u.U. unzumutbar verzögerndes Vorgehen. Hier mußte ein vereinfachtes Prüfverfahren gefunden werden.

1. Regelungen und Empfehlungen

Der Gesetzgeber hat Anhaltspunkte für die Handhabung *multizentrischer* Studien im MPG und AMG gegeben. Daneben gelten die Regelungen des Standesrechts. Auch die Verkehrspflichten der Institution bleiben von diesen Vorschriften unberührt. Der Arbeitskreis medizinischer Ethik-Kommissionen hat eine Empfehlung zur Behandlung multizentrischer Studien herausgegeben. Auch die CIOMS-Leitlinien gehen auf die Thematik ein.

a) Regelungen im MPG

§ 17 Abs. 6 S. 2 MPG regelt: „Bei multizentrischen Studien genügt *ein* Votum.“

---

300 Di Fabio, S. 128 ff.; Erichsen-Ossenbühl, § 10, Rn. 41 f.; Die Problematik der vollständigen gerichtlichen Nachprüfung von Risikoentscheidungen wird durch die Arteparon-Entscheidungen des VG und OVG Berlin (OVG Berlin vom 16.05.1990 – 5 S 124 /89 – ESzA § 30 AMG Nr. 8 b) belegt. Hier hatten die Verwaltungsgerichte ein volles Prüfungsrecht für sich in Anspruch genommen und entgegen der Empfehlungen der Sachverständigen ein umstrittenes Arzneimittel vorläufig zugelassen. Inzwischen hat sich herausgestellt, daß die Verabreichung des zugelassenen Arzneimittels zu einer hohen Zahl von Todesfällen geführt hat, vgl. die Darstellung bei Di Fabio, S. 261 ff.

301 Erichsen-Ossenbühl, § 10, Rn. 37.

302 Vgl. Ossenbühl, DÖV 1972, 401 (404 f.); ders., FS für Redeker, S. 55 (67 f.).

303 Vgl. entsprechend Deutsch, NJW 1981, 614 (616); ders, Medizinrecht, Rn. 640.

304 Der Gesetzgeber und die EU-Richtlinien verschärfen etwa beständig und erheblich die Anforderungen an den Wirksamkeitsnachweis von Arzneimitteln. Dies macht die Durchführung großer, international angelegter Studien erforderlich, um die nach den Regeln der Biometrie erforderliche Patientenzahl zu erreichen.

Mit der klinischen Prüfung eines Medizinprodukts darf nach der Regelung des MPG also schon dann begonnen werden, wenn die zustimmende Stellungnahme *einer* Ethik-Kommission vorliegt. Nach dem MPG muß noch nicht einmal diejenige Kommission angerufen werden, die für den Hauptforschungsleiter zuständig ist, sondern das Votum einer beliebigen Ethik-Kommission, im übrigen auch einer privaten, genügt.[305]

b) Regelungen im AMG

Das AMG enthält keine ausdrücklichen Regelungen zur Behandlung von multizentrischen Studien durch die Ethik-Kommissionen.

aa) Vor der 8. Novelle des AMG

In § 40 Abs. 1 S. 1 Nr. 6 AMG in der Fassung vom 09.08.1994 wurde jedoch deutlich, daß zumindest das alleinige Votum der Ethik-Kommission des Leiters der klinischen Prüfung für den Bereich der Arzneimittelprüfungen nicht ausreichend sein sollte. Bis zur 8. Novelle des AMG durfte die klinische Prüfung eines Arzneimittels beim Menschen nämlich nur durchgeführt werden, wenn und solange „(...) *die* Vote*n* der Ethik-Kommission*en* bei der zuständigen Bundesoberbehörde vorgelegt worden sind."

bb) Nach der 8. Novelle des AMG

In der Neuregelung des AMG vom 07.09.1998[306] wurden in § 40 Abs. 1 Nr. 6 die Worte „*Die* Vote*n* der Ethik-Kommission*en*" durch die Worte „*das* Votum *der für den Leiter der klinischen Prüfung zuständigen* Ethik-Kommission" ersetzt.[307]

In der amtlichen Begründung wird dazu ausgeführt: „In Absatz 1 Satz 1 wird aus Gründen der Verfahrensökonomie und -transparenz bestimmt, daß das Votum der für den Leiter der klinischen Prüfung zuständigen Ethik-Kommission nach dem Arzneimittelgesetz maßgeblich sein soll." Auch im Rahmen des Arzneimittelgesetzes wird damit die Vorlagepflicht auf *ein* Votum beschränkt.

c) Standesrecht und Verkehrspflichten

Unberührt von den Regelungen im MPG und AMG bleibt die Notwendigkeit, im Wege der Erfüllung einer Verkehrs- und Organisationspflicht[308] eine Begutachtung durch eine lokale Ethik-Kommission vornehmen zu lassen. Diese Anrufungspflicht kann auch schon durch Standesrecht[309] vorgeschrieben sein.[310]

---

305 Vgl. WiKo, § 17, Anm. 4; Nöthlichs, § 17, Anm. 12.
306 BGBl I S. 2649.
307 Hervorhebungen von der Verfasserin.
308 Vgl. 1. Teil B. II. 1. (S. 43).
309 Vgl. 1. Teil B. I. 1. (S. 27).

d) Verfahrensgrundsätze des Arbeitskreises medizinischer Ethik-Kommissionen

Die vom Arbeitskreis Medizinischer Ethik-Kommissionen beschlossenen Verfahrensgrundsätze enthielten schon in ihrer ersten Fassung vom 19.11.1986 in § 3 Abs. 3 eine Regelung über multizentrische Studien: Bei multizentrischen Studien solle diejenige Ethik-Kommission in Anspruch genommen werden, welche für den für das Bundesgebiet verantwortlichen Projektleiter zuständig sei. Inzwischen[311] wird empfohlen, daß die Voten öffentlich-rechtlicher Ethik-Kommissionen grundsätzlich untereinander anerkannt werden. Es wird aber in der aktuellen Fassung klargestellt, daß das Vorliegen eines Votums einer öffentlich-rechtlichen Ethik-Kommission eine nochmalige Beratung nicht ausschließt. Dabei sollen Anlaß und Ausmaß der Beratung beziehungsweise Beschlußfassung der jeweiligen Ethik-Kommission vorbehalten bleiben.

e) CIOMS-Leitlinien

In dem offiziellen Kommentar zur Leitlinie 14 der CIOMS wird von einer Begutachtung der multizentrischen Studie durch die jeweilig*en* lokal*en* Ethik-Kommission*en* ausgegangen. Allerdings ist diese Vorschrift mit dem Hinweis versehen, daß die nicht hauptzuständigen Kommissionen das Projekt nur im Ganzen ablehnen oder ihm insgesamt zustimmen dürfen.[312]

3. Bewertung und Ausblick

Die Beschränkung der Vorlagepflicht auf ein Votum bzw. auf das Votum der für den Leiter der klinischen Prüfung zuständigen Ethik-Kommission in MPG und AMG erleichtert das Zulassungsverfahren. Dies ist in Hinblick auf die hohen Entwicklungskosten und den Wettbewerbsdruck für die Pharmafirmen kein unwichtiger Aspekt. Bei multinational forschenden Arzneimittelfirmen soll bereits der Trend beobachtet werden können, daß sie ihre Ressourcen und Organisationen von Deutschland abziehen und ihre präklinischen und klinischen Forschungs- und Entwicklungsprogramme etwa in die USA verlegen.[313] Ein Grund dafür soll der langwierige Prozeß der Anerkennung der Voten einzelner Bundesländer untereinander sein. Hierdurch verzögert sich nach Ansicht von Vertretern der Pharmaindustrie der Studienbeginn um bis zu sechs Monate.[314] Die

---

310 Vgl. Deutsch/Lippert, S. 63; Hasskarl, FS für Deutsch, S. 577 (585 f.); a.A. Sträter, PharmaR 1997, 337 (339 ff.), vor allem mit dem Hinweis darauf, ein identisches Studienprotokoll in 10-15 Ethik-Kommissionen, teilw. zeitversetzt, beraten zu lassen, sei unpraktikabel. Mit seiner Argumentation vernachlässigt er aber den Aspekt des Patienten- und Probandenschutzes und läßt auf der anderen Seite die Möglichkeit außer acht, daß die einzelnen Ethik-Kommissionen ihre Beratungen der Tatsache anpassen können, daß das Votum der hauptzuständigen Kommission bereits vorliegt.

311 Seit der letzten Änderung vom 17.11.1993, vgl. Fn. 63.

312 CIOMS-Leitlinien, Commentary on Guideline 14, S. 41.

313 Weihrauch/Baumbauer, PharmInd 1998, 1013.

314 Weihrauch/Baumbauer, PharmInd 1998, 1013 ff.

Auswertung dreier europäischer multizentrischer Studien bei einem Mitgliedsunternehmen aus dem Verband Forschender Arzneimittelhersteller e.V. (VFA) ergab, daß die Zahl der votierenden Ethik-Kommissions-Mitglieder nicht weit von der Zahl der Patienten entfernt ist und damit in Europa wie in Deutschland in keinem vernünftigen Verhältnis zum Umfang der Studien steht.[315] Uneinheitliche – gemäß Erfahrungen von Vertretern der Pharmaindustrie teils widersprüchliche, teils sogar mit den gesetzlichen Vorgaben nicht übereinstimmende – Protokolländerungen bis hin zu den verschiedensten Forderungen an die Patienteninformation verkomplizieren die Durchführung von multizentrischen Studien und sind der Akzeptanz der Voten nicht förderlich.[316] Als Folge muß eine Vielzahl verschiedener Texte für ein und dieselbe klinische Prüfung verwaltet und verteilt werden, was nach Schätzungen der Pharmaindustrie zusätzlich zu dem Aufwand für die Ethik-Voten von 50.000–100.000,– DM nochmals Kosten in ähnlicher Höhe verursachen kann.[317]

Trotz der Sorge um den „Forschungsstandort Deutschland" muß die körperliche Unversehrtheit der Versuchspersonen an erster Stelle stehen. Ob die Beschränkung auf ein Votum aber Patienten und Probanden sowie im übrigen auch dem Prüfarzt und der jeweiligen Institution genügend Schutz gewährt, ist eher zweifelhaft.[318] Eine Ethik-Kommission fernab vom Prüfungsort wird kaum beurteilen können, ob die Prüfer vor Ort in der Lage sein werden, die Studie durchzuführen, ob eine Klinik dafür hinreichend ausgestattet ist und wie geeignet die potentiellen Versuchspersonen aufgrund ihrer ethnischen und religiösen Zusammensetzung und vor dem Hintergrund von lokalen Ereignissen sein werden.[319] Auch für die laufende Kontrolle ist eine Kommission am Ort unerläßlich, um auf Zwischenfälle schnell reagieren zu können.[320] Hinzu kommt, daß zustimmende Entscheidungen regelmäßig nicht begründet werden.[321] Die Folge ist, daß die jeweilige lokale Kommission nicht erfährt, was Gegenstand der Prüfung der hauptzuständigen Kommission gewesen ist, und daß sie daher das Urteil der hauptzuständigen Ethik-Kommission nicht nachvollziehen kann. Solange dies der Fall ist, wird man eine bindende Wirkung des Votums am Ort des

---

315 Schwendler-Haffke/Reinken et al., PharmInd 1999, 11 (12, 14).
316 Vgl. die Ergebnisse einer Umfrage unter Mitgliedern der Fachgesellschaft der Ärzte in der Pharmazeutischen Industrie e. V. (FÄPI) des Arbeitskreises Baden-Württemberg 1994, Caird/Clemens et al., PharmInd 1995, 100 (101 f.) sowie Schwendler-Haffke/Reinken et al., PharmInd 1999, 11 (15) und Kroth, PharmInd 1997, 1022 (1026).
317 Schwendler-Haffke/Reinken et al., PharmInd 1999, 11 (15).
318 Vgl. Deutsch/Lippert, S. 63.
319 Vgl. 1. Teil B. II. 1. (S. 43 ff.).
320 Vgl. auch Evans/Evans, S. 161 ff.; Deutsch, DIE ZEIT v. 18.06.1998, Nr. 26, S. 31 „Verwässerte Kontrolle"; ders./Doppelfeld, Süddeutsche Zeitung v. 28.05.1998, Nr. 121, S. 19 „Gebremste Ethik"; a.A. Graf, PharmaR 1998, 236 (240), er erkennt zwar die Relevanz der örtlichen und personellen Gegebenheiten, vertritt aber die Auffassung auch schriftliche Informationen seien ausreichend. Auf den Vorteil des persönlichen Kontakts wird nicht eingegangen (vgl. hierzu 1. Teil B. II. 1., S. 43 ff.).
321 S.u., 2. Teil E. VIII. (S. 99).

Projektleiters nicht annehmen können.[322] Der lokale Ausschuß muß also das Votum der „hauptzuständigen Kommission“ noch einer eigenen Prüfung unterziehen. Dabei sollte im Interesse einer zügigen Behandlung und der Anerkennung einmal niedergelegter Entscheidungen keine vollständige Prüfung („révision au fonds“: unabhängig von der ersten Stellungnahme wird erneut geprüft), sondern zunächst eine oberflächliche Prüfung („Exequatur-Verfahren“) insb. in bezug auf örtliche Besonderheiten vorgenommen werden, die nur bei *gravierenden* Bedenken in das volle Verfahren übergeht.[323]

Zu begrüßen wäre es, wenn in ein Innen- und Außenverhältnis unterschieden würde: Im Innenverhältnis könnten alle betroffenen Ethik-Kommissionen ihr Votum abgeben. Im Außenverhältnis, gegenüber der Bundesoberbehörde, würde hingegen nur eine Ethik-Kommission aktiv, nämlich diejenige Kommission, welche für den verantwortlichen ärztlichen Projektleiter im Bundesgebiet zuständig ist. Sie übernähme gewissermaßen die Geschäftsführung für alle andere Ethik-Kommissionen.[324] Ein solches Zusammenwirken zwischen der federführenden Kommission und den lokalen Ethik-Kommissionen wird auch durch Art. 5 Abs. 2 des Vorschlags der Richtlinie des Europäischen Parlaments und des Rats zur Angleichung der Rechts- und Verwaltungsvorschriften über die Anwendung der „Guten klinischen Praxis“ bei der klinischen Prüfung mit Humanarzneimitteln[325] nahegelegt. Zur Begründung wird auch hier angeführt, daß die Stellungnahme der Ethik-Kommission der Stelle, an der die Prüfung tatsächlich durchgeführt wird, aufgrund der besonderen Vertrautheit mit den Einrichtungen und Qualifikationen des Prüfers erforderlich sei.

Die federführende Kommission mit Vertretungsbefugnis im Außenverhältnis könnte dann auch die Mitteilung von unerwünschten und unerwarteten Ereignissen kanalisieren. Nur an diese Kommission hat dann praktikablerweise die Mitteilung zu gehen. Die geschäftsführende Kommission wird den anderen lokalen Kommissionen Nachricht geben müssen. Diese haben dann auf der Grundlage der nur ihnen bekannten lokalen Verhältnisse neu zu beraten, in Erfüllung ihrer Verkehrssicherungspflicht ggf. den Versuch an ihrem Klinikum zu beenden oder Auflagen zu Veränderungen zu machen und die federführende Kommission über ihren Entschluß zu benachrichtigen.[326]

Die Aufteilung in ein Außen- und Innenverhältnis würde die Vorteile der alten und die der neuen Regelung in sich vereinen: Erstens würden alle Ethik-Kommissionen gegenüber der Bundesoberbehörde eine gemeinsame Stellung beziehen, was auf die Dauer die lange geforderte Einheitlichkeit der Beurteilung herstellen würde. Zweitens blieben nach wie vor die Ethik-Kommissionen an den

---

322 Deutsch, VersR 1995, 121 (124 f.); ders, Medizinrecht, Rn. 631.
323 Vgl. Deutsch/Lippert, S. 61.
324 Vgl. Deutsch, Medizinrecht, Rn. 632; Deutsch/Lippert, S. 62.
325 Vgl. oben 1. Teil B. III. 3. (S. 50).
326 Vgl. zum Ganzen Deutsch, Medizinrecht, Rn. 636; auch Walter-Sack, MedR 1997, 504 (505).

Großkliniken prüfungsverpflichtet, was den Schutz der Patienten und Probanden gewährleisten würde.

Bei *multinationalen* Studien liegt eine besondere Problematik darin, daß die verschiedenen Länder unterschiedliche Anforderungen an klinische Forschung stellen können und die jeweilige Ethik-Kommission das an ihrem Sitz geltende Recht und die dortigen bioethischen Grundsätze anzuwenden hat.[327] Da die von einer ausländischen Ethik-Kommission zugrundegelegten Vorschriften und Ansichten von dem deutschen Standard abweichen können, bedarf es einer erneuten Befassung mit dem Forschungsvorhaben durch die hiesige Ethik-Kommission. Diese kann die Voten ausländischer Kommissionen nur dann anerkennen, wenn diese nach den gleichen Bewertungskriterien vorgehen und die rechtliche Lage des jeweiligen Landes derjenigen in Deutschland entspricht. Dies ist bis heute eher die Ausnahme. Es ist jedoch zu erwarten, daß im Rahmen des Harmonisierungsprozesses innerhalb der EU auch die Voten ausländischer europäischer Ethik-Kommissionen wie die inländischer zu behandeln sind.[328]

E. Haftung

Hat die Ethik-Kommission eine fehlerhafte oder verzögerte Stellungnahme zu einem Forschungsvorhaben abgegeben, so erhebt sich die Frage, ob der Träger der Ethik-Kommission oder die Ethik-Kommission selber mit ihren Mitgliedern für eine mögliche Schädigung der Patienten bzw. Probanden oder für einen Schaden seitens des Forschers oder des Auftraggebers der Studie zivilrechtlich und strafrechtlich einzustehen haben.

I. Haftung des Trägers der Ethik-Kommission

Für den Träger der Ethik-Kommission kommt eine Haftung wegen eigener Pflichtverletzung oder wegen Pflichtverletzungen der Mitglieder der Kommission in Betracht.

In Deutschland ist bisher noch kein Haftungsfall der Institution im Zusammenhang mit der Arbeit von Ethik-Kommissionen bekannt geworden. Ein Blick über die Grenzen zeigt jedoch die Relevanz der Thematik: In Kanada ist bereits ein Krankenhaus wegen mangelnder Überwachung der klinischen Forschung und Fehlern seiner Ethik-Kommission verurteilt worden.[329]

---

327 Vgl. Demol/Weihrauch, Med.Klin. 92, 1997, 117 (122).

328 Vgl. Deutsch/Lippert, S. 65.

329 *Weiss v. Salomon*, Cour Superiéur de Québec v. 23.02.1989, 48 C.C.L.T. 280 = 1989 Revue Juridique Québequois 731, ausführlich zum Fall: Deutsch, MedR 1995, 483 ff.

1. Haftung nach § 823 Abs. 1 BGB

Der (potentielle) Träger der Ethik-Kommission muß für eigene Pflichtverletzung einstehen, wenn er entweder einen solchen Ausschuß nicht einrichtet, nicht richtig organisiert oder nicht ordentlich überwacht, § 823 Abs. 1 BGB.[330]

2. Staatshaftung gem. Art. 34 GG i.V.m. § 839 BGB

Sofern die Kommission, wie regelmäßig an staatlichen Einrichtungen, öffentlich-rechtlich organisiert ist, kommt eine Haftung der Institution für eine schuldhafte Verletzung der Amtspflicht durch die Mitglieder des Ausschusses i.S.d. Art. 34 GG i.V.m. § 839 BGB in Betracht. Voraussetzung ist, daß ein Beamter schuldhaft eine Amtspflicht in Wahrnehmung seines Amtes gegenüber einem Dritten verletzt und die Amtspflichtverletzung kausal für den eingetretenen Schaden ist. Die einzelnen Voraussetzungen werden im Folgenden geprüft.

a) Beamtenbegriff

Während § 839 BGB einen Amtspflichtsverstoß eines Beamten im staatsrechtlichen Sinne verlangt, greift die Staatshaftung nach dem Wortlaut des Art. 34 GG schon ein, wenn jemand in Ausübung eines öffentlichen Amtes eine Amtspflicht verletzt hat. Erheblich ist dieser Unterschied bei Mitgliedern der Ethik-Kommission, die keine Beamten sind, was vor allem die medizinischen Laien betrifft und besonders auch bei den Ärzten in den Kommissionen der Ärztekammern vorkommt. Während der staatsrechtliche Beamtenbegriff beibehalten wird, soweit der Staat oder ein sonstiger Hoheitsträger im Rahmen des Privatrechts tätig wird, gilt im Anwendungsbereich des Art. 34 S. 1 GG, also im hoheitlichen Tätigkeitsbereich, der erweiterte Beamtenbegriff.[331] Dieser schließt unabhängig von einer staatsrechtlichen Qualifikation auch diejenigen ein, denen ein öffentliches Amt anvertraut ist, in dessen Erfüllung sie handeln.[332] Die Mitglieder einer öffentlich-rechtlichen Ethik-Kommission nehmen eine öffentlich-rechtliche Aufgabe wahr.[333] Die Haftung der Mitglieder der Ethik-Kommission beurteilt sich daher aus § 839 BGB.[334]

---

330 Vgl. 1. Teil B. II. 1. (S. 43 ff.).

331 BGH NJW 1983, 215 (216); VersR 1983, 489 (490); MünchKomm-Papier, § 839; Rn. 128 f.; Ossenbühl, III. 1., S. 12 ff.; v. Münch-Bryde, Art. 34, Rn. 12.

332 RGRK-Kreft, § 839, Rn. 140; Soergel-Vinke, § 839, Rn. 42.

333 Vgl. Kreß, S. 137 ff., 186; Scheffold, S. 109 ff.; Deutsch, NJW 1981, 614 (616).

334 Anders ggf. der von der Ethik-Kommission herangezogene externe Gutachter: Er wird nicht Mitglied der Ethik-Kommission, sondern bleibt Dritter, der den Kommissionsmitgliedern nur seine Sachkunde zur Verfügung stellt. Auch durch Erstattung des Gutachtens übt der Sachverständige keine öffentliche Gewalt aus, da dies lediglich der Vorbereitung der Entscheidung der Ethik-Kommission dient. Die Grundsätze der Amtshaftung finden auf externe Sachverständige keine Anwendung, vgl. Kreß, S. 225 ff. und die Rechtsprechung zu gerichtlichen Sachverständigen, grundlegend BGH 59, 310 ff.

b) *Amtspflicht*

Die Amtspflichten der Mitglieder ergeben sich aus allgemeinen Amtspflichten,[335] insbesondere aber aus den speziell normierten Grundsätzen für Ethik-Kommissionen. Schon aus den allgemeinen Amtspflichten läßt sich die Pflicht zur richtigen und vollständigen Auskunft sowie zur Verschwiegenheit und angemessener Bearbeitungszeit entnehmen.[336] Die speziellen Amtspflichten der Kommissionsmitglieder bestehen zusammengefaßt darin, das Forschungsvorhaben mit der gebotenen Sorgfalt in medizinischer, ethischer und rechtlicher Sicht zügig zu prüfen.

c) *Drittbezogenheit der Amtspflicht*

Der Geschädigte kann nur einen Anspruch haben, wenn die verletzte Amtspflicht gerade auch ihm gegenüber besteht.[337] Ob dem Amtsträger eine Amtspflicht gegenüber einem Dritten obliegt, bestimmt sich nach dem Zweck, dem die Amtspflicht zu dienen bestimmt ist.[338] Nur wenn die Amtspflicht erkennbar zumindest auch die Interessen der betreffenden Personengruppe schützen soll, ist die Drittbezogenheit der Amtspflicht zu bejahen.[339]

Die von den Mitgliedern einer Ethik-Kommission übernommene Pflicht zur sorgfältigen und zügigen Begutachtung des Forschungsvorhabens dient sowohl dem Schutz des Forschers als auch dem Schutz der Versuchsteilnehmer[340] und besteht damit auch ihnen gegenüber.[341]

Nicht selten werden Forschungsvorhaben im Auftrag der Industrie, regelmäßig von Pharmaunternehmen, durchgeführt. Den Mitgliedern der Ethik-Kommission ist aufgrund der Antragsunterlagen in aller Regel bekannt, wenn hinter dem antragstellenden Arzt ein beauftragendes Unternehmen steht. Es wäre bloßer Formalismus, nur den Antragsteller in den Schutzbereich der Ethik-Kommission einzubeziehen und nicht das Unternehmen, in dessen Interesse und auf dessen Kosten das Forschungsvorhaben betrieben wird und von dem letztlich die Forschungsergebnisse verwertet werden. Die auftraggebenden Unternehmen sind unter den beschriebenen Umständen hinsichtlich der Pflicht zur sorgfältigen und zügigen Begutachtung folglich auch als Dritte i.S.d. § 839 BGB anzusehen.[342] Bei Willkür

---

335 Sie werden geschriebenen und vor allem ungeschriebenen Grundsätzen des Verfassungs- und Gesetzesrechts entnommen, vgl. MünchKomm-Papier, § 839, Rn. 209.

336 Staudinger-Schäfer, § 839, Rn. 270 ff.; Palandt-Thomas, § 839, Rn. 32; MünchKomm-Papier, § 839, Rn. 214.

337 MünchKomm-Papier, § 839, Rn. 224; Staudinger-Schäfer, § 839, Rn. 236; vgl. schon RGZ 140, 423 (427); BGHZ 18, 110 (113).

338 BGHZ 10, 122 (124); BGH NJW 1995, 1828 und 1830; MünchKomm-Papier, § 839, Rn. 226 m.w.N.; Kreß, S. 146 f.

339 Vgl. Staudinger-Schäfer, § 839, Rn. 255 ff.; BGH NJW 1989, 976 (978); Bork, S. 82.

340 S.o. 1. Teil C. II. (S. 53 ff.).

341 Vgl. ausführlich hierzu Kreß, S. 147 f.; Bork, S. 82 f.; Scheffold, S. 116 ff., der die Drittbezogenheit allgemein aus der Amtspflicht zur Unterlassung deliktischer Eingriffe i.S.d. § 823 Abs. 1 BGB herleitet.

342 Vgl. ausführlich hierzu Kreß, S. 178 ff. unter Hinweis auf den BGH (VersR 1963, 865 (868); 1964, 316 (318)), der bei der Abgabe eines Gutachtens staatlicher Stellen im Rah-

oder unvertretbarer Verzögerung wird möglicherweise sogar in das Recht des Unternehmens am eingerichteten und ausgeübten Gewerbebetrieb betriebsbezogen eingegriffen werden können,[343] was dann zusätzlich für die Drittbezogenheit der Amtspflicht gegenüber dem beauftragenden Unternehmen sprechen könnte.[344]

Die Geheimhaltungspflicht besteht gegenüber jedem, dem durch die Verletzung dieser Pflicht Schaden entstehen kann.[345] Die vertrauliche Behandlung der Anträge stellt also eine auf den Forscher als auch auf das beauftragende Unternehmen bezogene Amtspflicht dar, da sowohl dem Forscher als auch dem Unternehmen durch Preisgabe von Forschungsgeheimnissen Schaden entstehen kann.

d) Kausalität und Zurechenbarkeit

Die Amtshaftung setzt weiterhin einen adäquaten Kausal- sowie einen Zurechnungszusammenhang zwischen schuldhafter Amtspflichtverletzung und der Schädigung des Versuchsteilnehmers bzw. des Forschers oder des beauftragenden Unternehmens voraus.[346] Die Kausalität für eine Schädigung des Forschers oder des beauftragenden Unternehmens aus Verzögerung oder Verletzung der Geheimhaltungspflicht ist unproblematisch aus dem Handeln der Ethik-Kommission herzuleiten. Auch die Schäden, die durch die fehlerhafte Ablehnung entstehen, z.B. Verweigerung der Fördermittel, sind ohne das falsche Votum nicht denkbar.[347]

Schwierigkeiten bereitet die Kausalität der fehlerhaften Beratung für die Schädigung des Probanden. In bezug auf die Voten der Ethik-Kommission mit lediglich beratendem Charakter – heute außerhalb des Geltungsbereichs von AMG und MPG – wurde zum Teil der Kausalzusammenhang bezweifelt. Zwischen der fehlerhaften Beratung und dem Schaden liege noch die eigenverantwortliche Entscheidung des Antragstellers zur Durchführung des Versuchs.[348] Dieser Umstand unterbricht die adäquate Kausalität jedoch nicht: Der Prüfarzt macht regelmäßig die Durchführung seines Forschungsvorhabens auch von einem positiven Votum mit Gutachtencharakter abhängig.[349] Daraus folgt, daß der Ver-

---

men hoheitlicher Tätigkeit nicht nur den Auftraggeber als Dritten i.S.d. § 829 BGB angesehen hat, sondern jeden, der durch ein unrichtiges, unvollständiges oder irreführendes Gutachten berührt oder geschädigt werden kann.

343 Deutsch, Medizinrecht, Rn. 644.

344 Vgl. Knothe, S. 82 ff.; Staudinger-Schäfer, § 839, Rn. 263.

345 Staudinger-Schäfer, § 839, Rn. 267; BGHZ 78, 274 (281) m.w.N.

346 Die Erörterungen sollen hier auf die Haftungsbegründung begrenzt werden, weil im Rahmen der Haftungsausfüllung keine besonderen Schwierigkeiten auftreten.

347 Vgl. im Ergebnis Deutsch, Medizinrecht, Rn. 641; ders., VersR 1989, 429 (432); Kleinsorge, MedR 1987, 140 (142); Kreß, S. 172 (174).

348 Barnikel, in MMW 1979, 767.

349 Aus der bisherigen Praxis liegen keine Anhaltspunkte dafür vor, daß Forscher sich nicht an das Votum der Ethik-Kommission halten, Kollhosser, in: Symposium, S. 37 (41); Bork, S. 83; vgl. auch die Antworten zu Frage 13 eines zu Beginn des Jahres 1999 an die Ethik-Kommissionen der Landesärztekammern und medizinischen Fakultäten verschickten Fragebogens, Anhang B (mehr zur Umfrage s.u., 2. Teil, S. 81).

such entweder überhaupt nicht oder in veränderter Form durchgeführt worden wäre, wenn die Ethik-Kommission das Vorhaben sachgemäß beurteilt hätte. Die Folge ist, daß die Versuchsperson dann auch nicht geschädigt worden wäre. Das positive, aber fehlerhafte Votum wird damit insoweit adäquat kausal für die fehlerhafte Versuchsdurchführung und damit für die Schädigung des Versuchsteilnehmers sein, als sie die eigenverantwortliche Entscheidung des Arztes darüber, ob und wie dieser den Versuch durchführt, entscheidend beeinflußt. Man kann hier von einer „psychisch vermittelten Kausalität“ sprechen, die zur Haftungsbegründung ausreichen kann.[350]

Freilich darf nicht jede nur psychisch vermittelte Kausalität eine Haftung rechtfertigen. Nach der Rechtsprechung und einigen Stimmen in der Literatur kann in der vorliegenden Fallkonstellation[351] der durch den Dritten verursachte Schaden dem Veranlasser nur dann zugerechnet werden, wenn dieser einen Gefahrenzustand für die Rechtsgüter des Anspruchstellers geschaffen hat und der Schaden in seinen Verantwortungsbereich fällt.[352] Dadurch, daß die Funktion der Ethik-Kommission u.a. gerade darin besteht, den Versuchsteilnehmer vor etwaigen Schädigungen zu bewahren, fällt der durch den Antragsteller unmittelbar verursachte Schaden auch in den Verantwortungsbereich der Ethik-Kommission. Da der Forscher das Forschungsvorhaben in aller Regel in der gebilligten Form durchführen wird, hat die Ethik-Kommission durch ihr positives Votum das Risiko für eine fehlerhafte Versuchsdurchführung erheblich gesteigert und damit einen Gefahrenzustand für die Rechtsgüter des Probanden geschaffen. Die Schädigung des Versuchsteilnehmers ist der Ethik-Kommission somit auch zurechenbar.[353]

e) *Verschulden*

Das Verschulden richtet sich nach dem allgemeinen Verschuldensmaßstab des § 276 BGB und muß sich nur auf die Amtspflichtverletzung und nicht auf den

---

350 BGHZ 58, 162 (165 f.); Deutsch, Allg. Haftungsrecht, Rn. 123 f.; Larenz, Bd. I, § 27 III. 5.; konkret zur behandelten Konstellation, Scheffold, S. 122 und Kreß, S. 152.

351 Vorliegend geht es nicht um Fälle, in denen jemand einen Geschehensablauf in Gang setzt und der Schaden schließlich auf einem freien Willensentschluß beruhenden Verhalten des *Geschädigten* oder eines zu seinem Wohle handelnden Dritten selbst entsteht. Bei dem hier in Frage stehende Sachverhalt geht es um einen Fall, in dem die Schadensentstehung auf den freien Willensentschluß eines *Dritten* – hier des Forschers zur Durchführung des Versuchs – zurückgeht.

352 BGH NJW 1980, 223 (224); 1979, 712 (713); 1978, 1005 (1006); Kreß, S. 154; Zimmermann, JZ 1980, 10 (14 ff.); wohl auch Staudinger-Schäfer, Vorbem. zu §§ 823 ff., Rn. 101 f.; Medicus, Rn. 653 a; anders ein Teil der Literatur, der auch in dieser Fallkonstellation auf das Kriterium der Herausforderung als Haftungsbegrenzung bei psychisch vermittelter Kausalität abstellt, dadurch aber im hier besprochenen Fall nicht zu einem anderen Ergebnis kommt, Larenz, Bd. I, § 27 III. 5.; konkret bezogen auf die Haftung der Ethik-Kommission vgl. Bork, S. 84 und Scheffold, S. 125 ff.

353 Im Ergebnis ebenso, Deutsch, VersR 1989, 429 (432); ders., MedR 1995, 483 (487); Kollhosser, in: Symposium, S. 37 (41); ders., in: Toellner, S. 79 (86); Czwalinna, S. 138; Weißauer, MMW 1979, 551 (556); Scheffold, S. 118 ff.; Kreß, S. 155; v. Bar/Fischer, NJW 1980, 2734 ff.

eingetretenen Schaden beziehen.[354] Allerdings ist hierfür bereits das Verschulden eines einzelnen Kommissionsmitgliedes ausreichend.[355] Dabei wird sich das einzelne Kommissionsmitglied an den Kenntnissen eines Experten seines Berufsstandes messen lassen müssen,[356] denn nur mit Expertenrat ist der verbesserte Schutz für Patienten und Probanden zu gewährleisten.[357]

Für den Geschädigten gilt eine wesentliche Beweiserleichterung: Es reicht, wenn er nachweist, daß irgendein Mitglied der Ethik-Kommission seine Pflicht zur sorgfältigen Begutachtung schuldhaft verletzt hat. Er muß das entsprechende Mitglied nicht individualisieren.[358]

f) Anspruchsgegner

Für die Ermittlung des Anspruchsgegners ist § 839 BGB zusammen mit Art. 34 S. 1 GG zu lesen. Danach haftet der Amtsträger nicht persönlich, sondern an seine Stelle tritt grundsätzlich der Staat oder die Körperschaft, „in deren Dienst er steht". Während früher Streit darüber herrschte, ob die passiv legitimierte Körperschaft nach der Anstellungs- oder Funktionstheorie zu bestimmen sei,[359] wird die Frage heute allgemein nach der Anvertrauenstheorie beantwortet. Unabhängig vom dienstrechtlichen Status des Amtsträgers haftet die Körperschaft, „die dem Amtsträger das Amt, bei dessen Wahrnehmung die Amtspflichtverletzung vorgekommen ist, anvertraut und übertragen hat".[360] Bei der Frage, wer die Mitglieder der Ethik-Kommission mit ihrem Amt betraut hat, muß differenziert werden:

Die Universitätsmitglieder an den *Ethik-Kommissionen der Universitäten*, die im Rahmen ihrer dienstlichen Verpflichtungen an der Kommission ihrer eigenen Universität teilnehmen, handeln innerhalb der ihnen vom Land anvertrauten Aufgaben. Für sie haftet demnach das jeweilige Bundesland.[361]

---

354 BGHZ 34, 375 (381); BGH VersR 1980, 924 (925); 1984, 379 (380); Staudinger-Schäfer, § 839, Rn. 294; Soergel-Vinke, § 839, Rn. 196.

355 Kreß, S. 149 f.; Kollhosser, in: Toellner, S. 79 (86); Bork, S. 84; v. Bar/Fischer, NJW 1980, 2734 (2738).

356 BGH VersR 1984, 849 (850); NJW 1989, 976 (978); Palandt-Thomas, § 839, Rn. 53; Kreß, S. 149.

357 Vgl. Grunewald, JZ 1982, 627 (630); Scheffold, S. 131, weist darauf hin, daß die hohen Anforderungen an die Sorgfaltspflichten auch der Abschreckung unqualifizierter Kommissionsmitglieder dienen und damit indirekt auch der Entstehung geeigneter Kommissionen zugute kommen.

358 MünchKomm-Papier, § 839, Rn. 279; Erman-Küchenhoff, § 839, Rn. 33.

359 Nach der Anstellungtheorie sollte diejenige öffentlich-rechtliche Körperschaft haftpflichtig sein, die den Amtsträger angestellt hat und ihn besoldet; nach der Funktionstheorie diejenige, deren Aufgaben im Einzelfall wahrgenommen werden, s. zum Ganzen Bender, Rn. 697 ff.

360 BGHZ 53, 217, (218 f.); BGH VersR 1994, 935; Staudinger-Schäfer, § 839, Rn. 186; RGRK-Kreft, § 839, Rn. 51 ff.

361 Vgl. BGH NJW 1980, 1513 (1514); Staudinger-Schäfer, § 839, Rn. 187; Bork, S. 85; Kreß, S. 163 f.; Kollhosser, in: Toellner, S. 79 (86); Kreß, S. 163 f.; a.A. Wenckstern, S. 181, sie argumentiert, daß die Mitarbeit in einer Ethik-Kommission gerade nicht zu den Dienstaufgaben eines beamteten Hochschullehrers gehöre. Dieser werde nämlich nicht schon dadurch, daß er Landesbeamter ist, zum Kommissionsmitglied, sondern er werde erst aufgrund seiner speziellen Kenntnisse in die Kommission berufen. Dieser Auffassung kann

Für Kommissionsmitglieder, die nicht der Universität angehören, ist die Mitwirkung in einer Ethik-Kommission nicht eine ihnen vom Land übertragene Dienstaufgabe. Für diese Mitglieder haftet die medizinische Fakultät, die sie in die Ethik-Kommission berufen hat.[362]

Für die Mitglieder der *Ethik-Kommissionen bei den Landesärztekammern sowie sonstige öffentlich-rechtlich organisierte Ethik-Kommissionen* tritt diejenige Körperschaft ein, die sie in ihr Amt gerufen hat, also die Ärztekammer, die Bundesrepublik oder der sonstige Dienstherr im haftungsrechtlichen Sinn.[363]

g) *Subsidiarität der Amtshaftung*

Nach § 839 Abs. 1 S. 2 BGB haftet der Amtswalter bei fahrlässiger Amtspflichtverletzung nur subsidiär. Er kann nur insoweit in Anspruch genommen werden, als der Verletzte nicht auf andere Weise Ersatz zu erlangen vermag. Die Subsidiaritätsklausel gilt nicht nur im Falle der Eigenhaftung des Beamten, sondern nach der Rechtsprechung auch für die Staatshaftung nach Art. 34 GG.[364] Insofern könnte der Träger der Ethik-Kommission entlastet sein. Als anderweitige Ersatzmöglichkeiten kommen vertragliche und deliktische Einstandspflichten des Prüfarztes oder Prüfleiters wegen fehlerhafter Versuchsdurchführung aufgrund eines unkorrekten Prüfplanes, vertragliche oder deliktische Schadensersatzansprüche gegen den Krankenhausträger, der u.U. für das Handeln des Prüfarztes einzustehen hat, sowie deliktische und gefährdungshaftungsrechtliche Ersatzansprüche gegenüber dem auftraggebenden Unternehmen wegen fehlerhafter Vorbereitung des Versuchs in Betracht. Zusätzlich wird in der Regel ein Anspruch gegen den Versicherer aus der zu seinen Gunsten abgeschlossenen Probandenversicherung bestehen.[365]

In der gegebenen Fallkonstellation ist allerdings fraglich, ob sich der Krankenhausträger auf das Verweisungsprivileg des § 839 Abs. 1 S. 2 BGB berufen kann. Seine Anwendung auf alle Tatbestände, wie sie dem Gesetzeswortlaut entspricht, kann längst nicht mehr vertreten werden:[366] Die Motive, die der Einführung der Subsidiaritätsklausel zugrunde lagen, sind heute zum großen Teil hinfällig geworden. Zunächst sollte nämlich durch das Verweisungsprivileg

---

nicht gefolgt werden. Denn die Begutachtung fremder wissenschaftlicher Leistungen gehört, zumindest innerhalb derselben Universität, zu den Dienstaufgaben eines Hochschullehrers. Damit gehört auch die begutachtende Tätigkeit in der Fachbereichskommission zu den Dienstaufgaben. Daß fachlich besonders geeignete Hochschulangehörige für diese Aufgabe ausgewählt werden, ist eine Selbstverständlichkeit, die an dieser Einschätzung nichts ändern kann.

362 Bork, S. 85 f.; Kollhosser, in: Toellner, S. 79 (86); Kreß, S. 164.

363 Kreß, S. 186; Kollhosser, in: Toellner, S. 79 (87).

364 BGHZ 4, 10 (45 f.); 9, 65 (67); 61, 101 (108 ff.).

365 Ausführlich zu den anderweitigen Ersatzmöglichkeiten vgl. Wenckstern, S. 184 ff.; Kreß, S. 155 ff.

366 Auch der BGH hat begonnen, den Anwendungsbereich der Subsidiaritätsklausel zu begrenzen, vgl. BGHZ 68, 217 (220 ff.); 75, 134 (135 ff.).

verhindert werden, daß der Beamte durch eine allzu große Haftungsgefahr ängstlich und unentschlossen gemacht wird.[367] Dieses Motiv ist inzwischen dadurch entfallen, daß kraft Verfassungsrechts die Haftung für einfache Fahrlässigkeit von dem Beamten persönlich auf die öffentliche Hand verlagert worden ist (vgl. Art. 34 GG). § 839 Abs. 1 S. 2 BGB wurde nunmehr der Schutzzweck beigelegt, daß er den Staat finanziell entlasten solle.[368] Dieses Argument hat zu Recht Widerspruch in der Literatur hervorgerufen. Dem Staat kämen auf diese Weise Haftungsprivilegien zugute, die ihrem Sinn und Zweck nach auf den persönlich haftenden, nicht im Eigeninteresse handelnden Amtswalter gemünzt waren.[369] Was bleibt ist, daß der Haftungstatbestand des § 839 BGB im Vergleich zu den Tatbeständen des allgemeinen Deliktsrechts wegen der umfassenden und tiefgreifenden Eingriffsmöglichkeiten, die der Staat in die Rechtssphäre des einzelnen hat, erheblich erweitert worden ist. Diese erweiterte Haftung ist der heute verbleibende Grund für das Verweisungsprivileg des Staates.[370] Auch der BGH traf die Feststellung, dem Geschädigten könne *wegen des erweiterten Haftungstatbestandes* des § 839 BGB zugemutet werden, den Anspruch auf Schadensersatz von der Erschöpfung anderweitiger Ersatzmöglichkeiten abhängig zu machen.[371] Das bedeutet, daß § 839 Abs. 1 S. 2 BGB in den Fällen nicht anwendbar ist, in denen der nach § 839 Abs. 1 S. 1 BGB i.V.m. Art. 34 GG Verantwortliche gegenüber der Haftung nach allgemeinem Deliktsrecht keiner Haftungserweiterung ausgesetzt ist. Die Unanwendbarkeit der Subsidiaritätsklausel gilt für alle Tätigkeitsbereiche, bei denen die Amtshandlung zugleich den Tatbestand der §§ 823, 826 BGB verwirklicht.[372]

aa) bei Schädigung des Patienten bzw. Probanden

Die verursachten Schäden bei der Versuchsperson gehen auf Verletzungen von Körper, Gesundheit oder Leben i.S.d. § 823 Abs. 1 BGB zurück. Die Dienstpflichten der Kommissionsmitglieder fallen also diesbezüglich in einen Be-

---

367 Mugdan, II., S. 1154.

368 BGHZ 13, 88 (104).

369 Vgl. MünchKomm-Papier, § 839, Rn. 298; Soergel-Klein, Anh. § 839, Rn. 9 ff., insb. 13 und 44; Deutsch, JZ 1974, 712 f.; Knothe, S. 150; Ossenbühl, IV. 1. a), S. 79 m.w.N.

370 Vgl. RGRK-Kreft, § 839, Rn. 489 f.

371 BGHZ 13, 88 (104).

372 Vgl. RGRK-Kreft, § 839, Rn. 490; MünchKomm-Papier, § 839, Rn. 299; Maunz/Dürig-Papier, Art. 34, Rn. 253; Scheffold, S. 139; Knothe, S. 145 ff.; eine solche Handhabung der Subsidiaritätsklausel entspricht der Regelung im Referentenentwurf des Gesetzes zur Änderung und Ergänzung schadensersatzrechtlicher Vorschriften vom Januar 1967 für eine Reform des § 839. Danach sollte die Subsidiarirätsklausel nur für solche Amtspflichtverletzungen, „welche nach anderen Vorschriften eine Ersatzpflicht aus unerlaubter Handlung nicht begründen würden“ eingreifen, abgedruckt bei RGRK-Kreft, § 839, Rn. 5. Die allseits für notwendig erkannte kodifikatorische Neuordnung des Staatshaftungsrechts ist jedoch aus formellen Gründen gescheitert, vgl. Soergel-Klein, Anh. § 839, Rn. 23. Die Reformüberlegungen bezüglich der Eingrenzung bzw. Abschaffung der Subsidiaritätsklausel gehen inhaltlich jedoch weiterhin in die gleiche Richtung, vgl. Soergel-Klein, Anh. § 839, Rn. 51 ff.

reich, der außerhalb des durch Dienstpflichten geregelten hoheitlichen Bereichs zu den unerlaubten Handlungen gem. § 823 BGB gehört. Die Haftung reicht daher nicht weiter als bei § 823 BGB. Es ist folglich nicht gerechtfertigt, das Verweisungsprivileg zugunsten des Krankenhausträgers, der Ärztekammer oder dem sonstigen Dienstherrn im haftungsrechtlichen Sinn anzuwenden.

bb) bei Schädigung des Forschers und/oder des Auftraggebers der Studie

Gegenüber Ansprüchen des Forschers und des auftraggebenden Unternehmens wird die Subsidiaritätsklausel in der Praxis mangels anderweitiger Ersatzmöglichkeit nicht eingreifen.

cc) Probandenversicherung

Eine Besonderheit gilt wieder bei Studien im Geltungsbereich des AMG und MPG. Nach § 40 Abs. 1 Nr. 8 i.V.m. Abs. 3 AMG bzw. dem praktisch wortgleichen § 17 Abs. 1 Nr. 9 i.V.m. Abs. 3 MPG muß für den Fall, daß bei der Durchführung der klinischen Prüfung ein Mensch getötet oder der Körper oder die Gesundheit verletzt wird, eine besondere Versicherung abgeschlossen werden (Probandenversicherung).[373] Entgegen der gebräuchlichen Bezeichnung greift die Versicherung nicht nur gegenüber Probanden und ggf. Kontrollprobanden,[374] sondern auch gegenüber Patienten ein, vgl. § 40 Abs. 3 S. 1 AMG bzw. § 17 Abs. 3 S. 1 MPG.[375] Wenn und soweit der Versicherer bereits Leistungen an die von der klinischen Prüfung betroffene Person erbracht hat, stellt sich das Problem der Haftungssubsidiarität gegenüber Ansprüchen der Versuchsperson im Rahmen einer Arzneimittel- oder Medizinproduktstudie nicht mehr. Nach § 40 Abs. 3 S. 3 AMG bzw. § 17 Abs. 3 S. 3 erlöschen insoweit die Schadensersatzansprüche des Probanden bzw. Patienten.[376] Damit bewirkt die Probandenversicherung mittelbar auch einen Schutz des Schädigers. Da die Probandenversicherung bisher regelmäßig nur die materiellen Schäden umfaßt,[377] bleiben in dem Fall jedoch die Ansprüche auf Schmerzensgeld nach § 847 BGB oder in jedem Fall materielle Schäden, die die Haftungshöchstgrenzen der Probandenversicherung überschreiten, gegenüber dem Träger der Ethik-Kommission bestehen.[378]

---

373 Zur versicherungsrechtlichen Typisierung, vgl. Klingmüller, Festschrift für Hauß, S. 169 ff.

374 Vgl. Stock, S. 76 ff.

375 Allg. Meinung, vgl. Granitza, FS für Weitnauer, S. 315 (325); Hasskarl/Kleinsorge, in: Kleinsorge/Steichele/Sander, S. 25 (35); Fischer, S. 94, Dölle/Müller-Oerlinghausen/Schwabe-Deutsch, S. 17; Scheffold, S. 134.

376 Die Probandenversicherung greift unabhängig davon ein, ob ein anderer für den Schaden haftet oder nicht, vgl. Granitza, in: Kleinsorge/Streichele/Sander, S. 96 (98); Kloesel/Cyran, § 40, Anm. 16; Wenckstern, S. 303; Scheffold, S. 135.

377 Vgl. Fischer, S. 94; Scheffold, S. 135; Wenckstern, S. 292; Granitza, in: Kleinsorge/Streichele/Sander, S. 96 (101).

378 Kloesel/Cyran, § 40, Anm. 22 a.

Im Rahmen der Diskussion um die 5. AMG-Novelle wurde erwogen – wie schon 1979 von Deutsch[379] nahegelegt – § 87 AMG dahingehend zu erweitern, daß der Geschädigte ein Schmerzensgeld verlangen kann.[380] Dieser Vorschlag ist bisher nicht Gesetz geworden. Erst wenn die §§ 84 ff. AMG um einen Schmerzensgeldanspruch ergänzt werden, wird der versicherungsrechtliche Anspruch auch auf den Ersatz immaterieller Schäden auszudehnen sein.[381] Damit würde der Träger der Ethik-Kommission auch von diesen Zahlungen befreit sein.

h) Landesgesetzliche Haftungsbeschränkung

Die bundesgesetzlich angeordnete Haftung kann durch ein Landesgesetz nicht beschränkt werden. Anderslautende Bestimmungen sind nicht wirksam.[382] So berührt § 15 c Hamburgisches Ärztegesetz (Begründung zu § 15 c: „Die Ethik-Kommission wird nur beratend tätig. Die Verantwortlichkeit für das Forschungsvorhaben ist unteilbar und bleibt beim Antragsteller.“[383]) nicht den beschriebenen Umfang der Haftung.

i) Ergebnis

Die Institution, der die Ethik-Kommission angegliedert ist, ist bei schuldhafter Abgabe fehlerhafter Voten, bei Verzögerung oder Verletzung der Geheimhaltungspflicht seitens der Mitglieder des Gremiums (mit-) verantwortlich für die Verletzung von Versuchsperson und Forscher bzw. auftraggebenden Unternehmen. Nach Art. 34 S. 2 GG kann die in Anspruch genommene Körperschaft die Kommissionsmitglieder jedoch in Regreß nehmen, wenn diese in Hinblick auf die Amtspflichtverletzung vorsätzlich oder grob fahrlässig gehandelt haben.[384] Im Rahmen klinischer Prüfungen von Arzneimitteln und Medizinprodukten bietet die Probandenversicherung einen zusätzlichen Schutz vor Inanspruchnahme.

3. Freistellungsanspruch externer Gutachter

Der Träger der Ethik-Kommission kann ggf. gem. § 670 BGB unter entsprechender Anwendung arbeitsrechtlicher Grundsätze zur Haftung des Arbeitnehmers einem Freistellungsanspruch seitens eines von der Ethik-Kommission hinzugezogenen Gutachters[385] ausgesetzt sein, soweit dieser – wie regelmäßig –

---

379 VersR 1979, 685 (690).

380 BT-Drucks. 12/85, 91, S. 258; vgl. Hart, MedR 1995, 61 (66) sowie Reinelt, ZRP 1994, 333 (334 f.).

381 Vgl. Wenckstern, S. 291 f. Zur Diskussion um die Reform des Haftungsrechts, vgl. Deutsch, ZRP 1998, 291 ff. sowie Sander, FS für Deutsch, S. 711 ff.

382 Vgl. Deutsch/Lippert, S. 67.

383 Drucks. 15/3415, S. 7.

384 Palandt-Thomas, § 839, Rn. 87.

385 Freistellungsansprüche kämen auch für die Mitglieder der Ethik-Kommission in Betracht. Da diese aber ohnehin nur im Falle grober Fahrlässigkeit oder Vorsatz für ihr Fehlverhalten einzustehen haben (vgl. oben 2. h), S. 78), würde ein solcher Anspruch in der Praxis wenig relevant. Anders verhält es sich für den Sachverständigen, dessen Verantwortlich-

ohne oder gegen unzureichendes Entgelt tätig wird.[386] In entsprechender Anwendung des § 670 BGB kann der Sachverständige vom Träger der Ethik-Kommission nicht nur seine Aufwendungen, sondern auch Schäden ersetzt verlangen, die ihm bei der Ausführung seiner Gutachtertätigkeit entstehen. Es wird als unbillig angesehen, den Beauftragten mit Schäden, die letztlich aus der besonderen Gefahr der ihm übertragenen Tätigkeit folgen, allein zu belasten.[387] Besteht der vermögensrechtliche Nachteil in der Belastung mit einer Schadensersatzverpflichtung gegenüber einem Dritten (also etwa einem Anspruch des Probanden aus § 823 Abs. 1 BGB)[388], so kann auf vollständige oder teilweise Freistellung auch für solche Schäden zuzuerkennen sein, die der Sachverständige bei der Gutachtenerstellung leicht fahrlässig verursacht hat.[389]

II. Haftung der Mitglieder der öffentlich-rechtlichen Ethik-Kommission und ihre Versicherung

Auch die Mitglieder von Ethik-Kommissionen selber können wegen unsorgfältiger Begutachtung in Anspruch genommen werden. In den USA sind 1974 bereits Mitglieder von IRBs von Probanden verklagt worden.[390]

1. Regreß gem. Art. 34 S. 2 GG

Bei vorsätzlicher oder fahrlässiger Pflichtverletzung müssen die Mitglieder der Ethik-Kommission damit rechnen, daß sie von ihrem Dienstherrn in Regreß genommen werden (vgl. oben, I.2.i), S. 78).

2. Strafrechtliche Verantwortlichkeit

Im Falle der Gesundheitsverletzung oder Tötung von Versuchspersonen bei der Durchführung eines Forschungsvorhabens infolge einer fehlerhaften positiven Beurteilung kommt eine strafrechtliche Haftung der Mitglieder von Ethik-Kom-

---

keit nicht gem. § 839 BGB i. V.m. Art. 34 GG auf einen öffentlich-rechtlichen Dientherrn verlagert wird.

386 Vgl. speziell Deutsch, Medizinrecht, Rn. 643; Kreß, S. 229; v. Bar/Fischer, NJW 1980, 2734 (2739); grundlegend BGHZ 89, 153 (157 f.); Larenz, Bd. II, 1. Hb., § 56 III, S. 417 ff.; BAG AP NRn. 2 u. 6 zu § 611 BGB Gefährdungshaftung des Arbeitgebers.

387 Zur entsprechenden Anwendung von § 670 BGB auch für Schäden vgl. BGHZ 33, 251 (257); 38, 270 (277); MünchKomm-Seiler, § 670, Rn. 14 ff.; Palandt-Thomas, § 670, Rn. 8 ff.; Staudinger-Wittmann, § 670, Rn. 15 ff.

388 Ausführungen zu den Haftungsgrundlagen für externe Gutachter finden sich insb. bei Kreß, S. 224 ff.

389 Vgl. BGH 89, 153 (157 f.); RGRK-Steffen, § 670, Rn. 17; Larenz, Bd. II, 1. Hb., § 56 III, S. 419; speziell zur Gutachtertätigkkeit für Ethik-Kommissionen, vgl. Deutsch, Medizinrecht, Rn. 643; Kreß, S. 208; v. Bar/Fischer, NJW 1980, 2734 (2739).

390 *Bailey v. Mandel*, No. 74-110 (D.C. Md. 1974): den Kommissionsmitgliedern wurde vorgeworfen, ein Forschungsprojekt gebilligt zu haben, obwohl die Probanden (Gefangene) faktisch zur Zustimmung für die Teilnahme am Versuch gezwungen waren. Die Schadensregulierung ist im Wege des Vergleichs erfolgt. Dazu ausführlicher Deutsch, Klinische Forschung, S. 58; Robertson, UCLA L. Rev. 79, 533, Fn. 245.

missionen in Betracht. Indem sie kriminelle Gefährdung nicht verhindern und noch durch ein Unbedenklichkeitszeugnis fördern, setzen sich die Kommissionsmitglieder strafrechtlicher Verfolgung wegen Körperverletzungs- und Tötungsdelikten nach §§ 230, 222 StGB u.a. aus. Obwohl sie selbst nicht Hand an den Probanden legen, können sie doch wegen psychischer Beihilfe oder fahrlässiger Täterschaft strafbar sein.[391]

Um die einzelnen Mitglieder verantwortlich machen zu können, ist es notwendig, daß der aktuelle Stand der Anwesenheit bei der Diskussion und ggf. bei der Abstimmung protokollarisch festgehalten wird. Insbesondere sind bei besonders riskanten Versuchen die genauen Abstimmungsergebnisse von Interesse. Aus Gründen der Praktikabilität sollten die Namen derjenigen, die überstimmt worden sind, ausdrücklich erwähnt werden.

3. Versicherung der Mitglieder von Ethik-Kommissionen

Da der Dienstherr bei den Mitgliedern der Ethik-Kommissionen i.S.d. Art. 34 S. 2 GG im Falle grober Fahrlässigkeit Regreß nehmen kann, empfiehlt es sich für die Mitglieder einer Ethik-Kommission eine kombinierte Haftpflichtversicherung abzuschließen. Diese sollte nicht nur den Körperschaden der Versuchsperson, sondern auch den möglicherweise viel größeren reinen Vermögensschaden des Forschungsleiters umfassen.[392]

Die Ärztekammer Hamburg hat seit 1995 eine entsprechende Haftpflichtvermögensschadenversicherung für die Mitglieder ihrer Ethik-Kommission abgeschlossen. In den anderen Bundesländern besteht an mindestens 15 Ethik-Kommissionen (noch) keine gesonderte Haftpflichtversicherung für alle Kommissionsmitglieder.[393] Dem sollte wegen der genannten Risiken durch die Träger der jeweiligen Kommissionen Abhilfe geschaffen werden.

---

391 Kollhosser, in: Symposium, S. 37 (40 f.); ders., in: Toellner, S. 79 (88); Deutsch, Medizinrecht, Rn. 646; Tiedemann, in: FS für Schmitt, 139 (156).

392 Deutsch, Medizinrecht, Rn. 643.

393 Ergebnis des zu Beginn des Jahres 1999 verschickten Fragebogens an die Ethik-Kommissionen der Landesärztekammern und medizinischen Fakultäten (34 von insgesamt 55 verschickten Fragebögen wurden ausgefüllt zurückgesandt, 15 der 34 Kommissionen gaben an, (noch) keine gesonderte Haftpflichtversicherung abgeschlossen zu haben.), vgl. Frage 17 des Fragebogens, Anhang B, sowie die Zusammenfassung zu Frage 17, Anhang C; mehr zu der Umfrage unten, 2. Teil (S. 81).

2. Teil: Die Praxis der Ethik-Kommissionen in den Bundesländern außerhalb Hamburgs einschließlich ihrer rechtlichen Einbindungen

Die Regelungen, die die Einrichtung von Ethik-Kommissionen betreffen und in dem vorangehenden Teil 1[394] dargestellt wurden, haben der komplizierten Materie des Medizinrechts Rechnung getragen und reichlich Raum für eine individuelle Ausgestaltung der Ethik-Kommissionen in den verschiedenen Bundesländern und innerhalb der einzelnen Bundesländer gelassen. So bietet die landesgesetzliche und vielmehr noch die satzungsrechtliche Regelung der Ethik-Kommissionen in den einzelnen Bundesländern sowie ihre praktische Ausgestaltung ein vielgestaltiges Bild. Der Erfassung dieser „kreativen Vielfalt"[395] galt ein zu Beginn des Jahres 1999 verschickter Fragebogen. Er wurde an die Ethik-Kommissionen der Landesärztekammern und medizinischen Fakultäten (insgesamt 55 einschließlich Hamburg) verschickt. Ausgefüllt zurückgesandt wurden 34 Fragebögen (einschließlich Hamburg), wobei nicht immer jede Frage vollständig beantwortet wurde. Ergänzt wurden diese Informationen insbesondere durch Satzungen, Verfahrensordnungen, Checklisten o.ä., die von den einzelnen Kommissionen zur Verfügung gestellt wurden sowie Veröffentlichungen zu dem Thema. Durch Gespräche mit einzelnen Kommissionsmitgliedern sowie die Teilnahme an mehreren Sitzungen von verschiedenen Ethik-Kommissionen konnten die Einblicke vertieft werden. Auf dieser Grundlage soll im Folgenden auf die institutionelle Zuordnung, Zusammensetzung und Bestellung der Mitglieder sowie auf die Verfahrensweisen der Ethik-Kommissionen in den Bundesländern außerhalb Hamburgs eingegangen werden und so das System der öffentlich-rechtlichen Ethik-Kommissionen in ihrer Vielgestaltigkeit erfaßt werden. Damit wird zugleich der notwendige Ausgangspunkt für die Herausarbeitung der speziellen Ausgestaltung der Hamburger Ethik-Kommission in den nachfolgenden Kapiteln geschaffen.

A. Institutionelle Zuordnung

Die institutionelle Zuordnung der Ethik-Kommissionen wird lediglich durch die Landesgesetze geregelt. Sie schreiben regelmäßig der jeweiligen Landesärztekammer vor, eine Ethik-Kommission einzurichten.[396] Aus den Organisationspflichten der Forschungseinrichtung ergibt sich zwar keine konkrete institutio-

---

394 1. Teil B., S. 27 ff.

395 So Doppelfeld auf dem Symposion „Forschungsfreiheit und Forschungskontrolle – zur geplanten Revision der Deklaration von Helsinki" im April 1999 (unveröffentlicht).

396 Vgl. oben 1. Teil B. I. 3. (S. 42 f.).

nelle Zuordnung, sie verpflichten aber zu einer solchen Einrichtung von Ethik-Kommissionen, die die lokale Begutachtung ermöglicht.[397]

Die institutionelle Zuordnung der Ethik-Kommissionen in den einzelnen Ländern ist entsprechend unterschiedlich. Dies liegt auch daran, daß die Zuständigkeiten zwischen Ethik-Kommissionen der Ärztekammern und der medizinischen Fakultäten nicht fest abgegrenzt sind, da alle beamteten Ärzte oder angestellten Ärzte der Klinik zugleich Pflichtmitglieder der Ärztekammer sind. So existieren in manchen Bundesländern zwar Kommissionen an Ärztekammer und Universität, sind aber teilweise in Personalunion miteinander verbunden. Die Kommissionen können auch – wie beispielsweise an der Ärztekammer Berlin praktiziert[398] – fachlich spezialisierte Unterkommissionen bilden oder sich in einzelne regional zuständige Teilkommissionen aufgliedern.

Insgesamt läßt sich aber feststellen, daß inzwischen an allen Landesärztekammern Ethik-Kommissionen eingerichtet wurden.[399] Auch an fast allen medizinischen Fakultäten arbeiten Ethik-Kommissionen.[400] Das System der Forschungskontrolle durch Ethik-Kommissionen hat sich inzwischen soweit durchgesetzt, daß eine lokale Kontrollmöglichkeit in den Bundesländern gegeben ist.[401]

B. Registrierung beim Bundesinstitut für Arzneimittel und Medizinprodukte

Die meisten öffentlich-rechtlichen Ethik-Kommissionen sind mittlerweile gem. den Anforderungen aus § 17 Abs. 7 S. 3 MPG beim Bundesinstitut für Arzneimittel und Medizinprodukte registriert.[402] Damit können sie ihre Aufgaben auch im Geltungsbereich des MPG erfüllen.

C. Personelle Zusammensetzung

Die Regelungen, die eine Pflicht zur Anrufung von Ethik-Kommissionen aufstellen, beinhalten lediglich bestimmte Mindestanforderungen an die personelle

---

397 Vgl. oben 1. Teil B. II. 1. (S. 43 ff.).

398 Steinberg, Berliner Ärzte, 9/1997, 11 ff.

399 Vgl. oben 1. Teil A. III. 1. b) (S. 23 f.). Die Stadt Bremen ging einen Sonderweg, indem sie 1986 eine „Ethik-Kommission für die Krankenhäuser im Lande Bremen" einrichtete, die weder an eine Ärztekammer noch an eine bestimmte Klinik angegliedert ist, vgl. oben 1. Teil A. III. 1. c) (S. 24). Inzwischen hat sich dort eine weitere Ethik-Kommission bei der Ärztekammer konstituiert.

400 Nicht aber am medizinischen Fachbereich der Johannes Gutenberg-Universität Mainz: Die Ethik-Kommission der Landesärztekammer Reinland-Pfalz in Mainz wurde unter Mitwirkung der Universität gebildet und bearbeitet Anträge aus diesem Bereich mit.

401 Zu der Situation in Rheinland-Pfalz s.u., Fn. 727.

402 Vgl. die detaillierte Aufstellung im WiKO, § 17, Nr. 5.

Zusammensetzung der Ethik-Kommissionen. Das Berufsrecht, das AMG und das Transfusionsgesetz schweigen sich zu diesem Aspekt sogar ganz aus. Der Landesgesetzgeber hat die personelle Zusammensetzung in aller Regel vollständig der Satzungsgewalt der Ärztekammer überlassen oder sich in seltenen Fällen auf die Festlegung gewisser Mindestanforderungen an die Zusammensetzung beschränkt.[403] Das MPG setzt lediglich eine „interdisziplinäre" Zusammensetzung voraus. Die verbindlichen Vorschriften lassen insoweit einen Gestaltungsspielraum offen.

Die internationalen Leitlinien gehen hier weiter: Punkt 3.2.1. der CPMP/ICH-Leitlinie[404] empfiehlt mindestens fünf Mitglieder, von denen ein Mitglied seinen Interessenschwerpunkt außerhalb der Wissenschaft haben muß und wenigstens ein Mitglied von der Institution/vom Prüfzentrum unabhängig sein sollte.

Der offizielle Kommentar zu der Leitlinie 14 der CIOMS[405] bietet eine sehr detaillierte Empfehlung bezüglich der Besetzung mit nichtmedizinischen Mitgliedern: Neben Medizinern sollten andere Professionen einbezogen werden, wie Pflegekräfte, Juristen, Ethiker, Geistliche und „Laien, die qualifiziert sind, die kulturellen und moralischen Werte der Gesellschaft zu repräsentieren". Eingeschlossen werden sollten sowohl Männer als auch Frauen. Kommissionen, die sich häufig mit bestimmten Krankheiten oder Beeinträchtigungen befassen, sollten laut dieses Kommentars die Beteiligung von Personen der betreffenden Patientengruppe in Betracht ziehen.

Die Verfahrensgrundsätze des Arbeitskreises medizinischer Ethik-Kommissionen[406], § 2, konzentrieren sich hingegen insbesondere auf die genaue Zusammensetzung der ärztlichen Mitglieder: Das Komitee sei mit mindestens fünf Mitgliedern, davon vier Ärzten und einem Juristen, zu besetzen. Unter den Ärzten sollten zwei erfahrene Kliniker, ein auf dem Gebiet der theoretischen Medizin besonders erfahrener Arzt und möglichst auch ein Rechtsmediziner sein.

Über diese offiziellen Empfehlungen hinaus würde für Studien nach dem MPG ein Medizintechniker und für Projekte im Geltungsbereich des AMG ein Pharmakologe[407] sowie ein Biometriker[408] in bezug auf biometrische Faktoren eines Versuchs (Probandenzahl, Signifikanz, Ergebnisse) für die Begutachtungstätigkeit einer Ethik-Kommission notwendig erscheinen.

Angesichts der Tatsache, daß die Zusammensetzung von Ethik-Kommissionen lange Zeit ungeregelt geblieben ist und auch die Leitlinien ein vielfältiges,

---

403 Vgl. etwa § 4 c Abs. 1 S. 3 Berliner Kammergesetz und § 5 a Abs. 2 Heilberufsgesetz Rheinland-Pfalz.
404 Vgl. Fn. 205.
405 Vgl. Fn. 200.
406 Vgl. Fn. 63.
407 Hierauf weist insbesondere Scheffold, S. 144, hin.
408 Diese Forderung wird unterstrichen durch eine amerikanische Untersuchung zum statistischen Design von Humanforschungsvorhaben: Bei 52% der überprüften 75 Projekte fanden sich Fehler in der statistischen Konzeption; Giammona/Glantz, Clin.Research 1983, 572.

wenn auch kein widersprüchliches, Bild abgeben, hat sich die personelle Zusammensetzung der Kommissionen bisher recht unterschiedlich entwickelt.[409] Es können in dieser Hinsicht mehrere Formen von Ethik-Kommissionen unterschieden werden: Die Vorstands- bzw. Kollegenkontrolle, die paritätische Kommission, die übergreifende Kontrolle und die gemischte Kommission.

I. Vorstands- bzw. Kollegenkontrolle (Peer Review)

Die Vorstands- bzw. Kollegenkontrolle ist die ursprüngliche Form der Kontrolle bei biomedizinischen Versuchen.[410] Dabei wird der Forscher von Kollegen oder durch den Vorstand der Klinik überwacht. Diese Zusammensetzung widerspricht heute den genannten Empfehlungen, sowie der Vorschrift des MPG. Ihr Nachteil besteht darin, daß die Kollegen nicht selten aus Gründen falsch verstandener Kollegialität keine strengen Maßstäbe ansetzen, während der Vorstand oft zur Übervorsichtigkeit neigt und daher wiederum die Forschung behindert.[411] Aus diesen Gründen sind die Ethik-Kommissionen in der Praxis regelmäßig nicht mehr i.S.d. Vorstands- bzw. Kollegenkontrolle zusammengesetzt. Überraschenderweise gilt dies aber noch nicht für jede Kommission.[412]

II. Paritätische Kommission

Gelegentlich werden nach Grundmodellen der paritätischen Ausschußbesetzung an Universitäten Assistenten, ärztliches Hilfspersonal und Studenten in die Ethik-Kommission einbezogen.[413] Ein solcher Ausschuß bedeutet zwar eine begrüßenswerte Erweiterung gegenüber der Kollegenkontrolle, birgt aber die Gefahr in sich, daß die Prüfung dadurch leidet, daß bei der Auswahl der Mitglieder zu sehr auf diese akademischen Organisationsstrukturen und nicht genug auf die zu prüfende Forschung geachtet wird.

---

409 Da in der Praxis die Mitglieder der Kommission nach eigenen Angaben nur durchschnittlich drei mal pro Jahr vertreten werden, dürften die Ergebnisse der Umfrage zur aktuellen Zusammensetzung weitgehend der Besetzung an den jeweiligen Sitzungsterminen entsprechen. Die Mitglieder sind dabei in aller Regel über den Zeitraum von vier Jahren gewählt. Eine Wiederwahlmöglichkeit besteht sinnvollerweise für alle Mitglieder, vgl. die Antworten zu Frage 4 und 4a des Fragebogens, Anhang B.

410 Robertson, The Law of Institutional Review Boards, UCLA L.Rev. 79, 487; Deutsch, Klinische Forschung, S. 116; ders., NJW 1981, 614 (615).

411 Deutsch, VersR 1989, 429 (431).

412 Vgl. etwa die ausschließlich mit Medizinern besetzte Ethik-Kommission des Fachbereichs Medizin der LMU in München. Sie entpricht insoweit auch nicht den Anforderungen des MPG.

413 Vgl. z.B. § 3 der Verfahrensgrundsätze der Ethik-Kommission des Universitätsklinikums Benjamin Franklin, Freie Universität Berlin.

III. Übergreifende Kontrolle (Community Review)

Während noch 1989 die Mitgliedschaft von Laien kontrovers diskutiert wurde,[414] ist heute entsprechend den gesetzlichen Regelungen und Empfehlungen die übergreifende Kontrolle das eindeutig favorisierte Modell.[415] Das bedeutet, daß in der Ethik-Kommission zwar in der Mehrheit Forscher und Ärzte sitzen, aber auch medizinische Laien beteiligt sind. Dieses Modell liegt im übrigen auch in den USA, der „Wiege“ der Forschungskontrolle durch Ethik-Kommissionen, den IRBs, zugrunde.[416]

Die Ethik-Kommissionen an Universitäten und Ärztekammern haben zwischen fünf und neunzehn Mitglieder, wobei sich die Mitgliederzahl überwiegend zwischen sieben und acht bewegt (der Durchschnitt beträgt 8,6).[417] Dabei sind rund 65% der Mitglieder Mediziner.[418] Sie vertreten durchschnittlich 5,5 Fachrichtungen.[419] Nur in jeder dritten Kommission ist ein Biometriker oder Statistiker Mitglied.[420] Pharmakologen[421] sind zu drei Vierteln vertreten, Medizintechniker[422] nur äußerst selten. An drei Kommissionen ist nicht ein Mediziner vertreten, der seinen Interessenschwerpunkt außerhalb der Wissenschaft hat.[423] Juristen sind inzwischen in fast jeder Kommission zu finden. Nur eine Kommission gab an, keinen Juristen unter den Mitgliedern zu haben.[424] Die Hälfte von ihnen ist auf dem Gebiet des Medizinrechts über die Arbeit in der Ethik-Kommission

414 Vgl. Losse, in: Dengler/Schwilden, S. 21(28).

415 Für eine interdisziplinäre Zusammensetzung sprechen sich insbesondere aus: Deutsch, Medizinrecht, Rn. 599 und 608; Bork, S. 46 ff.; Deutsch/Lippert, S. 36; Görlich, DNÄ Nr. 211 v. 1.11.1989, S. 2.; Eser/Koch, DMW 1982, S. 443 (445); Pfeiffer, PharmInd 1992, 841 (842); Lewandowski/Schnieders, S. 68; Tiedemann, ZRP 1991, 54 (55).

416 Deutsch, PharmaR 1982, 45 (46); Robertson , UCLA Law Review 26 (1979), 484 (491); Penslar, Chapter 1. B.

417 Vgl. die Antworten zu Frage 2 des Fragebogens, Anhang B, sowie die Zusammenfassung zu Frage 2 und 3, Anhang C; nach einer von Czwalinna im Jahre 1984 ausgewerteten Erhebung bewegte sich die Mitgliederzahl derzeit noch zwischen fünf und sieben, Czwalinna, S. 122; gem. einer Umfrage der CIOMS aus dem Jahre 1981 variiert weltweit die Mitgliederzahl meist zwischen 4 und 13, Gutteridge/Bankowski/Curran/Dunne, XVth CIOMS Round Table Conference, S. 210.

418 Vgl. die Antworten zu Frage 3 des Fragebogens, Anhang B, sowie die Zusammenfassung zu Frage 2 und 3, Anhang C.

419 Vgl. die Antworten zu Frage 3 g-i, a.a.O., sowie die Zusammenfassung zu Frage 2 und 3, a.a.O.

420 Vgl. die Antworten zu Frage 3 h, a.a.O., sowie die Zusammenfassung zu Frage 2 und 3, a.a.O.; 1984 waren noch „selten“ Biometriker oder Statistiker vertreten, Czwalinna, S. 122.

421 Vgl. die Antworten zu Frage 3 g des Fragebogens, Anhang B, sowie die Zusammenfassung zu Frage 2 und 3, Anhang C.

422 Vgl. die Antworten zu Frage 3 bb, a.a.O., sowie die Zusammenfassung zu Frage 2 und 3, a.a.O.

423 Vgl. die Antworten zu Frage 3 und 3 m, a.a.O.

424 Vgl. die Antworten zu Frage 3 a, a.a.O, sowie die Zusammenfassung zu Frage 2 und 3, Anhang C; 1984 hatten noch ein Drittel der Kommissionen keinen Juristen unter den Mitgliedern, Czwalinna, S. 122; 1995 waren fast ein Viertel der Kommissionen ohne Juristen, Caird/Clemens et al., PharmInd 1996, 275.

hinaus spezialisiert.[425] Durch die Mitgliedschaft des Juristen ist gleichzeitig das Erfordernis eines von der Institution unabhängigen Mitglieds erfüllt. Die Kommissionen haben zu zwei Dritteln mindestens ein Mitglied, das über ethische Fachkenntnisse verfügt.[426] Pflegekräfte sind in weniger als jeder fünften Kommission vertreten.[427] Die Beteiligung von Personen bestimmter Patientengruppen scheinen die Kommissionen bisher weder im Wege der Mitgliedschaft noch mittels Sachverständigenanhörung zu praktizieren.[428] Überlegungen in dieser Richtung werden aber vereinzelt angestellt.[429] In fünf Kommissionen ist nicht eine Frau unter den Mitgliedern.[430] Der durchschnittliche Frauenanteil beträgt 15,1%.[431]

IV. Gemischte Kommission (Fachleute- und Laienkommission)

Bei der Ärztekammer Rheinland-Pfalz und dem medizinischen Fachbereich der FU Berlin zeigt sich eine neue Zusammensetzung der Ethik-Kommissionen. Sie bestehen neuerdings fast zur Hälfte aus Nichtmedizinern.[432] Sie stehen damit nicht ganz allein: In Australien, Neuseeland, Dänemark und Österreich entwikkelt sich die Zusammensetzung ähnlich. Teilweise sind die medizinischen Laien dort sogar in der Mehrheit. Dennoch ist die medizinische Sachkunde in diesen Kommissionen nicht so sehr in den Hintergrund geraten, wie es auf den ersten Blick den Anschein haben mag. In Mainz etwa tagt die Kommission zwar nur mit vier ärztlichen Mitgliedern, es wurde jedoch eine weit größere Zahl von Mitgliedern und Stellvertretern gewählt, die alternierend zu den Sitzungen geladen werden.[433] Die fachliche Zusammensetzung orientiert sich jeweils an dem Inhalt der zu beratenden Forschungsvorhaben.[434] Insgesamt werden z.Zt. 17 medizinische Fachrichtungen aus dem Mitgliederpool abgedeckt.[435] In Berlin sind trotz des fast ausgewogenen Verhältnisses zwischen Medizinern und Nichtmedizinern aufgrund einer großen Mitgliederzahl insgesamt immerhin sieben medizinische Fachrichtungen in der Ethik-Kommission vertreten.[436]

---

425 Vgl. die Antworten zu Frage 3 b des Fragebogens, Anhang B, sowie die Zusammenfassung zu Frage 2 und 3, Anhang C.

426 Vgl. die Antworten zu Frage 3 d, a.a.O., sowie die Zusammenfassung zu Frage 2 und 3, a.a.O.

427 Vgl. die Antworten zu Frage 3 c, a.a.O., sowie die Zusammenfassung zu Frage 2 und 3, a.a.O.

428 Vgl. die Antworten zu Frage 3 f und 8 a, a.a.O.

429 Die Landesgesundheitskonferenz Nordrhein-Westfalen hat 1998 empfohlen, in den Ethik-Kommissionen der Ärztekammern und medizinischen Einrichtungen die Beteiligung von Bürgern und Patienten bzw. deren Vertretungen sicherzustellen, Punkt 3.5. der Entschließung.

430 Vgl. die Zusammenfassung der Fragebogenergebnisse, Anhang C.

431 Vgl. die Antworten zu Frage 2 a des Fragebogens, Anhang B.

432 Vgl. die Antworten zu Frage 2 und 3, a.a.O.

433 Vgl. Sonderdruck aus: Ärzteblatt Rheinland-Pfalz, Juli 1996, 1.

434 Vgl. den Sonderdruck, a.a.O., 1 f.

435 Vgl. die Antworten zu Frage 3 i des Fragebogens, Anhang B.

436 Vgl. die Antwort zu Frage 3 i des Fragebogens, a.a.O.

Auch die – sogar gesetzlich geregelte[437] – Zusammensetzung der Ethik-Kommissionen in Österreich fällt zunächst dadurch auf, daß die Mediziner gar die Minderheit bilden. Dies bezieht sich aber wohlgemerkt auf die jeweils tagende Kommission. Auch hier werden je nach Sonderfach des Antrags die jeweils kompetenten Fachärzte zur Beratung herangezogen.

Insgesamt läßt sich festhalten, daß die Ethik-Kommissionen inzwischen mit einer Ausnahme interdisziplinär besetzt sind und damit auch den Anforderungen des MPG genügen. Der Trend geht zu größeren Kommissionen mit erhöhter Beteiligung von qualifizierten Nichtmedizinern. Bis auf wenige Ausnahmen[438] werden die Anforderungen der CPMP/ICH-Leitlinie und die Empfehlungen des Arbeitskreises medizinischer Ethik-Kommissionen erfüllt. Den detaillierten Empfehlungen des offiziellen Kommentars zu der Guideline 14 der CIOMS wird jedoch bei weitem noch nicht nachgekommen.[439]

Bei aller Konzentration auf die Ausweitung der Mitgliedschaft auf Nichtmediziner und der Diskussion um deren Qualifikation, sollte nicht vergessen werden, daß auch bei den medizinischen Mitgliedern bestimmte Anforderungen bezüglich ihrer fachlichen Ausrichtung gestellt werden sollten. Insbesondere bestehen noch Defizite bei der Besetzung der Kommissionen mit Statistikern oder Biometrikern. Wegen der engen Verknüpfung zwischen biometrischen und medizinischen Fragestellungen kann es bei kritischen Entscheidungssituationen, die sich insbesondere auch nach Zwischenauswertungen ergeben können, erforderlich werden, daß ein Biometriker auch unmittelbar an der Diskussion innerhalb der Ethik-Kommission beteiligt wird. Zumindest sollte durch eine routinemäßige biometrische Durchsicht der Prüfprotokolle sichergestellt werden, daß sich aus biometrischer Sicht keine Probleme stellen, die eine ethische Relevanz gewinnen können.[440] Für Studien im Geltungsbereich des MPG fehlen Medizintechniker und z.T. vermißt man auch noch einen Pharmakologen in den Kommissionen.

D. Bestellung der Mitglieder

Die Bestellung der Mitglieder der Ethik-Kommission wurde in fast allen Ländern der Satzungsgewalt der Ärztekammer bzw. der Universität überlassen. Eine Ausnahme bildet hier lediglich die Ethik-Kommission der Ärztekammer Berlin und die Kommission des Landes Bremen: Gem. § 4 c Abs. 1 S. 4 des Berliner Kammergesetzes werden die Mitglieder von der Ärztekammer vorgeschlagen und nach Herstellung des Einvernehmens von der zuständigen Senatsverwaltung berufen. Bisher kam die Senatsverwaltung allerdings den Vorschlägen der Ärztekammer ausnahmslos nach. Nach § 4 Abs. 4 der Verordnung über die Ethikkom-

437 Vgl. § 40 Abs. 2 AMG und § 40 Abs. 2 MPG.
438 Vgl. Text zu Fn. 423 und 424.
439 Vgl. Text zu Fn. 426, 427, 428 und 431.
440 Vgl. hierzu ausführlich Michaelis, in: Lachmann/Meuter, 206 ff.

mission des Landes Bremen trifft der Senator für Frauen, Gesundheit, Jugend, Soziales und Umweltschutz sogar die Auswahl der Mitglieder. Ganz überwiegend wird jedoch in den jeweiligen Satzungen ein ärztekammerinternes bzw. univeritätsinternes Verfahren zur Bestellung der Mitglieder bestimmt.

E. Verfahrensweise

Das Verfahren der Ethik-Kommissionen ist in der Regel durch die Landesgesetze bzw. üblicherweise durch die ausführenden Satzungen individuell geregelt. Die empfehlenden „Verfahrensgrundsätze" des Arbeitskreises medizinischer Ethik-Kommissionen in der Bundesrepublik Deutschland fanden bei der Satzungsgebung große Beachtung, so daß eine gewisse Harmonisierung der Verfahren erreicht werden konnte. Auch auf die revidierte Deklaration von Helsinki wird häufig Bezug genommen. Ergänzend finden allgemeine Bestimmungen Anwendung. Für das Verfahren im Geltungsbereich des AMG und MPG greifen über den Verweis in den jeweiligen LVwVfGen die §§ 9 ff. VwVfG bzw. die entsprechenden Regelungen der LVwVGe.[441] Soweit das Votum der Ethik-Kommission nicht als Verwaltungsakt zu qualifizieren ist, bleibt ein „Restwert"[442] des VwVfG insofern, als seine Normen die Kodifikation rechtsstaatlich vorgeschriebener Verfahrensgrundsätze enthalten. Diese allgemeinen ungeschriebenen Grundsätze haben auch dort Gültigkeit, wo die Regelungen des Verwaltungsverfahrensgesetzes keine Anwendung finden.[443] So ergeben sich aus den Grundentscheidungen des Grundgesetzes Verfahrensgarantien, die zu beachten sind.[444] Die Grundlagen aus Gesetz und Empfehlung, sowie die tatsächlichen Ausgestaltungen der Verfahrensweisen der Ethik-Kommissionen in den Bundesländern außerhalb Hamburgs werden im Folgenden überblicksweise dargestellt.

I. Zuständigkeit

Schon aus Punkt I. 2. der Revidierten Deklaration von Helsinki – „*specially appointed committee*" – ergibt sich, daß die Ethik-Kommission *nur* für Anträge zuständig ist, die in ihrem Geschäftsbereich liegen. Die besondere „Ernennung" hat von einem Gremium auszugehen, für dessen Bereich die Ethik-Kommission tätig wird.[445] In § 3 der „Verfahrensgrundsätze" für medizinische Ethik-Kommissionen wird eine entsprechende Zuständigkeitsregelung empfohlen: „Der Antrag soll, wenn das Projekt dem institutionären Bereich der Universität zuge-

---

441 Vgl. Deutsch/Lippert, S. 22; Deutsch, Medizinrecht, Rn. 610; Arndt, PharmaR 1996, 72 (75); auch Fröhlich, S. 159.
442 Bork, S. 94.
443 Vgl. Bork, S. 90 ff.
444 S. zum Ganzen Bork, S. 94-101, 117 ff.; Deutsch, NJW 1981, 614 (615 f.).
445 Deutsch, Medizinrecht, Rn. 611; Deutsch/Lippert, S. 51.

hört der Ethik-Kommission der jeweiligen medizinischen Fakultät, im übrigen der jeweiligen Ärztekammer, der der Projektleiter als Kammerangehöriger angehört, vorgelegt werden."

Diesen Vorgaben entsprechen die Regelungen der Ländergesetze, bzw. die Satzungsregelungen der Ärztekammern und medizinischen Fachbereiche.[446] Für zehn Kommissionen gilt eine auf Nicht-Ärzte erweiterte persönliche Zuständigkeitsregelung.[447] Die Beurteilung von Forschungsvorhaben durch Pflegekräfte und anderes nichtärztliches Personal gehört damit meistens noch nicht zur satzungsmäßigen Aufgabe lokaler Ethik-Kommissionen, auch wenn immerhin 17 von 31 Kommissionen angaben, offen zu sein für die Begutachtung von Forschungsvorhaben, die keiner ärztlichen Beteiligung bedürfen.[448] Angesichts der zunehmenden Bedeutung nichtärztlicher Forschung am Menschen, gewinnt diese Lücke in der Regelung der Zuständigkeit der Ethik-Kommissionen an Relevanz.[449] Aus diesem Grunde wäre es aus dem Blickwinkel des Patientenschutzes erstrebenswert, wenn lokale Ethik-Kommissionen auch bei nichtärztlichen Forschungsvorhaben beratend tätig werden könnten. Die Ethik-Kommissionen müßten dann für Nicht-Ärzte geöffnet werden. Selbst wenn eine Antragsbefugnis für Nicht-Ärzte in der einzelnen Satzung nicht ausdrücklich vorgesehen ist, sollte im Einzelfall geprüft werden, ob die Zuständigkeitsregelung weit ausgelegt und eine inhaltliche Stellungnahme zu dem Forschungsprojekt abgegeben werden kann.[450] Letztendlich werden aber Satzungsänderungen erforderlich. Zu beachten ist, daß einer veränderten Zuständigkeitsregelung auch die Besetzung der Ethik-Kommission angepaßt werden müßte.[451]

Für Versuche im Ausland ist grundsätzlich die Ethik-Kommission am Ort der Prüfung zuständig. Gibt es am Prüfungsort keine Ethik-Kommission, so kann bei persönlicher Zuständigkeit eine inländische Kommission angerufen werden.[452]

---

446 Dabei behandeln in der Praxis sachgerechterweise universitäre Gremien Anträge aus den ihnen zugeordneteten Lehrkrankenhäusern mit, vgl. Deutsch/Lippert, S. 40 f.

447 Vgl. die Antworten zu Frage 6 b des Fragebogens, Anhang B, auch die Zusammenfassung zu Frage 6 a und 6 b, Anhang C.

448 Vgl. die Antworten zu Frage 6 a, a.a.O., sowie die Zusammenfassung zu Frage 6 a und 6 b, a.a.O.

449 Dies gilt insb. für die Pflegeforschung, vgl. Taupitz/Fröhlich, MedR 1998, 257 ff. Die Öffnung der Ethik-Kommission für nichtärztliche Forschung war Diskussionsgegenstand bei der 16. Jahresversammlung des Arbeitskreises Medizinischer Ethik-Kommissionen am 21.11.1998 in Köln und Thema der Beratungen um die Revision der revidierten Deklaration von Helsinki.

450 Solange eine eindeutige Zuständigkeitsregelung fehlt, ist der Klinikleitung zu raten, Forschungsprojekte einstweilen ärztlicher Leitung zu unterstellen, damit eine Beurteilung durch die zuständige Ethik-Kommission möglich ist und dadurch etwaige Haftungsrisiken minimiert werden.

451 Eine Kommission etwa, die regelmäßig Projekte aus der Pflegeforschung begutachtet, sollte auch einen Experten aus diesem Bereich unter ihren Mitgliedern haben.

452 Deutsch, Medizinrecht, Rn. 611.

II. Unabhängigkeit

Die Ethik-Kommission muß unabhängig sein. Bereits aus der Bindung an Gesetz und Recht, Art. 20 Abs. 3 GG, ergibt sich, daß die Wahrnehmung öffentlicher Aufgaben sachlich und unvoreingenommen zu erfolgen hat. Auch Punkt 3.1.1. der CPMP/ICH-Leitlinie und Guideline 14 der CIOMS sprechen von einer „unabhängigen" Ethik-Kommission. Punkt I. 2. der revidierten Deklaration von Helsinki konkretisiert diese Unabhängigkeit, indem sie ausspricht „independent of the investigator and the sponsor". Unabhängig heißt damit nicht, daß die Mitglieder der Ethik-Kommission nicht aus der Klinik oder Ärztekammer stammen sollen, an der die betreffende Ethik-Kommission gebildet ist, sondern es soll die Unabhängigkeit vom Forscher und vom Sponsor gewährleistet sein. Einflußnahmen von seiten des Forschungsleiters oder des Auftraggebers sind unzulässig. Dies hat Konsequenzen für die Anwesenheit des Forschungsleiters bei den Beratungen der Ethik-Kommission über sein Projekt (hierzu unter IV., S. 91) und auf finanzielle Zuwendungen des Forschers oder Sponsors an die Ethik-Kommission (hierzu unter XIV., S. 106).

III. Der Antrag

1. Antragsgrundsatz

Die revidierte Deklaration von Helsinki spricht von einem Versuchsprotokoll, das dem Ausschuß „zugeleitet" wird.[453] Die Verfahrensgrundsätze des Arbeitskreises medizinischer Ethik-Kommissionen bestimmen in § 3, daß die Kommission nur auf Antrag tätig wird. Dieser Grundsatz wurde in die Satzungen der Ärztekammern übernommen. Auch der Genehmigungscharakter der Voten von Ethik-Kommissionen spricht für das Antragsprinzip.[454]

Die Ethik-Kommission wird demnach nur auf Antrag des Forschers tätig. Wenn der Antrag zurückgenommen wird, ist ihre Tätigkeit beendet. Einzelpersonen wird kein beliebiges Antragsrecht eingeräumt. Beteiligte Patienten- oder Probandengruppen werden ggf. darauf verwiesen werden, auf den Projektleiter einzuwirken, das Forschungsvorhaben der Ethik-Kommission zu unterbreiten oder sich ggf. an die zuständige Aufsichtsbehörde zu wenden.[455]

2. Sprache des Antrags

Die Beratungen und Entscheidungen der Ethik-Kommission ergehen in deutscher Sprache. So sollte zumindest der eigentliche Antrag, in welchem auf den Forschungsplan Bezug genommen wird, auf deutsch formuliert werden.

---

453 I. 2. RDH.
454 Vgl. Kopp, VwVfG, § 22, Rn. 9.
455 Vgl. §§ 64 ff. AMG bzw. § 26 Abs. 1 MPG.

Zur Erleichterung der Antragstellung werden bei multinationalen Studien von vielen Ethik-Kommissionen die Forschungspläne auch in englischer oder französischer Sprache entgegengenommen.[456] Die für den deutschsprachigen Patienten bestimmten Aufklärungsbögen und Zustimmungserklärungen sind aber selbstverständlich in jedem Fall in deutscher Sprache abzufassen.

3. Richtlinien zur Abfassung eines Antrags

Inzwischen gibt fast jede Ethik-Kommission Richtlinien zur Abfassung des Forschungsantrags heraus. Dieses Schema zeigt einerseits dem forschenden Arzt, welche Gesichtspunkte er bei seinem Antrag zu berücksichtigen hat und erleichtert andererseits der Ethik-Kommission eine systematische Prüfung des Forschungsvorhabens, die es ermöglicht, unter Wahrung der Qualität der Beratung, die Anträge innerhalb einer zumutbaren Frist zu bearbeiten. Leider folgen die Richtlinien der einzelnen Kommissionen keineswegs einem einheitlichen Muster. Soweit bei multizentrischen Studien der Erstantrag nicht akzeptiert wird, sondern ein Antrag nach dem lokalen Antragsformular verlangt wird, bedeutet dies eine unnötige Verkomplizierung des Verfahrens. Hier wäre eine Harmonisierung der Anforderungen an den Antragsteller wünschenswert. Einen wichtigen Schritt in diese Richtung wird durch den Vorschlag der Richtlinie des Europäischen Parlaments und des Rats zur Angleichung der Rechts- und Verwaltungsvorschriften über die Anwendung der „Guten klinischen Praxis“ bei der klinischen Prüfung mit Humanarzneimitteln gemacht: Er sieht die Erarbeitung ergänzender Leitlinien zur Vereinheitlichung von Aufklärung und Einwilligung von Patienten und der Anträge an die Ethik-Kommission (Art und Inhalt der einzureichenden Unterlagen) vor.[457]

IV. Ausschluß von der Mitwirkung

Um die Unabhängigkeit der Kommission zu wahren, sind der Antragsteller und seine Mitarbeiter von der Beratung über den Antrag ausgeschlossen. Dieser Grundsatz findet sich in § 4 der Verfahrensgrundsätze des Arbeitskreises medizinischer Ethik-Kommissionen und entsprechend regelmäßig in den jeweiligen Satzungen wieder. Ein Mitglied, welches der Sache oder der Person des Antragstellers gegenüber befangen ist, sollte ebenfalls nicht mitwirken. Der Antragsteller kann ein derartig befangenes Mitglied ablehnen.[458]

---

456 Auf diese Notwendigkeit weist auch Kroth, PharmInd 1997, 1022 (1026), hin.
457 Vgl. Sickmüller, PharmaR 1998, 80 (81).
458 Vgl. Deutsch, Medizinrecht, Rn. 619.

V. Beratungsweise

1. Berichterstatter

Die Ethik-Kommission kann einen Berichterstatter benennen. Er wendet sich den ihm übertragenen Aufgaben im besonderen Maße zu und trägt sie dem Rest der Kommission vor. So können auch Vorarbeiten einer anderen Gutachterkommission behandelt werden. Nur etwa jede dritte Ethik-Kommission hat sich für das Berichterstattersystem entschieden.[459] In der Regel erhalten aber unabhängig von der Beratungsweise alle Ethik-Kommissionsmitglieder oder zumindest ein erheblicher Teil die gesamten eingereichten Unterlagen zu dem zur Beratung stehenden Projekt.[460]

2. Mündlichkeit

Das MPG schreibt der Ethik-Kommission in § 17 Abs. 7 für den Geltungsbereich des MPG eine mündliche Beratungsweise vor. Gem. § 4 der Verfahrensgrundsätze des Arbeitskreises medizinischer Ethik-Kommissionen sollte die Beratung der Ethik-Kommission mündlich erfolgen, sie kann aber auch schriftlich abgehalten werden. Auf Antrag eines Mitglieds hat eine mündliche Besprechung stattzufinden. Dies entspricht auch den Vorgaben der meisten Satzungen der Ethik-Kommissionen, bzw. subsidiär der Regelung des VwVfG in § 90 Abs. 1 S. 2. Gegen das Umlaufverfahren bestehen allerdings Bedenken, die sich vor allem aus der interdisziplinären Besetzung des Gremiums ergeben. Es ist gerade das Anliegen einer interdisziplinär besetzten Ethik-Kommission, in einem fächerübergreifenden Kommunikationsprozeß einseitige fachspezifische Sichtweisen zu erweitern und so die Berücksichtigung anderer als die jeweils facheigenen Ansprüche zu gewährleisten. Dieses Ziel kann durch ein schriftliches Verfahren kaum erreicht werden. Zum einen kann im schriftlichen Verfahren eine Auseinandersetzung mit den jeweiligen Stellungnahmen nicht oder nur mit unverhältnismäßigem Aufwand erreicht werden,[461] zum anderen erschweren in einer interdisziplinären Kommission die unterschiedliche Fachterminologie und Denkart die wechselseitige Verständigung in besonderem Maße. Die vorprogrammierten Mißverständnisse sind oft nur im mündlichen Gespräch überhaupt erst als solche erkennbar und durch Nachfragen und Erläutern schnell auszuräumen.[462] Die mündliche Beratung ist daher ein Faktor der Funktionsfähigkeit.[463]

Der Grundsatz mündlicher Beratung birgt auf der anderen Seite die Gefahr, daß die Arbeitsfähigkeit der Kommission leidet. Insofern können Fälle mit gerin-

459 Vgl. die Antworten zu Frage 7 des Fragebogens, Anhang B.
460 Vgl. die Antworten zu Frage 7 a, a.a.O.
461 Vgl. Czwalinna, S. 125; Kollhosser, in: Symposium, S. 37 (45).
462 Vgl. Bork, S. 140.
463 In der Wahl des Aktenumlaufverfahrens sehen v. Bar/Fischer, NJW 1980, 2734 (2737), sogar einen Organisationsfehler, der als Verkehrspflichtverletzung von haftungsrechtlicher Bedeutung sein könnte.

gem Beratungsbedarf, wie Zweitbegutachtungen von überarbeiteten Anträgen, Nachbegutachtungen von multizentrischen Studien oder bestimmte vorherbestimmte sonstige einfach gelagerten Fälle auch schriftlich beraten werden, solange für jedes Mitglied die Möglichkeit vorgesehen ist, mündliche Beratung zu beantragen.[464]

In der Praxis leisten sich noch über 50% der Ethik-Kommissionen grundsätzlich ein mündliches Verfahren. Lediglich vier von 31 Kommissionen beraten noch regelmäßig schriftlich.[465] Etwa ein Drittel der Gremien hat sich zugunsten der Arbeitsfähigkeit der Kommission dafür entschieden, in bestimmten Fällen schriftlich zu beraten. Teilweise wurde als Grund für die schriftliche Beratung allerdings die Eilbedürftigkeit eines Antrags oder das Nichtzustandekommen einer Sitzung angegeben.[466] Im Sinne des Patientenschutzes ist sicherlich das Umlaufverfahren einer unzumutbaren Verzögerung der Begutachtung vorzuziehen. Erstrebenswert wäre aber doch, wenn nicht organisatorische, sondern sachliche Gründe den Ausschlag für ein bestimmtes Beratungsverfahren geben könnten.

3. *Untersuchungsgrundsatz*

Die öffentlich-rechtlichen Ethik-Kommissionen sind als Teil der vollziehenden Gewalt durch Art. 20 Abs. 3 GG an Gesetz und Recht gebunden. Sie sind verpflichtet, ihre Maßnahmen an dem richtigen und vollständig ermittelten Sachverhalt auszurichten.[467] In § 24 VwVfG ist explizit vorgeschrieben, daß im allgemeinen Verwaltungsverfahren der Untersuchungsgrundsatz gilt. Die Behörde hat den entscheidungsrelevanten Sachverhalt von Amts wegen zu ermitteln und ist an das Vorbringen der Beteiligten nicht gebunden. Die Besonderheit der Ethik-Kommissionen besteht darin, daß sie einen Plan, mithin eine Absichtserklärung, beurteilen. Ob diese Absicht wirklich besteht, läßt sich kaum anders als durch Befragung des Antragstellers ermitteln. Die Ethik-Kommission ist daher in besonderem Maße auf den Parteivortrag angewiesen. Wenn der Antrag unvollständig ist, haben die Beteiligten gem. § 26 Abs. 2 VwVfG dazu beizutragen, daß Unklarheiten beseitigt und unvollständige Unterlagen ergänzt werden. Die Anhörung der am Forschungsprojekt beteiligten Personen bzw. die Einholung einer entsprechenden schriftlichen Äußerung ist also ggf. wesentlicher Bestandteil einer vollständigen Amtsermittlung. Tatsächlich werden die Antragsteller – wenn nicht schon generell – zumindest im Falle von Unklarheiten zur persönlichen Besprechung des Antrages herangezogen.[468]

---

464 Vgl. hierzu insbesondere auch Bork, S. 141 ff.
465 Vgl. die Antworten zu Frage 7 b des Fragebogens, Anhang B, sowie die Zusammenfassung zu Frage 7 b, Anhang C; 1984 waren es noch 9 von 27 Kommissionen, Czwalinna, S. 125.
466 Vgl. die Antworten zu Frage 7 b, a.a.O.
467 Kopp, VwVfG, § 24, Rn. 1, Ule/Laubinger, § 1, Rn. 9.
468 Vgl. unten, V. 5. (S. 95), sowie die Antworten zu Frage 9 des Fragebogens, Anhang B.

Soweit der Ethik-Kommission zur Beurteilung einzelner Punkte das erforderliche Fachwissen fehlt, kann sich das Gremium die fehlende Sachkenntnis durch einen Sachverständigen vermitteln lassen.[469] In der Praxis werden allerdings bei 11 von 34 Kommissionen keine externen Gutachter zur Beurteilung eines Forschungsvorhabens heran gezogen.[470] 1984 waren es dagegen nur 6 von 28 Gremien, die keine Sachverständigen befragt haben.[471] Es ist zu hoffen, daß diese Entwicklung auf die sachgerechtere Zusammensetzung der Ethik-Kommissionen zurückzuführen ist und nicht etwa auf einer Vernachlässigung des Untersuchungsgrundsatzes oder einer Selbstüberschätzung der Ethik-Kommissionen beruht.

4. Vertraulichkeit

Schon durch Art. 5 Abs. 3 GG ist das Geheimhaltungsinteresse des antragstellenden Forschers bezüglich der Einzelheiten seiner Forschungs- und Therapieverfahren bis zur Publikation durch ihn selbst im Rahmen der Freiheit der Forschung grundrechtlich geschützt.[472] Auch in § 30 VwVfG wird bestimmt, daß die Behörde die im Verwaltungsverfahren bekannt gewordenen Geheimnisse nicht unbefugt offenbaren darf. Die Verfahrensgrundsätze des Arbeitskreises medizinischer Ethik-Kommissionen (§ 4) konkretisieren, daß die Sitzungen nicht öffentlich abgehalten werden und die Mitglieder der Kommission zur Vertraulichkeit und Verschwiegenheit verpflichtet sind. Entsprechende Regelungen finden sich in den Satzungen der Ethik-Kommissionen. Da Forscher nicht selten in Konkurrenz zueinander stehen, kann man von ihnen eine offene Mitwirkung an dem Verfahren der Ethik-Kommission auch nur dann erwarten, wenn Vertraulichkeit gewährleistet ist.[473] Auf der anderen Seite sollte nicht vergessen werden, daß dem Geheimhaltungsinteresse der Wissenschaftler das Interesse der Allgemeinheit an der Transparenz des Verfahrens gegenüber steht. Nur eine adäquate Form der Öffentlichkeit kann zu der Legitimation von Humanforschung beitragen.[474] In Dänemark etwa wird diesem Aspekt besonderes Gewicht beigemessen: Hier sind die beantragten Projekte für die Öffentlichkeit, bis auf besonders begründete Ausnahmefälle,[475] grundsätzlich einsehbar. Wenn man auch zugunsten der offenen Mitwirkung der Forscher m.E. nicht so weit gehen muß, sollte doch daran gedacht werden, zumindest gewisse Fälle bzw. Protokolle (z.B. bereits abgeschlossene Projekte) mit Genehmigung der betroffenen Forscher zu veröffentlichen. Auch sollte – vergleichbar der Regelung des § 175 Abs. 2 S. 1 GVG – gelegentlich ein-

---

469 Vgl. auch § 26 Abs. 1 Nr. 2 VwVfG; § 4 der Verfahrensgrundsätze des Arbeitskreises medizinischer Ethik-Kommissionen.

470 Vgl. die Antworten zu Frage 8 des Fragebogens, Anhang B (durchschnittlich werden pro Jahr zwei externe Gutachter gehört).

471 Czwalinna, S. 126.

472 Bork, S. 152; Maunz/Dürig-Scholz, Art. 5 Abs. 3, Rn. 83.

473 Deutsch, Medizinrecht, Rn. 624; auch Knack-Clausen, § 30 Anm. 2; BVerfGE 35, 202 (223 f.); Kopp, VwVfG, § 30, Rn. 1; Ule/Laubinger, § 23, Rn. 8.

474 Vgl. oben 1. Teil C. III. 2. (S. 56 ff.).

475 Z.B. wenn das Geheimhaltungsinteresse des Forschers überwiegt.

zelnen, selbstverständlich zur Verschwiegenheit verpflichteten, Personen durch Beschluß der Ethik-Kommissionsmitglieder der Zutritt zu der grundsätzlich nicht öffentlichen Sitzung gewährt werden. Beides wird in Deutschland mittlerweile diskutiert[476] und zum Teil auch schon praktiziert.[477]

5. *Rechtliches Gehör*

Der Anspruch auf Gewährung rechtlichen Gehörs ist einer der wichtigsten Grundsätze, der dem Grundgesetz für ein geordnetes Verfahren zu entnehmen ist. Er ist als wesentliche Ausprägung des Rechtsstaatsprinzips in allen Verfahren anerkannt.[478] In § 28 VwVfG ist er einfachgesetzlich geregelt. Auch im Verfahren vor den Ethik-Kommissionen gilt dieser Grundsatz selbstverständlich. Er findet sich entsprechend in den Verfahrensgrundsätzen des Arbeitskreises medizinischer Ethik-Kommissionen (§ 4) wieder: Die Ethik-Kommission soll den Antragsteller auf Bedenken gegenüber seinem Antrag hinweisen und ihm vor der Beschlußfassung Gelegenheit zur Stellungnahme geben. Die Möglichkeit der Stellungnahme ist im Verfahren vor den Ethik-Kommissionen sogar besonders wichtig, weil eine Überprüfung des Verfahrensergebnisses kaum möglich ist. Zusätzlich wird die Erörterung von Bedenken und Zweifelsfragen mit dem Antragsteller wesentlich dazu beitragen, daß dieser den einschränkenden oder ablehnenden Bescheid der Ethik-Kommission akzeptiert.[479] Der Grundsatz des rechtlichen Gehörs kann wie die mündliche Beratung in Konkurrenz mit dem Interesse an einem zügigen und effektiven Entscheidungsprozeß stehen.[480] Deswegen sollte in Erwägung gezogen werden, entsprechend § 28 Abs. 1 VwVfG, nur bei Bedenken gegen den Antrag rechtliches Gehör zu gewähren, welches in unkomplizierteren Fällen auch schriftlich erfolgen kann. Die Satzungen der Ethik-Kommissionen enthalten häufig eine entsprechende Regelung.

Ungeachtet dieser Überlegungen und Vorschriften laden in der Praxis etwa die Hälfte der Ethik-Kommissionen den Antragsteller sogar generell zur Teilnahme ein. Die andere Hälfte tut dies nur aus bestimmtem Anlaß, meist bei Unklarheiten oder Bedenken. Dabei schwankt die Häufigkeit der Hinzuziehung des Forschers von Ethik-Kommission zu Ethik-Kommission zwischen ein und 85 mal pro Jahr; durchschnittlich sind es ca. 23 mal pro Jahr. Nur zwei Kommissionen haben bisher noch nie den Antragsteller mündlich gehört.[481]

---

476 Auf dem Symposium „Forschungsfreiheit und Forschungskontrolle“ 1999 in Göttingen wurde angeregt, jede Kommission solle neben einem jährlichen Tätigkeitsbericht auch beispielhaft komplizierte Fälle veröffentlichen, die zur Beratung anstanden.

477 So wurde etwa der Verfasserin die Anwesenheit bei einzelnen Sitzungen verschiedener Ethik-Kommission gestattet.

478 Vgl. hierzu Maunz/Dürig-Schmidt-Aßmann, Art. 103 I, Rn. 66 ff.; BVerfGE 9, 89 (95); auch Knack-Clausen, § 28 Anm. 2.1.

479 Bork, S. 145, vgl. auch die Einschätzung des Arbeitskreises Baden-Württemberg, PharmInd 1995, 100 (102).

480 Vgl. Maunz/Dürig-Schmidt-Aßmann, Art. 103 Abs. 1, Rn. 86.

481 Vgl. die Antworten zu Frage 9 des Fragebogens, Anhang B.

VI. Gegenstand der Kommissionsberatungen und Maßstäbe

Die Ethik-Kommissionen der Bundesrepublik Deutschland bieten ein uneinheitliches Bild hinsichtlich ihrer Tätigkeitsbereiche. Einige der Ärztekammer-Kommissionen[482] haben es sich zur Aufgabe gemacht, Stellungnahmen zu Themen ethischen Inhalts für ihre Kammer vorzubereiten oder auch allgemein ethische Anfragen, z.B. von kammerangehörigen Ärzten, zu bearbeiten,[483] obwohl sich seit 1995 die Zentrale Ethik-Kommission bei der Bundesärztekammer explizit mit diesen Themen beschäftigt. Die Begutachtung biomedizinischer Forschungsvorhaben am Menschen wird selbstverständlich von allen Ethik-Kommissionen vorgenommen.

Auch innerhalb der von allen Ethik-Kommissionen praktizierten Begutachtung der Forschungsprojekte am Menschen, ist der Gegenstand der Beratungen uneinheitlich. Insgesamt werden neben rechtlichen Aspekten, ethische und selbstverständlich medizinische Vorgaben sowie Fragen des wissenschaftlichen Designs während der Beratungen berücksichtigt. Durchschnittlich liegt das Hauptgewicht des Beratungsinhalts, gemäß der Selbsteinschätzung der Ethik-Kommissionsmitglieder, auf den medizinischen Erwägungen und dem wissenschaftlichen Design der Studien mit 35% bzw. 25%. Eine etwas geringere Rolle spielen juristische Erwägungen mit 22% und Beratungen ethischen Inhalts mit 18%.[484] Die durchschnittlichen Angaben sollten nicht darüber hinwegtäuschen, daß die Beratungsinhalte von Kommission zu Kommission teilweise erheblich abweichen. So schwankt die Einschätzung des Gewichts der medizinischen Erwägungen zwischen 20 und 78%, die des wissenschaftlichen Designs und die der juristischen Erwägungen jeweils zwischen 5 und 40% und der ethische Beratungsinhalt variiert laut Angaben der Kommissionen zwischen 5 und 50%.

Diese Unterschiede in der Einschätzung der Beratungsgegenstände der einzelnen Gremien werden zu einem Teil darin begründet sein, daß die einzelnen Aspekte der Beratungen schwer voneinander zu trennen sind. So ist etwa ein medizinisch nicht vertretbarer oder unwissenschaftlicher Versuch gleichzeitig sowohl ethisch als auch rechtlich zu beanstanden.[485] Auch die Einwilligung der Versuchsperson kann unter rechtlichen und ethischen Aspekten relevant wer-

482 Vgl. etwa die Ethik-Kommissionen der Ärztekammern Bremen, Sachsen und Baden-Württemberg; die Ethik-Kommission der Ärztekammer Berlin hat verschiedene Arbeitsausschüsse eingerichtet, die sich jeweils nur mit bestimmten Themengebieten befassen. Es existieren Ausschüsse zu den Themen: Methadonabgabe, Reproduktionsmedizin, allg. Medizinethik und natürlich ein Ausschuß zur Begutachtung biomedizinischer Forschungsvorhaben am Menschen.

483 Vgl. die Antworten zu Frage 6 des Fragebogens, Anhang B, sowie die Zusammenfassung zu Frage 6, Anhang C.

484 Vgl. die Antworten zu Frage 10 des Fragebogens, Anhang B, sowie Abbildung 1, Anhang C.

485 Vgl. schon die allgemeinen Gesetze, wie das Strafgesetzbuch und das Bürgerliche Gesetzbuch mit ihrem Schutz für die körperliche Unversehrtheit von Personen sowie speziell das Verbot in § 40 Abs. 1 AMG, medizinisch unvertretbare oder unwissenschaftliche Forschungen zu erlauben.

den.[486] Zu einem anderen Teil spiegeln die unterschiedlichen Angaben über die einzelnen Beratungsgegenstände aber auch die tatsächlichen Differenzen zwischen den einzelnen Sitzungsabläufen wider.

In Anbetracht der unterschiedlichen Gewichtung der Beratungsinhalte, verwundert es nicht, daß die einzelnen Ethik-Kommissionen entsprechend unterschiedliche Maßstäbe anlegen.[487] In den USA spricht man von „IRB Inconsistency".[488] Aufgrund der teilweise ungleichen Beratungsgegenstände und der verschiedenen Standards kann es zu unterschiedlichen Entscheidungen der einzelnen, in derselben Frage angerufenen, Ethik-Kommissionen kommen. Nach den Angaben von Vertretern der Pharmaindustrie, werden sogar von derselben Ethik-Kommission zuweilen von Sitzung zu Sitzung wechselnde Forderungen gestellt.[489] Besonders deutlich wird der Mangel an objektiven Kriterien an einer Untersuchung von Harding/Ummel am Institut für Rechtsmedizin in Genf aus dem Jahre 1989:[490] Acht Forschungsprotokolle, die die jeweils zuständige Ethik-Kommission unbeanstandet passiert hatten, wurden nochmals einer Untersuchung durch eine weitere Ethik-Kommission unterzogen. Das Ergebnis war, daß fünf der Protokolle von der zweiten Ethik-Kommission für unzulänglich gehalten wurden, zwei von ihnen beinhalteten nach Meinung der Zweitbegutachter sogar unlösbare ethische Probleme. Nach der Umfrage unter den deutschen öffentlich-rechtlichen Ethik-Kommissionen sind die von den einzelnen Gremien angelegten Standards immerhin dahingehend relativ einheitlich, daß zwischen 1995 und 1998 nur zwischen 0 und 5%[491] der Anträge (durchschnittlich gleichbleibend um die 2%) von den Ethik-Kommissionen ganz abgelehnt oder letztendlich vom Antragsteller selbst zurückgezogen wurden. Das zeigt auch, daß die Ethik-Kommissionen glücklicherweise nicht etwa als „Forschungsverhinderungskommissionen" tätig werden, sondern – soweit möglich – lediglich Verbesserungsvorschläge machen, die der Qualität der Forschungen im allgemeinen zuträglich sind. Allerdings zeigt diese Umfrage auch, daß offenbar im Einzelnen nicht überall die gleichen Maßstäbe angelegt werden. Es kann nicht ausschließlich an einer unterschiedlichen Qualität der eingereichten Unterlagen liegen, daß der prozentuale Anteil der unbeanstandeten Protokolle in dem Zeitraum von 1995 bis 1998 gleichbleibend zwischen ca. 1 und 95% (durchschnittlich in etwa gleichbleibend um die 42%) divergiert. Das gleiche gilt für die Angaben über die geringfügigen Änderungswünsche (zwischen 5 und 80%, durchschnittlich gleichbleibend um die 42%) und die Anmeldung

486 Vgl. zu den einzelnen Beratungsgegenständen und ihrer Verflechtung insb. Deutsch/Lippert, S. 43 ff., sowie Czwalinna, S. 82 ff.
487 Vgl. die Beschwerde seitens der Pharmaindustrie, Görlich, PharmInd 1989, 1205 f.
488 Vgl. Prentice/Antonson, IRB 9, 1987, Nr. 1, 9 ff.
489 Schwendler-Haffke/Reinken, PharmInd 1999, 11 (15).
490 Harding/Ummel, Journal of medical ethics 1989/15, 191 ff.; von vergleichbaren Erfahrungen berichtet die Ethik-Kommission der Ärztekammer Nordrhein, Hopf/Holtheide/Schäfer, Rh.ÄBl 2/1996, 18 (20).
491 Abgesehen von einem Ausreißer, der Ethik-Kommission des Landes Bremen mit 8-22%.

starker Bedenken (zwischen 0 und 30%, durchschnittlich gleichbleibend um die 10%).[492] Diese Annahme wird noch gestützt durch die Angaben der Kommissionen über die Art der Bedenken: Selten wurden hier von mehreren Kommissionen die gleichen Beanstandungsgründe aufgeführt.[493]

Auch wenn die ethische Bewertung einer Studie stets nur schwer der Harmonisierung zugänglich bleiben wird, könnten zumindest krasse Abweichungen materiell oder prozessual vermieden werden: Materiell dadurch, daß etwa durch eine nationale Ethik-Kommission einheitliche Standards der Beurteilung gesetzt werden.[494] Prozessual könnte eine Vereinheitlichung dadurch erreicht werden, daß einem Ausschuß oder einer Gesamtkommission streitige Fragen vorgelegt werden oder daß ein Rechtszug an eine Art Berufungsinstanz eröffnet wird. Diese könnte die lokale Begutachtung keinesfalls ersetzen, wohl aber für die Einhaltung der gesetzten einheitlichen Standards sorgen.[495] Auf dem Weg dahin ist von großer Wichtigkeit, daß die Ethik-Kommissionen – wie schon z.T. im Rahmen der jährlichen Treffen der Arbeitsgemeinschaft medizinischer Ethik-Kommissionen praktiziert – ihre Arbeitsmethoden und Wertungskriterien miteinander vergleichen, um auf Dauer zu einer Annäherung zu gelangen. Harding/Ummel schlagen vor, daß Ethik-Kommissionen einen gewissen Prozentsatz ihrer Protokolle an eine andere Kommission zu einer zusätzlichen Begutachtung weiterreichen könnten, um so eine Kontrolle und einen Vergleich zu ermöglichen.[496] Im Rahmen der immer häufigeren multizentrischen Studien wird eine solche Kontrolle heute schon automatisch praktiziert. Bei diesen Studien liegt es in der Natur der Sache, daß ein Forschungsprojekt von mehreren Kommissionen beurteilt wird. Bei Divergenzen sollte allerdings zum Zweck des Vergleichs und der Annäherung nicht nur der Antragsteller, sondern auch die vorvotierende Kommission kontaktiert werden.

VII. Entscheidungsmodus

Nach § 5 der Verfahrensgrundsätze des Arbeitskreises medizinischer Ethik-Kommissionen soll über den zu treffenden Beschluß ein Konsens angestrebt werden. Wird ein solcher nicht erreicht, beschließt die Kommission mit einfacher Mehrheit. Votiert ein Mitglied der Kommission anders als die übrige Kommission, so hat es das Recht, in einem Sondervotum seine abweichende Auffassung festzuhalten. In den meisten Satzungsregelungen der medizinischen Ethik-Kommissionen in Deutschland wurde dieser Vorschlag – teilw. mit geringfügigen Modifikationen – übernommen. Zum Teil wurde auf die Sollvorschrift verzichtet und be-

---

492 Vgl. die Antworten zu Frage 11 b-11 e des Fragebogens, Anhang B, sowie die Zusammenfassung zu Frage 11 b-11 d, Anhang C.
493 Vgl. die Antworten zu Frage 11 f, a.a.O.
494 Vgl. den Vorschlag von Prentice/Antonson, IRB 9, 1987, Nr. 1, 9 ff.
495 Vgl. Levine/Caplan, IRB 8, 1986, Nr. 2, 7 ff.
496 Harding/Ummel, Journal of medical ethics 1989/15, 191 (194).

stimmt, daß die Entscheidungen mit einfacher Mehrheit gefällt werden.[497] In der Praxis erfolgt in der Regel eine auf Konsens beruhende Stellungnahme.

VIII. Entscheidung

Gem. § 5 der Verfahrensgrundsätze des Arbeitskreises medizinischer Ethik-Kommissionen ist der Beschluß dem Antragsteller *schriftlich bekannt* zu geben. Die Ethik-Kommission kann dem Antrag stattgeben, ihn ablehnen oder den Beschluß mit Nebenbestimmungen, insbesondere Bedingungen und Auflagen, versehen.[498]

Die zustimmende Bewertung kann von *Bedingungen* abhängig gemacht werden, welche der Antragsteller zu erfüllen hat, *bevor* die zustimmende Bewertung wirksam wird. Damit die Bundesoberbehörde nicht nachforschen muß, sollte die zustimmende Bewertung erst nach Erfüllung der Bedingungen gegeben werden.[499]

Auflagen sind Verpflichtungen, welche dem Antragsteller auferlegt werden, die Wirksamkeit der zustimmenden Bewertung aber nicht berühren.[500] Das bedeutet, daß Auflagen nur in Frage kommen, wenn es sich um geringfügige Forderungen handelt. Deutsch/Lippert nennen als Beispiel den fehlenden Versicherungsnachweis oder kleinere Änderungen in der Information für die Versuchsteilnehmer.[501] Da der Auflage hinsichtlich des Beginns der Studie kein Suspensiveffekt zukommt, sollte der Forscher verpflichtet werden, die Ethik-Kommission über die Erfüllung der Auflage zu informieren. Dieses Vorgehen ist in der Praxis weitverbreitet. Lediglich vier Kommissionen gaben an, daß sie die Erfüllung von Auflagen in keiner Weise nachprüfen.[502] Wird die Auflage nicht erfüllt, kann das positive Votum zurückgenommen werden. Ein solcher Fall ist aber nach meiner Kenntnis bis heute in der Praxis nicht vorgekommen. Die Ethik-Kommission der Medizinischen Hochschule Hannover stand im letzten Jahr zwar kurz vor der Rücknahme eines positiven Votums, nachdem der Auflage, im Rahmen eines relativ risikoreichen Versuchs Zwischenbericht zu erstatten, zunächst nicht nachgekommen worden war. Letztlich wurde der geforderte Bericht jedoch nachgereicht, so daß es auch hier schließlich nicht zu einer Rücknahme des positiven Votums gekommen ist.

Die Kommission muß jedenfalls, soweit sie gegen das Projekt Bedenken hat, ihre ablehnende Stellungnahme oder Nebenbestimmungen zur Modifikation *be-*

497 Vgl. z.B. § 5 Abs. 5 der Satzung der Ethik-Kommission der Ärztekammer Westfalen-Lippe; § 5 Abs. 3 des Statutes der Ethik-Kommission bei der Ärztekammer des Saarlandes; § 5 Abs. 3 der Satzung über die Errichtung der Ethik-Kommission bei der Landesärztekammer Brandenburg; Art. 6 b) der Geschäftsordnung der Ethik-Kommission der Medizinischen Fakultät der Univerität Regensburg.

498 Nur drei Kommissionen gaben an, daß sie ihre Voten nicht mit Nebenbestimmungen versehen, vgl. die Antworten zu Frage 11 g und 11 f des Fragebogens, Anhang B.

499 Deutsch, Medizinrecht, Rn. 626.

500 Maurer, § 12, Rn. 11.

501 Deutsch/Lippert, S. 50.

502 Vgl. die Antworten zu Frage 11 j des Fragebogens, Anhang B.

gründen. Der Begründungszwang bei ablehnendem Votum ergibt sich schon aus dem Rechtsstaatsprinzip. Der Bürger, in dessen Rechte eingegriffen wird, hat einen Anspruch darauf, die Gründe dafür zu erfahren.[503] Auch in § 5 der Empfehlung des Arbeitskreises medizinischer Ethik-Kommissionen und in den der Empfehlung entsprechenden Regelungen in den Statuten der Ethik-Kommissionen wird auf die Begründungspflicht hingewiesen. Tatsächlich wird diesen Anforderungen gefolgt. Das Gremium würde seine Funktion auch verfehlen, wenn es seine Bedenken nicht begründen würde. Das Forschungsvorhaben soll eben nicht in erster Linie blockiert, sondern lediglich den Zulässigkeitsvoraussetzungen angepaßt werden. Der Forscher muß daher wissen, auf welchen Aspekten die Bedenken beruhen.

Zustimmende Entscheidungen werden nur ausnahmsweise begründet, wenn dies, wie früher in Bremen, vorgeschrieben ist.[504] Dabei erscheint die schriftliche Begründung zustimmender Voten in bestimmten Fällen ebenfalls sinnvoll. Zum einen können auch bei einer positiven Entscheidung, Bedenken einzelner überstimmter Kommissionsmitglieder bestehen, die dem Forscher bei der eigenverantwortlichen Entscheidung über die tatsächliche Durchführung des Versuchs wichtige Entscheidungshilfen bieten können. Zum anderen erscheint die Begründung der positiven Voten gerade bei Primäranträgen im Rahmen multizentrisch durchgeführter Studien sinnvoll. Dies erleichtert den anderen Kommissionen die Nachvollziehbarkeit des Votums.[505]

IX. Arbeitsbelastung/Zahl der Anträge

Nachdem die Ethik-Kommissionen in den ersten Jahren nur in sehr geringem Maße in Anspruch genommen wurden, die Zahl der beratenden Projekte aber langsam bis auf durchschnittlich etwa zehn Anträge pro Kommission im Jahre 1985 anstieg,[506] gab es dann bis 1995 eine rasante Steigerung der Anträge: 1995 wurden schon durchschnittlich 87 Primäranträge[507] und 100 Sekundäranträge[508] im Rahmen von multizentrischen Studien pro Kommission beraten.[509]

Die Ursache für die Steigerung in den Jahren 1985 bis 1995 dürfte hauptsächlich in der Einführung der standesrechtlichen Beratungsverpflichtung des Arz-

503 Vgl. Obermayer, § 39 Rn. 3; Stelkens/Bonk/Sachs-Stelkens, § 39 Rn. 2, ausführlich Bork, S. 164 ff.

504 Nr. 4.6. des Erlasses des Senators für Gesundheit, Bremen, 29.05.1986: „Die Entscheidung soll begründet werden." Dieser Satz wurde allerdings nicht in die neue gesetzliche Regelung der Ethik-Kommissionen in Bremen (GBl 1995 S. 184, § 30; Vereinbarung zwischen der Ärztekammer Bremen und dem Senator für Gesundheit, Jugend und Soziales vom 07.02.1995) aufgenommen.

505 Deutsch, Medizinrecht, Rn. 623.

506 Vgl. Czwalinna, S. 128.

507 Antrag an die für den Versuchsleiter zuständige Ethik-Kommission (hauptzuständige Kommission).

508 Antrag an eine andere als die hauptzuständige Ethik-Kommission.

509 Vgl. die Antworten zu Frage 11 und 11 a des Fragebogens, Anhang B.

tes[510] liegen. Zusätzlich wird auch die Akzeptanz der Ethik-Kommissionen innerhalb der Forschungsgemeinschaft gewachsen sein und zu einer größeren Bereitschaft geführt haben, die Kommission zu Rate zu ziehen.

Von 1995 bis 1998 lassen sich weitere Steigerungen feststellen (1996 durchschnittlich 100 Primär- und 127 Sekundäranträge, 1997 109 Primär- und 107 Sekundäranträge und 1998 123 Primär und 143 Sekundäranträge).[511] Auffällig ist dabei auch, daß sich von Ethik-Kommission zu Ethik-Kommission erhebliche Unterschiede in der Anzahl der zu bearbeitenden Projekte zeigen:

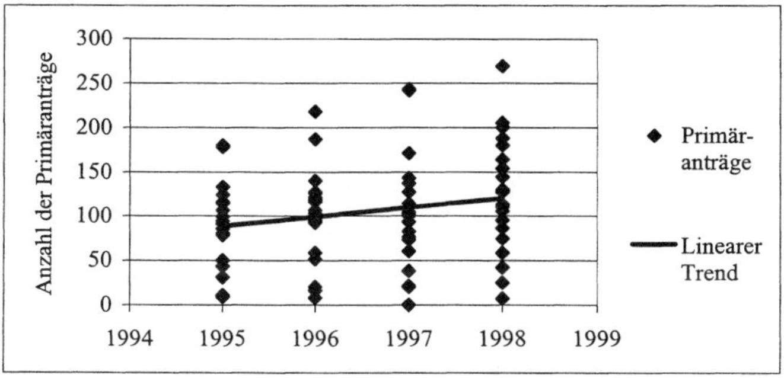

Abbildung 1: Anzahl der bearbeiteten Primäranträge 1995-1998 pro Jahr und Ethik-Kommission (absolute Zahlen und linearer Trend)

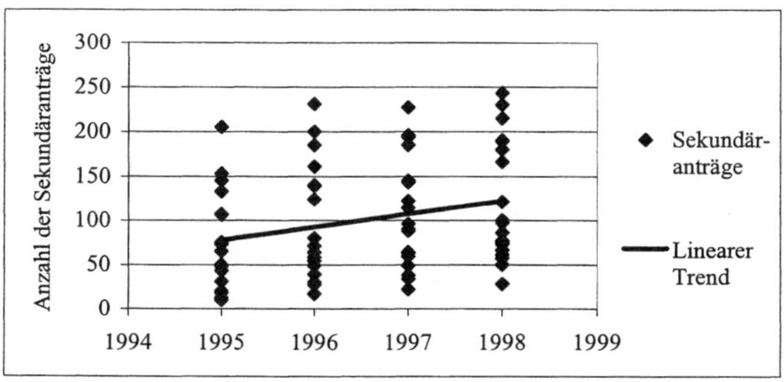

Abbildung 2: Anzahl der bearbeiteten Sekundäranträge 1995-1998 pro Jahr und Ethik-Kommission (absolute Zahlen und linearer Trend)[512]

510 Vgl. oben 1. Teil B. I. 1. (S. 27).
511 Vgl. die Antworten zu Frage 11 und 11 a, a.a.O; sowie Abbildung 1 und 2.
512 Die Ethik-Kommission der Medizinischen Fakultät der Westfälischen Wilhelms-Universität und der Ärztekammer Westfalen-Lippe wurde als Ausreißer mit 500-980 Sekundäranträgen pro Jahr der Übersichtlichkeit halber nicht in die Graphik mit aufgenommen.

Für die weitere Steigerung der Antragszahlen nach 1995 werden zusätzlich u.a. die Einführung des MPG und die Änderung des AMG von 1995 beigetragen haben. Die Zahl der Anträge bedeutet eine wachsende Arbeitsbelastung für die Ethik-Kommissionen und zwingt die Kommissionen zunehmend zu einer Steigerung der Effizienz ihrer Verfahrensweisen. Zum Teil wurde der Antragsflut schon durch die Einrichtung mehrerer parallel arbeitender Gremien oder die Aufspaltung in mehrere Unterkommissionen, die sich jeweils bestimmten Themengebieten widmen, zu begegnen versucht.

Auf die Unterschiede in der Anzahl der zu bearbeitenden Anträge wird unten, Teil 4. D. VI. (S. 169), eingegangen werden.

X. Bearbeitungsdauer

Die Ethik-Kommission muß im Interesse des Antragstellers sowie ggf. der Patienten das Verfahren zügig durchführen.[513] Jede unnötige Verzögerung ist mit einer Einwirkung auf deren Rechte verbunden. Dem Interesse an einem möglichst zügigen Verfahren hat der Gesetzgeber für das Verfahren vor den staatlichen Verwaltungsbehörden durch § 10 S. 2 VwVfG sowie § 75 VwGO Rechnung getragen.[514] Darüber hinaus hat der Bundesgerichtshof die Beschleunigung des Verfahrens bereits als Amtspflicht der Verwaltung angesehen.[515] Möglicherweise laufen Fristen ab, die von der forschungsfördernden Institution gesetzt wurden, Konkurrenz drängt auf den Markt oder ein Heilversuch duldet im konkreten Fall keinen langen Aufschub. Laut einer Umfrage der Fachgesellschaft der Ärzte in der Pharmazeutischen Industrie (FÄPI) von 1994 können die Antragsteller eine durchschnittliche Bearbeitungszeit von derzeit 6,3 Wochen akzeptieren.[516] Als Richtwert kann insofern ein Zeitraum von sechs Wochen gelten. Wenigstens nach dieser Zeit sollten Forscher und Auftraggeber erfahren, woran sie sind.[517] Die meisten Ethik-Kommissionen halten nach eigenen Angaben diese Höchstbearbeitungszeit ein.[518] Lediglich zwei Ethik-Kommissionen bewegen sich mit zehn Wochen Höchstbearbeitungszeit bei geringer Sitzungsfrequenz (durchschnittlich acht bzw. fünf Sitzungen pro Jahr) nicht mehr im Rahmen dieses Richtwertes.[519] Hier sollte darüber nachgedacht werden, ob die Abstände zwischen den einzelnen Kommissionssitzungen verkürzt werden können. Zumindest sollte in Eilfällen eine ad hoc-Einberufung erwogen werden.[520]

---

513 Deutsch, NJW 1981, 614 (616).

514 Bork, S. 153 f.; Knack-Clausen, § 10, Anm. 4.4.; Kopp, VwVfG, § 10, Rn. 10.

515 BGHZ 15, 305 (308); 30, 19 (26).

516 Caird/Clemens et al., PharmInd 1995, 100.

517 Deutsch, Medizinrecht, Rn. 616; Helmchen, EthikMed 1995, 58 (68).

518 Eine längere Dauer des Verfahrens ist ggf. auf unvollständige Unterlagen oder die Notwendigkeit von Prüfungen hinsichtlich wesentlicher Punkte zurückzuführen, vgl. Deutsch, DÄBl 1991, B-1936.

519 Vgl. die Antworten zu Frage 5 und 5 a des Fragebogens, Anhang B, sowie die Zusammenfassung zu Frage 5 und 5 a, Anhang C.

520 In diesem Sinne auch Bork, S. 154, Fn. 6.

XI. Bekanntmachung des Sponsors gegenüber der Versuchsperson

Bis heute ist nicht geklärt, ob der Versuchsperson mitgeteilt werden muß, wer die Studie finanziert. Die Frage ist für die Rechtmäßigkeit der ärztlichen Eingriffe während des Versuchs von Relevanz. Hat der Arzt die Versuchsperson nicht ausreichend aufgeklärt, ist die nachfolgende Einwilligung unwirksam und damit die Behandlung rechtswidrig.[521] Rechtlich akzeptabel ist die ärztliche Aufklärung, die sich für den Patienten als eine „wirkliche Entscheidungshilfe" darstellt.[522] Eine Studie aus den USA zeigt, daß zwar die Frage nach dem persönlichen Nutzen aus der Teilnahme an einer Studie eine vorrangige Rolle bei der Entscheidung über die Teilnahme an der Studie spielt, es wird aber auch der Aspekt in die Entscheidung einbezogen, wer von dem Projekt profitiert.[523] Insofern sollte die Ethik-Kommission das Interesse der Versuchsperson dadurch wahrnehmen, daß sie verlangt den Sponsor bekannt zu geben.[524]

In Deutschland legen in der Praxis nur 5 von 32 Kommissionen Wert darauf, daß der Sponsor der Studie gegenüber der Versuchsperson bekannt gegeben wird.[525] Häufig erfahren die Versuchspersonen allerdings schon automatisch, daß und welcher Sponsor hinter der Studie steht, indem auf den Aufklärungsformularen der Name der untersuchenden Firma auftaucht.

XII. Umgang mit multizentrischen Studien

Da bei multizentrischen Studien mehrere Ethik-Kommissionen beteiligt sind, hängt die Antragsprüfung davon ab, ob die Ethik-Kommission hauptzuständig ist. Ist dies der Fall, so bestehen keine Besonderheiten. Es erfolgt die übliche Antragsprüfung.

Ist die Ethik-Kommission nicht hauptzuständig, so liegt das Votum der für den Versuchsleiter zuständigen Ethik-Kommission eines anderen Bundeslandes dem Antrag bereits bei. Die Beurteilung dieser sog. Sekundäranträge wird – entgegen dem im ersten Teil[526] empfohlenen Vorgehen – nach den Ergebnissen der Umfrage[527] noch in keiner Weise einheitlich gehandhabt: Nur 23 von 32 Kommissionen führen bei der Behandlung dieser Anträge ein Verfahren durch, daß von dem Verfahren zur Begutachtung von Primäranträgen abweicht. 9 Kommissionen gaben an, auch die Sekundäranträge einer vollständigen Prüfung durch die gesamte Kommission zu unterziehen. Speziell auf die örtlichen Ge-

521 Vgl. BGHZ 29, 46 (53-54); statt vieler, Giesen, Rn. 211 m.w.N.
522 MünchKomm-Mertens, § 823, Rn. 366.
523 Vgl. Finkel, IRB 13, 1991, Nr. 5, 1 ff.
524 In diesem Sinne auch Deutsch, Medizinrecht, Rn. 545, 628.
525 Vgl. die Antworten zu Frage 15 des Fragebogens, Anhang B.
526 Unter D. III. 3. (S. 64 ff.).
527 Vgl. die Antworten zu Frage 16 und 16 a des Fragebogens, a.a.O, sowie die Zusammenfassung zu Frage 16 und 16 a, Anhang C.

gebenheiten wurde dabei insgesamt nur von 10 Kommissionen geachtet.[528] Das Ergebnis der Umfrage zeigt, daß hier noch in hohem Maße Harmonisierungsbedarf besteht. Es macht wenig Sinn, daß gerade wegen lokaler Unterschiede das Votum jeder zuständigen Ethik-Kommission eingeholt werden soll, tatsächlich aber auf diese Besonderheiten nicht geachtet wird. Genauso wenig sinnvoll ist es, entgegen den Bestrebungen, das Prüfverfahren bei multizentrischen Studien zu vereinfachen, ein vollständiges Prüfverfahren ganz entsprechend der Behandlung von Primäranträgen durchzuführen. Hier sollten zum einen zugunsten des Patientenschutzes gewisse Standards bezüglich der Prüfung örtlicher Gegebenheiten eingehalten werden und zum anderen zur Beschleunigung des Verfahrens bei multizentrischen Studien nur gravierende Bedenken zu einer gesonderten Forderung an den Antragsteller führen.

XIII. Nachprüfung und Unterrichtung über unerwünschte Ereignisse

Die Ethik-Kommission diskutiert und bewertet den Prüfplan, eine *Nachprüfung* der Forschungsvorhaben findet jedoch grundsätzlich nicht statt.[529] In der Regel verläßt sich die Ethik-Kommission darauf, daß der ihr vorgelegte Forschungsplan im wesentlichen beibehalten wird bzw. Änderungen des Forschungsvorhabens mitgeteilt werden. Eine automatische Wiedervorlage ist nicht vorgesehen und zu Überraschungsbesuchen ist die Ethik-Kommission grundsätzlich nicht befugt. Sie kann lediglich die Auflage machen, daß ihr Bericht erstattet wird.[530] Es wäre zu wünschen, daß von dieser Möglichkeit während des laufenden Versuchs – zumindest bei gefährlichen Projekten – eine gewisse Kontrolle auszuüben, in der Praxis Gebrauch gemacht wird. Im Zusammenhang mit der Nachprüfung kommt die Ethik-Kommission darüber hinaus nur zum Zuge, wenn die zuständige Behörde sich im Rahmen ihrer Prüfungen des sachverständigen Rates der Ethik-Kommission bedienen will.[531] Ein Schlußbericht wird zwar von 70% der Kommissionen verlangt,[532] nach Aussagen der Kommissionen wird dieser Aufforderung jedoch nur selten nachgekommen.

Seit der 5. Novelle des AMG *muß* die Ethik-Kommission gem. § 40 Abs. 1 S. 4 AMG über alle schwerwiegenden oder unerwarteten unerwünschten Ereignisse, die während einer Arzneimittelstudie auftreten und die die Sicherheit der Studienteilnehmer oder die Durchführung der Studie beeinträchtigen könnten, *unterrichtet* werden.[533]

528 Vgl. zu den verschiedenen formalen Anforderungen Schwendler-Haffke/Reinken et al., PharmInd 1999, 11 (12 ff.).
529 Vgl. die Antworten zu Frage 12 des Fragebogens, Anhang B.
530 Deutsch, Medizinrecht, Rn. 635.
531 Kloesel/Cyran, § 40, Anm. 27; zum Umfang der Überwachung vgl. Lippert/Strobel, VersR 1995, 637 (638).
532 Vgl. die Antworten zu Frage 12 a des Fragebogens, Anhang B.
533 Das Gleiche gilt für alle Ereignisse, die im Zusammenhang mit der Durchführung eines Immunisierungsprogrammes auftreten und die Gesundheit der spendenden Person oder den

Was schwerwiegende oder unerwartete unerwünschte Ereignisse sind, wird im Gesetz nicht definiert. Gemeinhin werden unter *schwerwiegenden unerwünschten* Ereignissen solche mit Todesfolge, lebensbedrohliche Ereignisse, die Notwendigkeit stationärer Behandlung bei Teilnahme an einer ambulanten klinischen Prüfung, eine dauernde Behinderung, eine Krebserkrankung, Mißbildungen sowie Folgen von Überdosierungen bei Patienten oder Probanden verstanden. *Unerwartet* sind alle Ereignisse, die im Prüfplan nicht berührt und deshalb auch von der Ethik-Kommission nicht beraten worden sind. Die *Sicherheit der Studienteilnehmer* ist dann beeinträchtigt, wenn eine erneute Risiko-/Nutzenabwägung erforderlich wird. Liegt eine Beeinträchtigung der Sicherheit der Studienteilnehmer vor, so folgt daraus eine Beeinträchtigung der *Durchführung der Studie.*[534] Diese Vorfälle wurden bislang bei multizentrischen Studien von einem serious events committee[535] geprüft.

Auch wurde vom Gesetz offengelassen, in welcher Weise die Ethik-Kommission auf die Unterrichtung über ein solches Ereignis zu reagieren hat.[536] Deutsch[537] und Lippert[538] argumentieren in diesem Zusammenhang mit dem Sinnzusammenhang der Regelung. Dem sei zu entnehmen, daß die Ethik-Kommission, die zunächst ein positives Votum erteilt hat, im Falle einer späteren Unterrichtung die Beratung wieder aufnehmen kann sowie eine Änderung des Protokolls und eine Aufklärung der Studienteilnehmer über die eingetretenen Ereignisse (Trendaufklärung) gefordert werden oder sogar die zustimmende Bewertung zurückgenommen werden kann.[539] Classen[540] hingegen bezweifelt das wegen der fehlenden Kompetenz der Ethik-Kommission, nach Beginn des Experiments zu intervenieren. Richtig ist m.E., daß es nicht dem Sinn und Zweck der Regelungen zum Schutz des Menschen bei der klinischen Prüfung eines Arzneimittels entspräche, wenn es bei der bloßen Unterrichtung der Ethik-Kommission bliebe. Vielmehr sollte die Ethik-Kommission als anerkanntermaßen kompetentes Gremium vor Ort erneut die Risiken für die Probanden mit der voraussichtlichen Bedeutung des Arzneimittels für die Heilkunde i.S.d. § 40 Abs. 1 Nr. 1 AMG abwägen. Das bedeutet nicht, daß jede Unterrichtung zu einer völligen Neubefassung der Ethik-Kommission mit dem Antrag führt.[541]

---

gewünschten Erfolg des Immunisierungsprogrammes beeinträchtigen können nach § 8 Abs. 3 und 4 TFG.

534 Zum Ganzen Lippert, DMW 95, 1297; v. Bergmann, in: Lachmann/Meuter, S. 203.

535 Vgl. zu den Aufgaben, Verantwortlichkeiten und Arbeitsweisen dieser Gremien Schwarz, PharmInd 1996, 584 ff.

536 Die Zwischenfallsmeldungspflicht ist erst im Vermittlungsausschuß in die Neufassung des § 40 AMG eingegangen, so daß ihr keine amtliche Begründung beigefügt ist. Auch das dem AMG in weiten Teilen nachgebildete TFG hat diesen Punkt offengelassen.

537 Deutsch, NJW 1995, 3019 (3023); ders., NJW 1994, 2381 (2382).

538 Lippert, DMW 1995, 1296 (1297); Deutsch/Lippert, S. 56.

539 Im Ergebnis ebenso Laufs, NJW 1995, 1590 (1592).

540 Classen, MedR 1995, 148 (149).

541 Vgl. Deutsch, RPG 1995, 19 (25).

Dies wird auch von fast keiner Kommission so gehandhabt.[542] Es dürfte vielmehr ausreichen, wenn der Vorsitzende oder ein Beauftragter zunächst feststellen, ob die Ereignisse kausal auf die klinische Prüfung zurückzuführen sind. Nur wenn dies – entgegen der Regel – der Fall ist und es sich nicht nur um vereinzelte Vorkommnisse handelt, muß sich die Ethik-Kommission mit dem Forschungsprotokoll erneut befassen.[543] Ansonsten sollten der oder die Vorprüfenden in angemessenen Zeitabständen der Gesamtkommission über Mitteilungen von schwerwiegenden oder unerwarteten unerwünschten Ereignissen lediglich berichten.[544] Die Mehrzahl der Kommissionen scheint sich an diese praktikable Verfahrensweise zu halten.[545] Das Ergebnis der erneuten Prüfung kann eine Bestätigung des früheren Votums sein. Zeigt sich aber, daß die Risiken aufgrund der neuen Erkenntnisse überwiegen oder stellt sich heraus, daß die Studie nicht ordnungsgemäß durchgeführt worden ist, müßte das BfArM als letztentscheidende Behörde über ein negatives Votum[546] durch die Ethik-Kommission informiert werden.[547] Der Ethik-Kommission kann nach Beginn der Studie keine Entscheidungskompetenz über den Abbruch der Prüfung zugestanden werden, wenn sie selbst mit einem negativen Votum vor Beginn der Studie die Durchführung des Experiments nicht *endgültig* zu verhindern vermag.

XIV. Gebühren und Auslagen

Eine Gebühr ist ein Entgelt für eine besondere Inanspruchnahme der Verwaltung.[548] Die Prüfung und Bescheidung eines Antrags durch eine Ethik-Kommission stellt eine besondere Inanspruchnahme dar. Grundsätzlich können also Bearbeitungsgebühren erhoben werden. Schuldner der Gebühr ist der Antragsteller.[549] Regelmäßig wird dies der klinische Forscher sein, es sei denn, daß etwa eine Pharmafirma für diesen eine Gebührenübernahmeerklärung abgegeben hat. In dem Fall ist diese selber Gebührenschuldner.[550]

Auslagen sind keine Gebühren. Sie sind nur Aufwendungen, welche die Ethik-Kommission konkret für dieses Vorhaben gemacht hat.[551] Sie müssen also für den speziellen Antrag begründet werden. Die Aufwendungen können auch pau-

---

542 Vgl. die Antworten zu Frage 14 des Fragebogens, Anhang B, sowie die Zusammenfassung zu Frage 14, Anhang C.
543 Vgl. Deutsch, Medizinrecht, Rn. 635.
544 Vgl. Deutsch, RPG 1995, 19 (25).
545 Vgl. die Antworten zu Frage 14 des Fragebogens, Anhang B, sowie die Zusammenfassung zu Frage 14, Anhang C.
546 Vgl. § 40 Abs. 1 S. 3 AMG.
547 Vgl. auch Arndt, PharmaR 1996, 72 (74); in diesem Sinne auch Wenckstern, S. 22.
548 Wolff/Bachof/Stober, Bd. I, § 42, Rn. 22.
549 Vgl. Wolff/Bachof/Stober, Bd. I, § 42, Rn. 22; Deutsch/Lippert, S. 72.
550 Vgl. AG Heidelberg v. 27.05.1997, Az C 71/97: Die Landesärztekammer Rheinland-Pfalz als Trägerin der Ethik-Kommission hat jedenfalls keinen Anspruch auf Leistung der Gebühr gegen die Pharmafirma, wenn diese keinen entsprechenden Auftrag erteilt, bzw. Antrag gestellt hat.
551 Deutsch/Lippert, S. 72.

schaliert werden. Die Pauschale muß sich jedoch im Rahmen der üblichen Auslagen halten, darf also nicht etwa anstelle einer Gebühr verlangt werden.[552]

Mittlerweile erheben fast alle Ethik-Kommissionen Gebühren.[553] Dabei werden in aller Regel die Auslagen zur leichteren Pauschalierung in die Gebühren aufgenommen. Da es sich bei der Gebührenfestsetzung um einen belastenden Verwaltungsakt handelt, müssen die Gebühren nach dem Grundsatz der Gesetzmäßigkeit der Verwaltung auf eine gesetzlich ermächtigte Satzung zurückzuführen sein.[554] Dies ist in der Praxis auch der Fall.

Im MPG wird die „Vergütung“ für die Arbeit der Ethik-Kommissionen im Zusammenhang mit der klinischen Prüfung von Medizinprodukten sogar ausdrücklich thematisiert: Als Voraussetzung für die Registrierung der Ethik-Kommission wird in § 17 Abs. 7 verlangt, daß „eine angemessene Vergütung“ in der Verfahrensordnung aufgeführt ist. Die Bestimmung darf hier jedoch nicht etwa so interpretiert werden, daß nur diejenige Ethik-Kommission, die Gebühren für ihr Tätigwerden verlangt, für beratungsfähig gehalten wird. Dies wäre eine unzweckmäßige und insofern sogar eine die Forschungsfreiheit verletzende und somit verfassungswidrige Interpretation.[555] Die Regelung wird vielmehr so zu lesen sein, daß die Verfahrensordnung lediglich keine unangemessene Vergütungsregelung treffen darf. Damit wären übermäßige Gebühren, die etwa die Unabhängigkeit der Kommission in Frage stellen, ein Grund, die Registrierung abzulehnen, nicht aber beispielsweise die Festsetzung, daß keine Gebühren erhoben werden.

Unter den deutschen Ethik-Kommissionen variiert der Gebührenhöchstsatz z.Zt. zwischen 800,– und 5.400,– DM. Der niedrigste Satz liegt zwischen 0,– und 900,– DM. Durchschnittlich werden zwischen 277,– und 2.178,– DM verlangt.[556] Die Gebührenhöhe wird meist nach dem Beratungsaufwand gestaffelt, d.h. daß für die Bearbeitung von Primäranträgen in der Regel höhere Gebühren erhoben werden als für die Nachbegutachtungen im Rahmen von multizentrischen Studien. Häufig wird zusätzlich zwischen industriegeförderten und sonstigen Projekten unterschieden. Praktisch keine Beachtung findet bisher der Aspekt der inhaltlichen Förderungswürdigkeit.[557] Es könnte erwogen werden, Projekte, die vielversprechend für eine bestimmte Gruppe von Kranken sind, aber aus wirtschafltlichen Gründen für die Industrie weniger interessant sind, durch den Verzicht auf Bearbeitungsgebühren zu fördern.[558]

552 Wolff/Bachof/Stober, Bd. I, § 42, Rn. 34; Deutsch, Medizinrecht, Rn. 626 a.
553 Vgl. die Antworten zu Frage 1 c des Fragebogens, Anhang B. Eine Ausnahme bildet bisher z.B. die Ethik-Kommission der Medizinischen Fakultät Jena.
554 Deutsch/Lippert, S. 71.
555 Im Ergebnis ebenso Deutsch/Lippert, S. 71; Deutsch, NJW 1995, 752 (754).
556 Vgl. die jeweiligen Gebührenordnugen; auch die Antworten zu Frage 1 c des Fragebogens, Anhang B.
557 Dies geht aus den jeweiligen Gebührenordnungen hervor.
558 Vgl. Deutsch/Lippert, S. 72.

Verwendet werden die Gebühren meist zur Deckung der Aufwendungen. Dazu gehören etwa die Beschäftigung einer Schreibkraft, Material- und Reisekosten sowie Entschädigungen für Fort- und Weiterbildungen. Die Mitglieder der öffentlich-rechtlichen Ethik-Kommissionen erhalten allenfalls eine Aufwandsentschädigung. Die Gebühren fließen daher – im Gegensatz zu den privaten Kommissionen – nicht etwa in Gehälter für die Kommissionsmitglieder. Durch diese Praxis wird der Anschein einer Abhängigkeit vermieden.[559]

559 Vgl. Deutsch, Medizinrecht, Rn. 612.

3. Teil: Die Ethik-Kommission in Hamburg

Nachdem im 2. Teil der Arbeit dargestellt wurde, wie die Ethik-Kommissionen in den Bundesländern außerhalb Hamburgs im Rahmen gegebener Grundlagen aus Gesetz und Empfehlung landesrechtlich und tatsächlich ausgestaltet worden sind, kann nunmehr auf die Merkmale der Ethik-Kommission in Hamburg eingegangen werden. Die Darstellung des Hamburger Weges in der Gestaltung der Ethik-Kommission berücksichtigt auch die medizingeschichtlichen Hintergründe und die besondere gesellschaftliche Situation Hamburgs. Die geschichtliche Entwicklung zeigt, inwieweit sich Hamburg als Stadtstaat und traditionelle Handelsstadt schon in der Vergangenheit in seiner Gesundheitspolitik von anderen deutschen Staaten abgehoben hat und führt damit zu einem vertieften Verständnis für den Sonderweg Hamburgs in der Gestaltung seiner Ethik-Kommission.

A. Geschichtliche Entwicklung

I. Medizingeschichtliche Hintergründe

Die Hansestadt Hamburg wurde aufgrund ihrer besonderen Situation als Hafenstadt und Ballungsgebiet schon im 19. Jahrhundert mit größeren medizinischen Schwierigkeiten konfrontiert. Hervorzuheben sind die Pockenepidemie von 1871 und die Choleraepidemie von 1892.

In der jüngeren Vergangenheit kam Hamburg durch den Barmbek/Bernbek-Fall und den Strahlenskandal in Eppendorf in die Schlagzeilen.

1. Epidemien im 19. Jahrhundert

Die besonderen Defizite im öffentlichen Gesundheitswesen Hamburgs im 19. Jahrhundert nötigten den Hamburger Senator Bartels 1804 zu der Feststellung: „... die öffentliche Gesundheitsfürsorge ist bei uns verlassener als in jeder kleinen Landstadt.“[560]

Eine Anzahl anderer deutscher Staaten hatte schon Ende des 18. Jahrhunderts Verfügungen erlassen, um das Gesundheitswesen zu verbessern. Sie legten schärferes Einschreiten gegen Kurpfuscher fest, formulierten Grundregeln ärztlichen Verhaltens und bestimmten, mit welchen Mitteln gegen größere Epidemien vorgegangen und auf welche Weise chronisch Kranke betreut werden sollten. Zusätzlich waren viele der akademisch ausgebildeten Ärzte als „Physici“

---

560 Zitiert in: Medizinal Collegium, S. 64; vgl. auch Gernet, S. 4: „Wir sind in dieser Beziehung [die öffentlicher Gesundheitspflege] gegen andere Staaten ohne Zweifel zurück, ...“.

(von den Behörden bestallte Ärzte) tätig. Sie hatten die Einhaltung medizinischer Vorschriften zu überprüfen.[561] Die Regelungen für das Gesundheitswesen in jenen deutschen Staaten hatten ihre Existenz in erster Linie der Bevölkerungspolitik des absolutistischen Staates zu verdanken: Mitteleuropas Fürsten und Monarchen suchten nach Mitteln und Wegen, die Knappheit an Landarbeitern, Handwerkern und Soldaten zu beheben, um damit ihre Einnahmen zu erhöhen und ihre Armee zu vergrößern.[562]

So überrascht es nicht, daß eine liberale Handelsstadt wie Hamburg, der in keiner Weise an einem Wachstum ihrer Bevölkerung gelegen war und in der Zunftregeln zum Teil noch galten, um die Bevölkerungszahl zu begrenzen, dem Beispiel anderer deutscher Staaten nur zögernd folgte.[563] Zu stark war der Druck der Großkaufleute, deren Ansichten das Handeln des Senats letztlich bestimmten. Sie wollten die Eingriffe in das Wirtschaftsleben möglichst gering halten. Die Großkaufleute mißtrauten den Forderungen der Ärzteschaft nach einem Monopol auf dem Gesundheitsmarkt und befürchteten, daß die Gesellschaft, in der sie bis dahin die ziemlich unbestrittene Herrschaft besaßen, durch zu weitreichende medizinische Vorschriften einer Art Medizinerherrschaft unterworfen würde.[564] So führte die Stadt erst 1818 nach einer langen Vorbereitungsphase Regelungen für das Gesundheitswesen in der „Medizinalordnung" ein, die zudem auch dann noch keine scharfen Vorschriften enthielt. Die Medizinalordnung sah einen Gesundheitsrat vor, der neben vier Ärzten und einem Apotheker aus zwei Angehörigen des Senats und sechs weiteren nichtmedizinischen Mitgliedern bestand. Er hatte den Senat in Fragen der öffentlichen Gesundheit und der medizinischen Versorgung zu beraten.[565] Dadurch, daß die Stadt bei der Besetzung des Gesundheitsrates die eigentlichen Fachleute für medizinische Fragen zahlenmäßig eine untergeordnete Rolle spielen ließ und ihnen zudem nur eine beratende Stimme verlieh, zeigt sich ein für die Verwaltungspraxis der Stadt damals kennzeichnendes Mißtrauen der Ärzteschaft gegenüber. Auch durch das Reformgesetz von 1870 wurde zwar der Gesundheitsrat durch ein „Medizinal-Kollegium" ersetzt, in dem die Ärzteschaft die Mehrheit besaß, mehr Machtfülle erreichten sie jedoch nicht; denn ihre Aufgaben beschränkten sich nach wie vor auf die Beratung.

Das damalige Mißtrauen gegenüber der Ärzteschaft richtete sich allerdings gegen diese in ihrem gesamten medizinischen Betätigungsfeld und nicht etwa speziell gegen deren Forschungsvorhaben. Auch entsprang das Mißtrauen weniger einer Angst vor unethischer Medizin, als vielmehr der Furcht vor Eingriffen der Ärzte, die die Interessen des Handels hätten beeinträchtigen können. Zusätzlich erschwerte im selbstbewußt-liberalen Hamburg die Abneigung ge-

561 Evans, S. 273; vgl. auch Huerkamp, S. 349 ff.
562 Frevert, S. 23 ff.
563 Vgl. Evans, S. 273 f.
564 Gernet, S. 3.
565 Evans, S. 273 ff.; Rodegra, S. 73 ff.

genüber staatlichen Eingriffen eine rasche und effektive Regelung des Gesundheitswesens.[566]

Wie gering der Einfluß der Ärzte gerade in Hamburg war, zeigten besonders deutlich zwei große Epidemien, die nahezu ausschließlich Hamburg heimsuchten.

Zunächst war dies die Pockenepidemie von 1871. Obwohl sich eine Pockenimpfung schon lange als nützlich erwiesen hatte und fast überall in Deutschland Impfpflicht herrschte, konnte die Ärzteschaft den Senat nicht dazu bewegen, Geld für eine Schutzimpfung auszugeben. So zeichnete sich Hamburg dann auch „vor ganz Deutschland aus durch die Schwere seiner Pockenepidemie“[567].

Sodann folgte als zweite „Hamburger Epidemie“ die Choleraepidemie von 1892. Nicht zufällig fielen in nur sechs Wochen über 8.000 Bewohner der Hansestadt der Cholera zum Opfer, während andere Städte und Gegenden Deutschlands verschont blieben.[568] Um die hygienischen Verhältnisse der Stadt stand es hier schlechter als anderswo. Insbesondere hatte die Stadt es versäumt, ihre Bewohner mit gesundem Trinkwasser zu versorgen. Verschärft hatte sich die Lage in Hamburg zusätzlich dadurch, daß der Ausbruch der Epidemie der Öffentlichkeit erst mit Verzögerung bekanntgegeben wurde und dadurch die gebotenen hygienischen Vorsichtsmaßnahmen zunächst unterblieben.[569] Auch hier konnten die Ärzte Maßnahmen zur Bekämpfung der Cholera nicht gegen die Herrschaft der Kaufleute durchsetzen. Immerhin hätte das Eingeständnis des epidemischen Charakters der Erkrankung die gesamte Schiffahrt lähmen und dem Handel unermeßlichen Schaden zufügen können. So führte die Verzögerung der Hamburger Behörden dazu, daß zwar der Handel noch einige Tage länger aufrecht erhalten und insbesondere die Verhängung einer Quarantäne herausgezögert werden konnte,[570] sich aber ein vergleichsweise unbedeutender Cholera-Ausbruch zu einer großen Epidemie ausweiten konnte.

Erst auf Druck des Reichskanzlers, offiziell vertreten durch Robert Koch, den Entdecker des Cholera-Erregers, konnte der Senat dazu bewegt werden, tätig zu werden.[571] Mit der Verschleierungspolitik wurde am Ende das Gegenteil vom Ziel erreicht: Neben einer übermäßigen Zahl von Todesfällen, führte die Geheimhaltung zu einer Ausweitung der Epidemie und damit auch zu einem zwar

---

566 Evans, S. 288 f.
567 Medizinal-Collegium, S. 163.
568 Vgl. Statistisches Bureau der Steuer-Deputation, S. 12 f.; auch abgedruckt bei Evans, S. 380 f.
569 Evans, S. 388 f.
570 Noch über eine Woche nach Auftreten der Krankheit, als der Erreger bereits festgestellt worden war und schon über 200 Choleratote zu beklagen waren, wurde beispielsweise in Anbetracht der Vollbelegung der Hotels ein Massenfest an der Alster zu Ehren der Deutschen Apothekertagung veranstaltet. Auch wurden noch zu der Zeit sieben „reine Gesundheitspässe“ für Schiffe, die im Begriff waren, den Hamburger Hafen in Richtung New York zu verlassen, vom Senat ausgestellt, HÄBl 12/83, 421 (424); Evans, S. 369.
571 Vgl. Evans, S. 395 ff.

verzögerten, dafür aber um so größeren, schier unberechenbaren Handelsschaden für die Hansestadt.

Die Hamburger mußten am Ende erkennen, daß die einseitige Wahrnehmung wirtschaftlicher Interessen vor dem gesundheitlichen Wohl und Leben der Bevölkerung kurzsichtig war. Das Vertrauen in das Hamburger Gesundheitswesen am Ende des 19. Jahrhunderts wurde damit nachhaltig erschüttert.

2. *Der Barmbek/Bernbek-Fall*

In der jüngeren Vergangenheit geriet Hamburgs Gesundheitswesen zweimal, zunächst 1984, außerordentlich massiv in die Negativschlagzeilen: „Chefarzt operierte uns zu Krüppeln !"

So war am 10.01.1984 in der Schlagzeile einer Hamburger Tageszeitung[572] zu lesen. Eine Reihe weiterer Zeitungsberichte mit ähnlichem Tenor folgte.[573]

Die öffentlich erhobenen Vorwürfe lösten Aktivitäten bei der hamburgischen Landesregierung, dem Landesparlament, betroffenen Behörden, Justizorganen, Institutionen und Patientenvereinigungen aus, um den Fall trotz Verschleierungen und falsch verstandener kollegialer Solidarität zu klären. Das Landesparlament setzte sogar einen Parlamentarischen Untersuchungsausschuß ein.[574]

Die geltend gemachten Beschuldigungen lassen sich wie folgt zusammenfassen:

1. Rupprecht Bernbeck, Chefarzt der Orthopädischen Abteilung[575] des AK Barmbek, habe während seiner Dienstzeit[576] unnötige, zu häufige bzw. fehlerhafte Operationsmethoden angewandt, die operative Nachbehandlung vernachlässigt, die Anforderungen an die persönliche Hygiene im OP-Saal nicht ausreichend beachtet und dadurch vermeidbare gesundheitliche Schäden bei zahlreichen Patienten verursacht. Er habe Patienten unzureichend über Operationsrisiken aufgeklärt, habe Fehlverhalten im Umgang mit Patienten und Mitarbeitern gezeigt sowie gegen die Regeln der Dokumentationspflicht verstoßen.
2. Zusätzlich hätte das AK Barmbek, die damalige Gesundheitsbehörde[577] sowie später der „Landesbetrieb Krankenhäuser"[578] Mängel in der Organi-

---

572 „Hamburger Morgenpost", S. 1.

573 Beispielhaft seien hier erwähnt: „Die Zeit", Dossier vom 20.12.1985, S. 33; Die Welt vom 05.08.1986; Hamburger Morgenpost vom 08.09.1986; Hamburger Abendblatt vom 04/05.04.1987; Der Stern vom 19.05.1988; Der Spiegel, 42. Jg. Nr. 22/1988, S. 88 vom 30.05.1988; Die Welt vom 10.06.1988; Hamburger Abendblatt vom 14.06.1988; Die Welt vom 31.08.1988; BILD vom 09.05.1989; Hamburger Morgenpost vom 09.05.1989; Die Welt vom 09.05.1989.

574 Drucks. 11/3704; PlPr 11/64, S. 3759 B v. 28.03.1985; Bericht des Parlamentarischen Untersuchungsausschusses „Orthopädie AK Barmbek": Drucks. 11/6600 v. 25.09.1986.

575 Ab dem 01.01.1974 „I. Orthopädischen Abteilung".

576 Vom 01.02.1963 bis 30.08.1981.

577 Seit dem 01.03.1989 ist die Gesundheitsbehörde Teil der Behörde für Arbeit, Gesundheit und Soziales (BAGS).

sationsstruktur der Krankenhäuser, eine inakzeptable Erschwernis bei der Abwicklung von Schadensersatzansprüchen hingenommen und ebenfalls die baulichen Voraussetzungen für eine ordnungsgemäße medizinische Versorgung von Patienten nicht geschaffen.

3. Die unter der Leitung von Bernbeck in der orthopädischen Abteilung tätigen Mitarbeiter sowie niedergelassenen Ärzte hätten von den beschriebenen Mißständen gewußt, aber aufgrund der Krankenhaushierarchie oder aus vermeintlicher Kollegialitätsverpflichtung geschwiegen und sie dadurch geduldet.

Gegen diese Fehlverhaltensweisen wandten sich insgesamt 271 teilweise irreversibel geschädigte Patienten.[579] Eine derartige Anhäufung von Schadensersatzanträgen und öffentlichen Vorwürfen gegen einen Arzt war in Deutschland bis dahin einmalig.[580]

Die im Zusammenhang mit den Vorkommnissen in Barmbek geführte öffentliche Diskussion führte dazu, daß der Nimbus des Arztes als autoritärer Führer der Therapie Schaden nahm. Die Patienten gingen aus dem Skandal mit gestärktem Selbstbewußtsein hervor. Insbesondere die Tatsache, daß vor der Aufdeckung des Bernbeck-Falles aus den Reihen der Ärzteschaft keine nennenswerte Kritik an den Behandlungsmethoden oder sonstigen bestehenden Mängeln geäußert worden war, auch wenn diese bekannt gewesen waren, schürte das Mißtrauen gegenüber der Ärzteschaft und führte zu einer erhöhten Aufmerksamkeit der Öffentlichkeit.

3. Der Strahlenskandal von Eppendorf

Am 18.06.1993 rüttelte erneut eine Schlagzeile die Hansestadt auf: „Tödliche Strahlen im UKE?“[581]

Abermals wurde in der Presse über mögliche Behandlungsfehler berichtet, die sich dieses Mal in der Abteilung Strahlentherapie[582] und in der gynäkologischen Radiologie[583] des Universitätskrankenhauses Hamburg-Eppendorf (UKE) ereignet haben sollten.

Die Presseveröffentlichung fiel bei der inzwischen sensibilisierten Öffentlichkeit auf fruchtbaren Boden. Sie war der Startschuß für eine regelrechte Medienkampagne.[584] Es folgten wiederum Aktivitäten der hamburgischen Landesregie-

578 Am 01.01.1981 gegründetes kommunales Gesundheitsunternehmen der Hansestadt Hamburg in der Form einer Anstalt des öffentlichen Rechts. Er umfaßt acht Krankenhäuser, darunter das AK Barmbek.

579 Drucks. 15/357 vom 25.01.1994.

580 Vgl. zum Ganzen Krüger, S. 5 ff.

581 Hamburger Morgenpost, S. 1.

582 1987-1990.

583 1980-1993.

584 Für die ersten Wochen seien hier beispielhaft aufgeführt: Hamburger Morgenpost vom 21.06.1993: „Sie haben meine Frau verstrahlt“; Hamburger Abendblatt vom 21.06.1993: „UKE weiter unter Beschuß“; Hamburger Abendblatt vom 22.06.1993: „Patientin im UKE als

rung, dem Landesparlament, betroffenen Behörden, Justizorganen, Institutionen und Patientenvereinigungen, um Licht auch in diesen Fall zu bringen, dessen Aufklärung sich bis heute noch als schwierig erweist. Im Rahmen der medizinischen Bewertung der verschiedenen strahlentherapeutischen Methoden von Radiologie und Frauenklinik des UKE sind insgesamt mehrere hundert Gutachten, Gruppengutachten, Experten-Kommissionsberichte, Zusatzgutachten, Analysen, Anhörungsergebnisse sowie Tagungs- und Kongreßberichte bekannt geworden.[585]

Die geltend gemachten Beschuldigungen stellen sich in diesem Fall wie folgt dar:

1. Im Zentrum der Kritik standen wieder Chefärzte, hier der Leiter der Abteilung Strahlentherapie, Klaus-Henning Hübener und der Leiter der Abteilung gynäkologische Radiologie, Hans-Joachim Frischbier. Ihnen wurde vorgeworfen, Patienten bei der Strahlenbehandlung von Karzinomen mit zu hohen Dosen bestrahlt zu haben.
   a) In der Abteilung Strahlentherapie wurden insgesamt 63 Patienten nach der von Hübener entwickelten „Sandwich-Methode“ sowohl vor der Operation als auch – neuerdings – zusätzlich danach bestrahlt. 51 dieser Patienten erlitten schwere Nebenwirkungen, elf starben an den Spätschäden der zusätzlichen Strahlendosis nach der Operation: eine Mißerfolgsquote von 81 Prozent. Zwar wurde die Rückfallrate beim Krebs durch das Konzept leicht verringert, doch stand dieser Erfolg in keinem Verhältnis zu dem Plus an Komplikationen. Angesichts der Tatsache, daß die Behandlungen von Hübener in eine Zeit fielen, in der noch nach erfolgversprechenden Therapiekonzepten gesucht wurde und nach allgemeiner Ansicht noch kein präziser Standard in der Behandlung der Karzinome bestand, wurde weniger die Idee, die hinter der neuen Methode Hübeners gestanden hat, kritisiert, als vielmehr die Tatsache, daß er die Patienten unzureichend aufgeklärt und vor allem seinen Verpflichtungen zur Nachsorge nicht nachgekommen sei. Andernfalls hätte das Verfahren bereits nach wenigen Behandlungen abgebrochen werden können, da die Schäden bei einer frühen Risiko-/Nutzenprüfung offen zutage getreten wären.

      Zusätzlich kam aufgrund einer wissenschaftlichen Publikation der Verdacht auf, daß speziell bezüglich der Behandlung von Patienten mit

Testperson mißbraucht?“; Hamburger Morgenpost vom 23.06.1993: „Die Beweise – Der geheime Brief an andere Kliniken – Die Liste der geschädigten Patienten; Hamburger Abendblatt vom 24.06.1993: „Beschwerden im Papierkorb?“; Hamburger Morgenpost vom 24.06.1993: „Opfer Ferber: Ich war ein Versuchskaninchen“; Die Tageszeitung vom 07.07.1993: „Serienschäden wie bei Bernbeck“; Die Tageszeitung vom 08.07.1993: „Lücken in der Nachsorge“; Hamburger Abendblatt vom 09.07.1993: „Strahlenskandal am UKE weitet sich aus – Strahlenverdacht auch bei Frauenklinik“; Süddeutsche Zeitung vom 10.07.1993: „Hamburger Strahlenärzte geraten ins Zwielicht“; Der Spiegel Nr. 29 vom 17.07.1993, S. 157-158: „Total versaut“; Die Zeit vom 23.07.1993: „Herrn Hübeners tödliche Hybris“.

585 Vgl. Drucks. 16/510. Der von der GAL-Fraktion immer wieder geforderte parlamentarische Untersuchungsausschuß fand keine Mehrheit.

Ösophagus-Karzinomen Studien am Menschen betrieben worden seien, ohne diese vorher einer Ethik-Kommission vorgelegt zu haben.[586]

b) In der Abteilung gynäkologische Radiologie soll dessen Leiter aufgrund von veralteten Methoden z.T. zu hohe Strahlendosen appliziert haben, die unverhältnismäßige Schädigungen zur Folge gehabt hätten. Zudem habe auch er Aufklärungs- und Nachsorgepflichten vernachlässigt.

   Außerdem wurde in der Abteilung gynäkologische Radiologie ein veralteter Therapiesimulator benutzt, der zumindest vier Jahre[587] ungenehmigt betrieben worden sei und eine Gefährdung der Patienten dargestellt haben soll.

2. Der Universitätsklinik sowie der Behörde für Wissenschaft und Forschung wurde vorgeworfen, Mängel in der Organisationsstruktur des Krankenhauses hingenommen zu haben und die Abwicklung von Schadensersatzansprüchen verzögert zu haben.
3. Die unter der Leitung von Hübener und Frischbier tätigen Mitarbeiter sowie Chirurgen anderer Hamburger Krankenhäuser, die in den folgenden Jahren die verstrahlten Patienten nachoperierten, und auch niedergelassene Ärzte hätten von den außerordentlichen Bestrahlungsfolgen gewußt, aber geschwiegen und sie dadurch geduldet.

Die Hansestadt stellte einen weiteren traurigen Rekord auf: Der „Strahlenskandal" sollte zum teuersten Medizinskandal der Bundesrepublik werden. Die Behörde zahlte bislang für 273 Strahlenopfer insgesamt 31,1 Millionen DM.[588]

Die Tatsache, daß die Mitarbeiter und nachbehandelnden Ärzte zu den Mißständen geschwiegen oder die Vorkommnisse gar zu verschleiern geholfen haben, hat die Öffentlichkeit an einem empfindlichen Nerv getroffen und dem ärztlichen Berufsstand abermals großen Schaden zugefügt.

Die Vorkommnisse in und um die Orthopädie des AK Barmbek und die strahlentherapeutischen Maßnahmen im UKE wurden von den Medien in aller Ausführlichkeit und Intensität an die Öffentlichkeit gebracht. Die genannten medizinischen Mißstände und noch mehr der Versuch der Verschleierung derselben führten zu einem öffentlichen Mißtrauen gegenüber medizinischer Technik, gegenüber Therapien und nicht zuletzt gegenüber der Ärzteschaft insgesamt.

Gleichzeitig stieg durch den Rückhalt in der Öffentlichkeit das Selbstbewußtsein der Patienten. Die Hamburger Patienten sollten nicht wieder Spielball von Fremdinteressen werden. Waren es 1891 noch Handelsinteressen gewesen, die eine best-

---

586 1990-1992 sollen Studien an 21 Patienten mit Ösophagus-Karzinomen, die präoperativ eine kombinierte Chemo-Radiotherapie bekamen, durchgeführt worden sein. Ob es sich bei der Therapie um nicht vorlagepflichtige individuelle Heilversuche oder tatsächlich um eine Studie gehandelt hat und inwieweit diese dann zur damaligen Zeit auch vorlagepflichtig gewesen wäre, konnte bis heute nicht abschließend geklärt werden.

587 Ende 1991 bis Anfang 1996.

588 Hamburger Abendblatt vom 19.10.1998: Stand vom Oktober 1998.

mögliche Gesundheitsversorgung verhindert hatten, so schien jetzt das Karrierestreben der Ärzte selber eine optimale Versorgung der Patienten zu gefährden.[589]

Gerade die Fehlbehandlungen im UKE, die von den Medien teilweise als „Menschenversuche" bezeichnet worden waren,[590] und das Bekanntwerden der Verschleierungsversuche innerhalb der Ärzteschaft, ließen den Ruf nach einer gesetzlichen Regelung der klinischen Forschung, speziell der Ethik-Kommissionen, lauter werden.[591] Von nun an sollten die Bestrebungen der Ärzteschaft bzw. der Pharmaindustrie, sich mit Forschungen am Menschen auf Kosten der Patienten zu profilieren bzw. zu bereichern, nicht mehr Vorrang vor den Rechten der Patienten bekommen können. Gefordert wurde vor allem, die Bestellung der Mitglieder der Ethik-Kommission nicht allein der Ärzteschaft zu überlassen, die Vorherrschaft der Mediziner auch bezüglich der personellen Zusammensetzung zu brechen sowie eine verstärkte Transparenz der Arbeit der Ethik-Kommissionen zu gewährleisten.[592]

II. Die Ethik-Kommission

Die Errichtung und Arbeit der Ethik-Kommission in der Hansestadt Hamburg war zur Zeit der Aufarbeitung des Strahlenskandals von Eppendorf 1993 zwar weder verbindlich standesrechtlich[593] noch speziell gesetzlich geregelt.[594] Die Geschichte der Ethik-Kommission reicht jedoch bis in das Jahr 1980 zurück:

Bis 1980 gab es, wie zu der Zeit in vielen anderen Bundesländern auch,[595] keine Ethik-Kommissionen in Hamburg. Die ersten Diskussionen über die Konstituierung einer Ethik-Kommission keimten 1980 an der Ärztekammer auf.

1. Die Gründung der Ethik-Kommission bei der Ärztekammer Hamburg

Im Frühjahr 1980 beschäftigte sich erstmals der damalige Vorstand der Ärztekammer Hamburg auf Anregung des Präsidenten, Dr. Rimpau, mit der Einrichtung einer Ethik-Kommission bei der Ärztekammer Hamburg. In der Vorstandssitzung vom 19.05.1980 wurde dann der Beschluß gefaßt, eine Ethik-

---

589 Der Wunsch nach einem verbesserten Patientenschutz fand seinen Ausdruck u.a. in der Einrichtung zweier von derzeit insgesamt fünf Patientenberatungsstellen in ganz Deutschland sowie in der bisher in Deutschland einmaligen Einführung einer Pflicht-Haftpflichtversicherung für Ärzte.

590 Vgl. z.B. Hamburger Abendblatt vom 22.06.1993: „Patientin im UKE als Testperson mißbraucht?"; Hamburger Morgenpost vom 24.06.1993: „Opfer Ferber: Ich war ein Versuchskaninchen"; Die Tageszeitung vom 09.07.1993: „Versuchstier Mensch. Strahlentote nun auch in der UKE Frauenklinik"; Die Tageszeitung vom 16.07.1993: „Tests mit Todkranken? Verwirrspiel um Strahlentherapie wird immer undurchsichtiger."

591 Vgl. die Hinweise in Drucks. 15/1764; PlPr 15/24, S. 1158 B-C.

592 Vgl. insb. Die Woche vom 18.08.1995 „Konferenz der Kittel" von Marion Rollin, S. 31; Spatz, Mabuse 1995: „Patientenschutz statt Arztschutz", 45 ff.

593 Vgl. oben 1. Teil B. I. 1. c) (S. 29).

594 Vgl. oben 1. Teil B. I. 2. (S. 39 ff.).

595 Vgl. oben 1. Teil A. III. 1. b) (S. 23 f.).

Kommission als Ausschuß der Ärztekammer ins Leben zu rufen.[596] Es war eine der ersten Ethik-Kommissionen *einer Ärztekammer* überhaupt.[597] Eine landesgesetzliche Grundlage gab es jedoch *nicht*.

Nach längeren Verhandlungen zwischen der Ärztekammer und dem medizinischen Fachbereich der Universität wurde die Kommission als gemeinsame Einrichtung der Ärztekammer und des Fachbereichs Medizin eingesetzt.[598] Sie trug den Namen „Ethik-Kommission *bei* der Ärztekammer Hamburg". Während am 10. und 25.06.1980 Vorbesprechungen der Kommissionsmitglieder mit dem Präsidenten der Ärztekammer stattfanden, um ungefähre Richtlinien für die zukünftige Arbeitsweise der Ethik-Kommission abzustecken, fand am *03.09.1980* dann die *Gründungssitzung* der Ethik-Kommission statt. Die beiden ersten Arbeitssitzungen der Ethik-Kommission am 30.09. und 03.11.1980 dienten eingehenden Besprechungen über die Arbeitsweise der Kommission und die in nächster Zeit zu behandelnden Themen.

In der dritten Sitzung am *02.12.1980* gingen die beiden *ersten Anfragen* zu Forschungsvorhaben aus dem Universitätskrankenhaus Eppendorf ein. Damit begann die eigentliche Arbeit der Ethik-Kommission.

Die Ethik-Kommission stellte sehr bald verschiedene Papiere zur Unterrichtung der Anfragenden zusammen, die der sinnvollen Abwicklung eingereichter Anträge dienen sollten. Diese waren:

- Grundsätze für die Arbeit der Ethik-Kommission bei der Ärztekammer Hamburg
- Wichtige Hinweise für die Fassung eines Patientenmerkblattes samt Einwilligungserklärung bei Humanversuchen.
- Schlußbericht an die Ethik-Kommission der Ärztekammer[599]

Diese Papiere sind zwar im Laufe der Jahre den sich entwickelnden Anforderungen angepaßt worden, wurden aber im großen und ganzen beibehalten.

Die Anforderungen, die die neu eingerichtete Ethik-Kommission nun an die Forscher stellte, erschienen manchen Projektleitern zunächst an Inhalt und Umfang der einzureichenden Unterlagen übertrieben und damit auch lästig.[600] Die Akzeptanz ist jedoch im Laufe der Jahre stetig gestiegen.[601]

So hat die Ethik-Kommission bei der Hamburger Ärztekammer dann auch von 1980 bis 1988 220 Anfragen bearbeitet.[602] 1990 bis 1994 waren es schon 625.[603]

---

596 HÄBl 3/1982, S. 92.
597 HÄBl 11/1987, 401; vgl. auch die Übersicht bei Cwalinna, S. 132.
598 Vgl. HÄBl 11/1987, 401.
599 Vgl. zum Ganzen HÄBl 3/1982, 92 ff.
600 Rechenschaftsbericht der Ethik-Kommission Hamburg, HÄBl 11/1987, 401 ff.
601 Vgl. Mitteilungen der Ärztekammer, HÄBl, 11/1989, 513.
602 HÄBl 12/1988, 415.
603 Für die Jahre 1990 bis 1994 Angaben der Geschäftsstelle der Ethik-Kommission in Hamburg.

a) *Die personelle Zusammensetzung*

Die Ethik-Kommission bei der Ärztekammer Hamburg setzte sich bei ihrer Gründung 1980 zunächst aus fünf Ärzten – davon mind. drei Professoren der medizinischen Fakultät – und einem Juristen zusammen.[604] Man hatte sich zwar gefragt, ob außer Ärzten und dem Juristen auch je ein Vertreter der Theologie und Philosophie hinzugezogen werden sollte, zog es dann jedoch vor, die Mitgliederzahl zu Anfang möglichst klein zu halten, um zunächst Erfahrungen mit einem kleinen, handlungsfähigen Gremium zu sammeln.[605]

1988 wurden neue Mitglieder in die Ethik-Kommission aufgenommen. Sie setzte sich nunmehr aus acht Ärzten verschiedener Fachrichtungen und zwei Juristen zusammen. Die Kommission bestand gem. einer Vereinbarung zwischen der Ärztekammer Hamburg und dem Fachbereich Medizin der Universität Hamburg zur Hälfte aus Persönlichkeiten des UKE.[606]

Bis zur Debatte um die landesgesetzliche Regelung der Ethik-Kommission 1994 bis 1995 war eine Erweiterung des Hamburger Gremiums um weitere nichtärztliche Mitglieder kein nennenswertes Thema. Lediglich einmal fragten Abgeordnete der GRÜNE/GAL-Fraktion in einer Sitzung des Ausschusses für Gesundheit und Ernährung (02.11.1989) beim Senatsvertreter an, ob eine Ausweitung der Hamburger Ethik-Kommission um Vertreter anderer relevanter Gesellschaftsgruppen, wie beispielsweise der Kirchen und Gewerkschaften, geplant sei.[607] Diese Frage wurde vom Senatsvertreter aus Gründen der Praktikabilität und des erforderlichen medizinischen und juristischen Sachverstandes sowie unter dem Gesichtspunkt der Gewährleistung schneller Entscheidungen verneint.[608] Es blieb zunächst ohne weitere Diskussion bei der Besetzung der Ethik-Kommission mit acht Ärzten und zwei Juristen.

b) *Die Bestellung der Mitglieder*

Die Mitglieder der Ethik-Kommission wurden bis zur landesgesetzlichen Neuregelung im Einvernehmen mit dem Sprecher des Fachbereichs Medizin vom Vorstand der Ärztekammer Hamburg berufen.[609]

c) *Gegenstand der Kommissionsberatungen*

Die Hauptaufgabe der Ethik-Kommission war von Anfang an die Beurteilung von Humanversuchen, besonders von Projekten im Rahmen der Arzneimittelforschung. Allerdings war die Kommission zu Beginn der Auffassung, daß sie sich ebenfalls mit allgemeinen ethischen Fragen befassen sollte. Dies ist zu-

---

604 HÄBl 5/1995, 343.
605 HÄBl 3/1982, 82.
606 HÄBl 12/1988, 415.
607 Vgl. Drucks. 13/7618.
608 Vgl. Drucks. 13/7618.
609 HÄBl 3/1982, 92; 12/1988, 415.

nächst auch in großem Umfang geschehen: In jeder Sitzung wurde über ethische Themen diskutiert, ob sie nun mit einem der vorgelegten Projekte zusammenhingen oder allgemein von öffentlichem Interesse waren. Dazu gehörten die Themen Sterbehilfe, das sog. „Patiententestament", intensivmedizinische Betreuung irreversibel geschädigter Kinder, Pränatal-Diagnostik, Schweigepflicht unter Kollegen, Behandlung ethischer Fragen in der medizinischen Ausbildung und künstliche Befruchtung.[610]

Sogar über Tierversuche wurde zunächst mehrfach intensiv diskutiert.[611] Seit sich 1986 bei der Gesundheitsbehörde ein Tierschutzbeirat gebildet hat, der in allen Fragen des Tierschutzes berät, Beschwerden von Bürgern erörtert und Initiativen unterbreitet und zudem seit 1987 bei der Gesundheitsbehörde eine Kommission für Tierversuche eingerichtet ist, die die Aufgabe übernimmt, die Behörde für Arbeit, Gesundheit und Soziales bei der Genehmigung von Tierversuchen[612] zu unterstützen, ist dieser Beratungsinhalt jedoch endgültig weggefallen.

2. *Ethik-Kommissionen an staatlichen Krankenhäusern*

Neben der Ethik-Kommission bei der Ärztekammer Hamburg waren zunächst – im Gegensatz zur Praxis andernorts[613] – keine weiteren Kommissionen an dem medizinischen Fachbereich der Universität oder an anderen staatlichen Krankenhäusern eingerichtet worden.

Die Abgeordneten der CDU-Fraktion der Bürgerschaft der Freien und Hansestadt Hamburg regten eine Dezentralisierung der Hamburger Ethik-Kommission an, indem sie 1984 eine große Anfrage an den Senat richteten, ob er die Einrichtung von Ethik-Kommissionen in allen größeren Krankenhäusern Hamburgs für zweckmäßig halte.[614] 1985 folgte ein Antrag an den Senat, zu prüfen und der Bürgerschaft einen Bericht darüber vorzulegen, in welchen staatlichen Hamburger Krankenhäusern Ethik-Kommissionen eingerichtet werden sollten.[615] Der Senat befürwortete sowohl 1984 in seiner Anwort auf die große Anfrage[616]

610 HÄBl 11/1987, 401 ff.; Czwalinna, MedR 1986, 305 (309); Rupp, in: Klingmann/Kori-Lindner/Witte, S. 55 (57).
611 HÄBl 11/1987, 401 (403).
612 Alle zu Versuchszwecken an Wirbeltieren vorgenommenen Eingriffe oder Behandlungen, die mit Schmerzen, Leiden oder Schäden verbunden sein können, sind aufgrund des Tierschutzgesetzes i. d. f. der Bekanntmachung vom 18.08.1986 (BGBl. I S. 1319) grundsätzlich genehmigungspflichtig.
613 Vgl. oben 1. Teil A. III. 1. a) (S. 22 f.).
614 Drucks. 11/3080, S. 2 vom 09.10.1984.
615 Drucks. 11/4866 vom 04.09.1985; der CDU-Antrag wurde dem Gesundheitsausschuß auf Antrag der SPD-Fraktion durch Beschluß der Bürgerschaft vom 03.10.1985 zur Beratung und Berichterstattung überwiesen. Dieser empfahl der Bürgerschaft in seinem Zwischenbericht vom 13.12.1985, den Antrag der CDU hinsichtlich dieses Punktes zu beschließen, Drucks. 11/5350. Dieser Empfehlung kam die Bürgerschaft in ihrer Sitzung vom 15. und 16.01.1986 nach, Drucks. 13/4279.
616 Drucks. 11/3080 vom 30.10.1984.

als auch 1989 in seiner Stellungnahme in bezug auf den Antrag von 1985[617], es bei einer zentralen Ethik-Kommission zu belassen. Er hielt „aus Gründen der Fachkompetenz, der Gleichbehandlung, der Neutralität und der Objektivität" die Gründung weiterer Ethik-Kommissionen nicht für zweckmäßig.[618] Die zum Zeitpunkt der Stellungnahme des Senats an die Bürgerschaft über achtjährige kontinuierliche Tätigkeit der Kommission habe bereits zu einer hohen Konzentration von Erfahrungen und speziellem vielseitigen Sachverstand geführt. Zudem habe die Kommission in den Krankenhäusern Anerkennung gefunden und – auch wegen ihrer Unabhängigkeit und Objektivität – prägende Wirkungen für die staatlichen Krankenhäuser in bezug auf die Beurteilung ethischer Fragestellungen erlangt. Die Leitungen der Krankenhäuser des Landesbetriebes sowie des Universitätskrankenhauses Eppendorf hätten ausnahmslos erklärt, daß ihrer Auffassung nach in Hamburg ein zusätzlicher Bedarf an Ethik-Kommissionen nicht besteht.[619] Die CDU-Abgeordneten der Bürgerschaft blieben bei ihrem Standpunkt, daß es „begründete Argumente" gäbe, die für die Instituierung von Ethik-Kommissionen auch an größeren Krankenhäusern sprächen.[620] Der Senat hielt entgegen, im Falle der Einrichtung zusätzlicher Ethik-Kommissionen „bestünde die Gefahr, daß die Kommissionen der einzelnen Krankenhäuser mit Untersuchungen aus der eigenen Klinik beauftragt würden und Probleme hinsichtlich der Objektivität entstünden."[621]

Es blieb bei der einen zentralen Ethik-Kommission bei der Ärztekammer Hamburg.

B. Neugestaltung durch den Landesgesetzgeber

Die Medizinskandale in Barmbek und Eppendorf allein lösten keine Diskussion in der Hamburger Bürgerschaft zum Thema Ethik-Kommission aus. Dies ist auch nachvollziehbar, hatte es sich doch bei den bekanntgewordenen Fehlbehandlungen – entgegen dem Anschein, den die Darstellung in den Medien teilweise erwecken konnte[622] – nicht um vorlagepflichtige Forschungsprojekte gehandelt.[623] Als dann aber in der Neufassung des § 40 Abs. 1 AMG vom 09.08.1994 die Einschaltung einer nach Landesrecht gebildeten Ethik-Kommission vor Aufnahme von Klinischen Prüfungen vom 17.08.1995 an gefordert wurde,[624] befaßte sich das Landesparlament mit der gesetzlichen Bildung der Ethik-Kommission. Im

617 Drucks. 13/4279 vom 15. und 16.01.1989.
618 Drucks. 11/3080, S. 4; 13/4279, S. 2.
619 Drucks. 13/4279, S. 2; Die Stellungnahme des Senats wurde dem damaligen Ausschuß für Gesundheit und Ernährung auf Antrag der CDU-Fraktion überwiesen. Der Ausschuß befaßte sich dann während der Sitzungen vom 02.11.1989, 04.12.1990 und 09.01.1991 mit der Stellungnahme.
620 Vgl. Drucks. 13/7618, S. 1.
621 Vgl. Drucks. 13/7618, S. 2.
622 Vgl. Fn. 590.
623 Vgl. die geltend gemachten Beschuldigungen oben 3. Teil A. I. 2. und 3. (S. 112 ff.).
624 Vgl. oben 1. Teil B. I. 2. b) (S. 40 f.).

Zusammenhang mit der Debatte um eine entsprechende Änderung des Hamburgischen Ärztegesetzes wurden dann doch die Erfahrungen aus dem AK Barmbek und UKE gerade in bezug auf die Verschleierungsversuche innerhalb der Ärzteschaft eingebracht und beeinflußten die Diskussion sogar maßgeblich.

Obwohl oder gerade weil sich die Abgeordneten der Hamburger Bürgerschaft nach den jüngsten medizinischen Skandalen in der Verantwortung sahen, das Mißtrauen in der Bevölkerung gegenüber medizinischer Forschung abzubauen,[625] wurde über den Entwurf des Hamburgischen Ärztegesetzes in Hinblick auf die Gestaltung der Ethik-Kommission in der Hansestadt lange diskutiert. Diese Diskussion gibt Aufschluß über die leitenden Motive und jeweiligen Interessenlagen, die zur rechtlichen Ausformung der Hamburger Ethik-Kommission führten. Nach den Worten der damaligen Senatorin Frau Helgrit Fischer-Menzel sollte Hamburg nunmehr ein Vorreiter in Sachen Patientenschutz sein.[626] Im Folgenden wird zunächst chronologisch auf den formalen Ablauf des Gesetzgebungsverfahrens eingegangen, um anschließend die Inhalte der Debatte zusammenfassend darzustellen.

I. Das Gesetzgebungsverfahren

Zuerst reagierte die SPD-Fraktion auf die AMG-Novelle, indem sie einen Antrag gem. § 26 Abs. 1 der Geschäftsordnung der Hamburgischen Bürgerschaft (GO-Bü)[627] zur Vorlage eines Gesetzentwurfs stellte.[628] Die GAL-[629] und die CDU-Fraktion[630] folgten einen knappen Monat später.[631] Nach Beratungen während zweier Plenarsitzungen[632] legte schließlich am 30.05.1995 auch der Senat der Bürgerschaft einen Gesetzentwurf vor.[633] Er wurde, wie der Antrag der CDU-Fraktion und die Gesetzesvorlage der GAL-Fraktion, an den Gesundheitsausschuß[634] überwiesen.[635] Dieser beschloß, eine Anhörung von Sachver-

625 Drucks. 15/1764; PlPr 15/53, S. 2543 A-B; Hamburger Rundschau v. 29.06.1993, Nr. 7, S. 6.
626 Zitiert in: Der Kassenarzt 1995, 18 (20).
627 In der Fassung vom 06.10.1993, Amtlicher Anzeiger, Teil II des Hamburgischen Gesetz- und Verordnungsblattes Nr. 27, S. 281 ff.
628 Drucks. 15/1687 vom 10.08.1994.
629 Drucks. 15/1763 vom 06.09.1994
630 Drucks. 15/1764 vom 06.09.1994
631 Alle drei Anträge wurden in der nächsten Plenarsitzung vom 07.09.1994 behandelt. Der Antrag der SPD-Fraktion wurde angenommen, die Anträge der GAL- und CDU-Fraktion wurden abgelehnt, vgl. PlPr 15/24, S. 1158 B – 1160 D. Die CDU- Fraktion stellte daraufhin erneut einen Antrag (Drucks. 15/2170 vom 09.11.1994), während die GAL-Fraktion eine Gesetzesvorlage einreichte (Drucks. 15/2658 vom 81.01.1995).
632 Vom 01.12.1994, PlPr 15/32, S. 1536 D, sowie vor allem am 02.02.1995, PlPr 15/38, S. 1867 B – 1874 B.
633 Drucks. 15/3415.
634 „Zur Vorbereitung ihrer Beschlüsse setzt die Bürgerschaft auf Vorschlag des Ältestenrates ständige Fachausschüsse für bestimmte Sachgebiete ein. (...) Die Bürgerschaft bestimmt mit der Einsetzung der Ausschüsse zugleich die Zahl ihrer Mitglieder", § 61 Abs. 1 und 3 der GO-Bü i.d. Fassung vom 06.10.1993. Einer dieser Ausschüsse ist der Gesundheitsausschuß, der 1995 aus 15 Mitgliedern bestand.
635 Gem. § 19 Abs. 3 der GO-Bü i.d. Fassung vom 06.10.1993.

ständigen und Auskunftspersonen gem. § 65 Abs. 6 GO-Bü durchzuführen.[636] Das Anhörverfahren fand am 13.06.1995 in öffentlicher Sitzung statt.[637]

Nach erneuter Beratung im Gesundheitsausschuß,[638] wurde in der Plenarsitzung vom 21.09.1995 nochmals diskutiert und schließlich das Gesetz zur Änderung des Hamburgischen Ärztegesetzes in 1. und 2. Lesung angenommen und somit endgültig beschlossen.[639] Ausgefertigt und verkündet[640] wurde die Neufassung des Hamburgischen Ärztegesetzes am 27.09.1995.[641] Damit ist das Gesetz gem. Art. 54 der Landesverfassung am 28.09.1995 in Kraft getreten.

Als die AMG-Novelle am 17.08.1995 in Kraft getreten und damit die Anrufung einer nach Landesrecht gebildeten Ethik-Kommission im Geltungsbereich des AMG zwingend vorgeschrieben war, dauerte die Diskussion um die Kommissionsbesetzung noch an. Worüber so ausgiebig beraten wurde, soll im Folgenden dargestellt werden.

II. Inhalte der Debatte

Die an der Diskussion um die landesgesetzliche Regelung der Ethik-Kommission beteiligten Parteien waren sich lediglich darüber einig, daß eine Vertrauensbildung gegenüber der medizinischen Forschung erreicht werden sollte, indem die Kommission interdisziplinär besetzt werde.[642] Der Kammerpräsident Dr. Frank Ulrich Montgomery brachte es auf den Punkt, als er sich positiv über die geplante interdisziplinäre Zusammensetzung der Kommission und den damit eingebrachten Sachverstand von Nicht-Ärzten äußerte: „Wer sich dagegen aussprechen wolle, würde nicht politisch denken – vor allem angesichts der zahlreichen sogenannten Krankenhausskandale, auch wenn diese nichts, aber auch gar nichts zu tun haben mit der jetzt vorgeschriebenen Ethik-Kommission."[643]

---

636 Sitzung des Gesundheitsausschusses vom 08.06.1995, Drucks. 15/4668.

637 APr GesundA 15/23 (darf als Bestandteil der Ausschußakten nach den Richtlinien der Präsidentin der Hamburgischen Bürgerschaft über die Einsichtnahme von Ausschußprotokollen eingesehen werden). Folgende Sachverständige wurden gehört: Prof. Dr. Volker Bay, Ärztekammer Hamburg; Wilhelm Funke, Rechtsanwalt; Dr. Frank Ulrich Montgomery, Ärztekammer Hamburg; Prof. Dr. Peter Ostendorf, Marienkrankenhaus; Dr. Horacio Riquelme, Universitätskrankenhaus Eppendorf; Frau Dr. Antoinette Tauber.

638 Sitzung vom 31.08.1995, APr GesundA 15/24, S. 7; Drucks. 15/3875. Der Gesundheitsausschuß empfahl, den Senatsentwurf zur Änderung des Hamburgischen Ärztegesetzes und des Hamburgischen Zahnärztegesetzes mit Änderungen zu beschließen. Dazu stellten die GAL-Fraktion (Drucks. 15/3988) und die SPD-Fraktion sowie die STATT Partei Gruppe (Drucks. 15/4001) jeweils am 20.09.1995 und die CDU-Fraktion am 21.09.1995 (Drucks. 15/4015) Änderungsanträge.

639 Vgl. §§ 42, 43 Abs. 2 und 3 GO-Bü; PlPr 15/53, S. 2539 B – 2545 A.

640 Vgl. Art. 52 der Verfassung der Freien und Hansestadt Hamburg vom 06.06.1952, BL I 100-a, GVBl., S. 117.

641 4. Gesetz zur Änderung des Hamburgischen Ärtzegesetzes vom 27.09.1995, Hamburgisches Gesetz- und Verordnungsblatt 1995, Nr. 47, S. 231 ff; abgedruckt im Anhang D.

642 Vgl. Drucks. 15/3415.

643 Zitiert in: Der Kassenarzt, S. 18.

In anderen Punkten gingen die Meinungen auseinander. Vor allem wurde über das zahlenmäßige Verhältnis zwischen Medizinern und medizinischen Laien und die Bestellung der Mitglieder diskutiert:

1. Die GAL

Die Mitglieder der GAL-Fraktion wollten – offensichtlich unter dem Eindruck insbesondere der Geschehnisse am UKE – „ein Signal in Richtung auf verstärkten Patientenschutz setzen".[644] Den Medizinern sollte keinesfalls allein die Verantwortung über die wichtigen Fragen der Ethik überlassen werden. Vielmehr strebte die GAL eine größtmögliche staatliche Kontrolle der Ärzteschaft in der klinischen Forschung an:

a) Personelle Zusammensetzung

Sie forderte zum einen, daß die Ärzte die Minderheit in der Kommission bilden[645] und konkretisierte ihre Forderung später dahingehend, daß unter neun Mitgliedern nur *zwei* Ärzte neben drei sog. „Vertreterinnen/Vertretern der Patienteninteressen", einer Pflegekraft, einem juristischen Mitglied und zwei Mitgliedern aus dem seelisch betreuenden Bereich vertreten sein sollten.[646] Was ethisch zumutbar sei, hätte von der Gesellschaft und nicht allein oder auch nur hauptsächlich von Medizinern geklärt zu werden.[647] Eine Öffnung der Diskussion in die Gesellschaft sei ein wichtiger Beitrag, um weitere Medizinskandale zu verhindern.[648]

b) Bestellung der Mitglieder

Zum anderen sollten die Mitglieder nicht etwa von der Ärztekammer in die Ethik-Kommission gewählt werden, sondern auf Vorschlag des Senats (der Behörde für Arbeit, Gesundheit und Soziales) vom Landesparlament (der Hamburger Bürgerschaft) gewählt und die Kommission dort auch angesiedelt werden.[649] Wenn es darum ginge zu klären, was Patienten an wissenschaftlichen Versuchen an ihrem eigenen Körper zumutbar ist, könne die Aufsicht nicht denjenigen überlassen werden, die letztlich als Zunft diese Forschung durchführten.[650] Die Partei wolle dem Senat das Vorschlagsrecht einräumen, um die Diskussion über die Mitglieder aus dem Parteienproporz herauszuhalten. Durch die Wahl der Bürgerschaft solle der Einfluß des Parlaments erhalten bleiben.[651]

---

644 Drucks. 15/3875; Pressemitteilung der GAL-Fraktion vom 29.11.1994.
645 Drucks. 15/1763.
646 Drucks. 15/2658.
647 PlPr 15/53, S. 2541 B.
648 Pressemitteilung der GAL-Fraktion vom 29.11.1994.
649 Drucks. 15/1763; 15/2658; 15/3875; 15/3988; PlPr 15/38, S. 1872 C; PlPr 15/53, S. 2544 D.
650 PlPr 15/53, S. 2544 D; Pressemitteilung der GAL Fraktion vom 30.05.1995.
651 Drucks. 15/3875; PlPr 15/53, S. 2541 C.

c) *Weitere Forderungen*

Männer und Frauen sollten zu gleichen Teilen die Kommission besetzen und die Mitgliedschaft auf vier Jahre begrenzt werden.[652] Eine besonders dichte Kontrolle wollte die GAL dadurch erreichen, daß die Ethik-Kommission nicht nur auf Antrag des Projektleiters, sondern auch auf Anregung Dritter tätig werden dürfe.[653] Zusätzlich sollte die Ethik-Kommission verpflichtet werden, nach Abschluß der Studien die Verhandlungsprotokolle zu veröffentlichen[654] und der Bürgerschaft der Freien und Hansestadt Hamburg jährlich zu berichten.[655] Schließlich sollte die weitgefaßte Aufgabenstellung der Ethik-Kommission erhalten bleiben: Alle medizinisch-ethischen Fragen grundsätzlicher Bedeutung wollte die GAL-Fraktion durch die Ethik-Kommission verhandelt wissen.[656]

2. *Die CDU*

Die CDU-Fraktion brachte – um Kompromißbereitschaft bemüht und doch an den alten Grundsätzen, nach denen die bisherige Ethik-Kommission konstituiert war, festhaltend – einen anderen Vorschlag ein:

a) *Personelle Zusammensetzung*

Die Neigung, die Ethik-Kommission mehrheitlich mit ärztlichen Mitgliedern besetzt zu lassen, drückten die CDU-Abgeordneten in ihrem Petitum zur Sitzung des Gesundheitsausschusses vom 31.08.1995 in Zahlen aus: Sie befürworteten neben neun ärztlichen nur sechs nichtärztliche Mitglieder.[657]

b) *Bestellung der Mitglieder*

Zudem müsse die Ärztekammer, insbesondere im Hinblick auf ihre Haftungsverpflichtung – wie bisher – ein Wahlrecht für alle ärztlichen Mitglieder der Ethik-Kommission haben. Bei der Benennung der nichtärztlichen Mitglieder wollte die CDU die Mitbestimmung der Bürgerschaft durch einen sog. „Findungsausschuß" realisieren. Er sollte zu gleichen Teilen aus Mitgliedern der Ärztekammer und je einem lediglich beratenden Mitglied der in der Bürgerschaft vertretenen Fraktionen bestehen.[658] Der „Vertreter der Bevölkerung" könne durch die Bürgerschaft gewählt werden.[659] Mit dieser Lösung wäre die Ärzteschaft bereits bei der Auswahl der Personalvorschläge eingebunden, was wegen der ärztlichen Haftung zwingend erforderlich sei. Das Parlament wäre

---

652 Drucks. 15/2658, S. 1.
653 Drucks. 15/2658, S. 3.
654 Drucks. 15/1763; PlPr 15/38, S. 1868 B, D, 1874 B.
655 Drucks. 15/3875.
656 Drucks. 15/1763; 15/2658, S. 2; PlPr 15/38, S. 1869 A; 15/3988.
657 Drucks. 15/3875.
658 Drucks. 15/3875 und 15/4015; PlPr 15/53, S. 2541 A.
659 Drucks. 15/4015.

bei der Auswahl der Mitglieder beteiligt und das Benennungsverfahren könne dennoch aus der politischen Kontroverse herausgehalten werden.[660]

c) *Weitere Forderungen*

Die CDU-Fraktion regte an, den Krankenhausträgern zu empfehlen, zusätzlich an jedem Krankenhaus Ethik-Gesprächskreise einzurichten. Sie sollten sich insbesondere mit den im Krankenhausalltag anfallenden Problemen aus dem Grenzbereich der Medizin befassen und die krankenhausinterne Qualitätssicherung überwachen.[661] Diese Einrichtungen hätten die gesetzlich (und berufsrechtlich) geforderte Ethik-Kommission im Sinne einer „Forschungskommission“ nicht ersetzt, diese aber davon entlasten können, sich mit ethischen Fragestellungen, die nicht im Zusammenhang mit konkreten Forschungsvorhaben stehen, zu befassen.

Außerdem sprach sich die CDU-Fraktion nochmals für die Einrichtung einer Ethik-Kommission im Fachbereich Medizin (UKE) neben der Ethik-Kommission bei der Ärztekammer aus.[662]

3. *Der Senat*

Der Senat kam in seinem Gesetzesvorschlag teilweise dem Begehren der GAL-Fraktion nach.

a) *Personelle Zusammensetzung*

Der Vorschlag sah eine Besetzung der Kommission mit sieben Mitgliedern aus dem nichtärztlichen Bereich vor. Dabei sollten die Vertreter der Ärzteschaft in der Kommission allerdings mit acht Ärzten verschiedener Fachrichtungen eine knappe Mehrheit bilden. Begründet wurde die Anzahl der Ärzte damit, daß in dem Gremium genügend Sachverstand vorhanden sein müsse, um sowohl den medizinischen Hintergrund und die Begründung für ein Forschungsvorhaben, als auch den Prüfplan oder ein Forschungsdesign verstehen und werten zu können.

b) *Bestellung der Mitglieder*

Die Bürgerschaft sollte einen erheblichen Einfluß auf die Auswahl der Mitglieder bekommen: „Die Mitglieder der Kommission werden durch die Bürgerschaft gewählt und von der Ärztekammer ernannt. Ärztliche Mitglieder werden von der Ärztekammer, nichtärztliche Mitglieder von der Bürgerschaft im Benehmen mit der Ärztekammer vorgeschlagen.“

660 Drucks. 15/3875; Union aktuell vom 14.06.1995.
661 Drucks. 15/1764.
662 Drucks. 15/2170, S. 1.

c) Weitere Forderungen

Zusätzlich sah auch dieser Vorschlag eine paritätische Besetzung von Männern und Frauen, eine Begrenzung der Mitgliedschaft auf vier Jahre (allerdings mit Wiederwahlmöglichkeit) vor und eine Verpflichtung der Ethik-Kommission, im Hamburger Ärzteblatt mindestens jährlich zu berichten.[663]

4. Die SPD und die STATT Partei

Die Fraktion der SPD und die STATT Partei Gruppe nahmen eine vermittelnde Position ein:

a) Personelle Zusammensetzung

Sie schlossen sich dem Vorschlag des Senats hinsichtlich der personellen Zusammensetzung der Ethik-Kommission an, befürworteten also acht ärztliche Mitglieder. Damit bliebe die Ärzteschaft nicht unter sich, behielte aber die Mehrheit. Dies sei wegen des dringend benötigten Sachverstandes notwendig.[664]

b) Bestellung der Mitglieder

Die Abgeordneten der SPD und der STATT Partei stimmten im Laufe der Diskussion auch dahingehend mit dem Senat und der GAL-Fraktion überein, daß die Bestellung der Mitglieder nicht allein dem Einfluß der Ärztekammer überlassen werden dürfte.[665] Sie wollten jedoch nicht die Bürgerschaft an dem Verfahren beteiligen, sondern schlugen vor, das Verfahren zur Benennung der Mitglieder beim Senat anzusiedeln. Aufgrund der Geschäftsordnung der Hamburgischen Bürgerschaft würde es faktisch nicht möglich sein, bei der Benennung der Mitglieder der Ethik-Kommission den Parteienproporz herauszuhalten. Eine parteipolitische Auseinandersetzung müsse jedoch beim Benennungsverfahren vermieden werden. Die Ethik-Kommission würde an Legitimation verlieren, wenn im Parlament getroffene Mehrheitsentscheidungen für bestimmte Personen von der unterlegenen Minderheit angezweifelt würden. Auch der Ärztekammer sollte i.S.d. CDU-Forderung das Recht eingeräumt werden, über die Auswahl der Mitglieder mitzubestimmen, solange sie die volle Haftung für die Entscheidungen der Kommission zu tragen habe. So sollten die ärztlichen Mitglieder von der Ärztekammer, die nichtärztlichen Mitglieder vom Senat vorgeschlagen werden, wobei zwischen Ärztekammer und Senat Einvernehmen über

---

663 Drucks. 15/3415.

664 PlPr 15/24, S. 1158 D; Drucks. 15/3875, S. 2; PlPr 15/53, S. 2539 C.

665 In dem Antrag der SPD-Fraktion vom 10.08.1994 (Drucks. 15/1687) wurde noch kein Vorschlag hinsichtlich der Bestellung der Mitglieder unterbreitet; anders erst ab der Plenarsitzung vom 02.02.1995 (PlPr 15/38, S. 1867 B-1874 B).

die zu benennenden Personen herzustellen sei. Die Ärztekammer hätte nach diesem Vorschlag dann die Mitglieder zu berufen.[666]

c) *Weitere Forderungen*

Auch die SPD forderte die gleichmäßige Berücksichtigung von Frauen und Männern bei der Auswahl der Mitglieder sowie eine zeitlich begrenzte Berufung (mit Wiederwahlmöglichkeit).[667]

Die SPD schlug außerdem – ähnlich dem CDU-Antrag – vor, den Krankenhausträgern zu empfehlen, zusätzlich an jedem Krankenhaus sog. „Ethik-Konsilien" einzurichten. Sie sollten insbesondere ethische Fragestellungen des klinischen Alltags behandeln[668] und vor der Antragstellung bei der zentralen Ethik-Kommission beratend tätig werden.[669]

III. Ergebnis der Debatte

Die teilweise radikalen Forderungen der GAL-Fraktion mögen die Auffassung der Fraktion der SPD und der STATT-Partei Gruppe im Laufe der Diskussion beeinflußt haben; sie sind jedoch nicht direkt in das Hamburgische Ärztegesetz aufgenommen worden. Bei der Abfassung ihrer Gesetzesvorlage wurde vor allem der benötigte medizinische Sachverstand zu wenig berücksichtigt.[670] Der Vorschlag der GAL-Fraktion und des Senats, die Ethik-Kommission zugunsten der Transparenz zu verpflichten, jährlich der Bürgerschaft, bzw. im Hamburger Ärzteblatt zu berichten, hat jedoch Anklang gefunden. Im Ergebnis hat vor allem die Ansicht der SPD-Fraktion ihren Niederschlag in dem Gesetz zur Änderung des Hamburgischen Ärztegesetzes gefunden.[671] Den Forderungen der Öffentlichkeit nach einer verstärkten Beteiligung von Nichtmedizinern, sowohl in den Kommissionsberatungen selber als auch bei der Bestellung der Mitglieder, sowie einer verstärkten Transparenz der Arbeit der Ethik-Kommissionen wurde damit weitgehend Rechnung getragen.

IV. Errichtung der nach Landesrecht gebildeten Ethik-Kommission

Die Regelungen über das Tätigwerden der Ethik-Kommission wurden in den §§ 15 a-15 g des Hamburgischen Ärztegesetzes eingefügt. § 15 e des Gesetzes

---

666 Drucks. 15/3875, S. 3; PlPr 15/38, S. 1872 B; PlPr 15/53, S. 2542 B-C; Kurzinformation der SPD Bürgerschaftsfraktion vom 31.08.1995.

667 Drucks. 15/1687.

668 Drucks. 15/3875, S. 2.

669 Drucks. 15/1687.

670 Dies gilt insbesondere für die Forderungen bezüglich der personellen Zusammensetzung und Bestellung der Mitglieder sowie die Begrenzung der Mitgliedschaft auf vier Jahre ohne Wiederwahlmöglichkeit, vgl. auch unten, 4. Teil C. II. 3. (S. 153 ff.), 4. Teil D. (S. 165 f.).

671 Die SPD stellte zu der Zeit die Mehrheit in der Hamburgischen Bürgerschaft.

schreibt vor, daß die Ärztekammer sich zur Errichtung der Ethik-Kommission eine Satzung gibt, in der die Einzelheiten zu regeln sind. Gleichzeitig wurde in einer „Übergangsregelung" bestimmt, daß bis zum Zeitpunkt der Ernennung der Mitglieder der gesetzlich geregelten Ethik-Kommission die bei der Ärztekammer Hamburg bestehende Ethik-Kommission die Funktion der nach Landesrecht einzurichtenden Kommission wahrnimmt. Damit war die Ethik-Kommission in Hamburg seit dem 28.09.1995 „nach Landesrecht gebildet".

Die Kammerversammlung der Ärztekammer Hamburg hat aufgrund von §§ 15 e, 25 Abs. 1 Nr. 1 der neuen Fassung des Hamburgischen Ärztegesetzes am 20.05.1996 die Satzung der Ethik-Kommission beschlossen, die die Behörde für Arbeit-, Gesundheit und Soziales, wie in § 33 Abs. 1 S. 1 desselben Gesetzes gefordert, am 05.07.1996 genehmigt hat.[672]

Am 04.02.1997 schließlich hat sich gem. den Bestimmungen des geänderten AMGs vom 17.08.1995 die nach Landesrecht zu bildende Ethik-Kommission konstituiert. Sie trägt den Namen „Ethik-Kommission *der* Ärztekammer Hamburg".[673] Auf die einzelnen landesrechtlichen Vorschriften wird im folgenden eingegangen.

C. Die gegenwärtige Praxis der Ethik-Kommission einschließlich ihrer rechtlichen Einbindungen

Die gegenwärtige Praxis der Ethik-Kommission in Hamburg wird insbesondere durch die §§ 15 a-g des Hamburgischen Ärztegesetzes sowie der Satzung der Ethik-Kommission der Ärztekammer Hamburg vorgegeben. Die tatsächliche Ausgestaltung konnte durch schriftliche Auskünfte und Gespräche mit den einzelnen Kommissionsmitgliedern und der Geschäftsstelle der Kommission, durch die Auswertung des an alle öffentlich-rechtlichen Ethik-Kommissionen gerichteten Fragebogens[674] sowie durch verschiedene Veröffentlichungen erfaßt werden.

I. Institutionelle Zuordnung

Seit Mai 1980 existiert die Ethik-Kommission bei der Ärztekammer Hamburg als gemeinsame Einrichtung der Ärztekammer und des Fachbereichs Medi-

672 Abgedruckt im HÄBl 8/96 sowie Anhang E.

673 Ehemals „Ethik-Kommission *bei* der Ärztekammer Hamburg", vgl. oben 3. Teil A. II. 1. (S. 116).

674 Die schriftlichen Auskünfte und Gespräche mit den einzelnen Kommissionsmitgliedern und der Geschäftsstelle der Kommission gehen zum großen Teil über die Inhalte hinaus, die der Fragebogen erfassen konnte. Aus diesem Grunde werden manche Aussagen über die tatsächliche Ausgestaltung der Kommission in Hamburg sich nicht in den im Anhang B abgedruckten Ergebnissen der Fragebogenaktion wiederfinden.

zin.[675] Die Einrichtung weiterer Ethik-Kommissionen wurde 1996 nochmals ausdrücklich vom Senat abgelehnt. Wieder hielten es die Senatsvertreter nicht für empfehlenswert, am Fachbereich Medizin eine gesonderte Ethik-Kommission zu etablieren, da die Maßstäbe für die Beurteilung von medizinischen Forschungsvorhaben und die Kontrolle über deren Einhaltung für alle Ärzte gleich sein müßten.[676] Unterdessen wird seitens der CDU-Fraktion weiterhin die Einrichtung einer Ethik-Kommission am UKE gefordert, „um das Vertauen der Patienten in das UKE zu stärken".[677]

1994 nahm ein internes Beratungsgremium, die „Kommission für Studien am Menschen", am Bernhard-Nocht-Institut seine Arbeit auf. Das Gremium prüft i.S.d. Antrags der SPD-Fraktion[678] Studienprotokolle, bevor diese externen Ethik-Kommissionen vorgelegt werden. Sie ist selbst nicht als Ethik-Kommission zu bezeichnen.

Neben der seit 1980 existierenden zentralen Ethik-Kommission wurden bis heute keine zusätzlichen Ethik-Kommissionen an dem medizinischen Fachbereich der Universität oder an anderen staatlichen Krankenhäusern eingerichtet. So bleibt es in Hamburg zunächst bei einer zentralen Ethik-Kommission der Ärztekammer Hamburg als gemeinsame Einrichtung der Ärztekammer und des Fachbereichs Medizin. Die Ethik-Kommission der Ärztekammer Hamburg bearbeitet die Forschungsprojekte aus dem Bereich der Universitätsklinik und den anderen staatlichen Krankenhäusern mit.[679]

Für den Fall einer erheblichen Zunahme der Anträge[680] kann die Ärztekammer nach § 15 a S. 2 des Hamburgischen Ärztegesetzes bei entsprechendem Bedarf weitere Ethik-Kommissionen einrichten.

II. Registrierung beim Bundesinstitut für Arzneimittel und Medizinprodukte

Die Ethik-Kommission der Ärztekammer Hamburg ist gem. der gesetzlichen Bestimmung des § 17 Abs. 7 MPG seit dem 07.11.1997 beim BfArM registriert.[681] Damit ist die Ethik-Kommission seitdem auch zur Prüfung von Forschungsvorhaben, die dem MPG unterliegen, befugt. Zwischen Inkrafttreten dieser Vorschrift am 01.01.1995 und dem Zeitpunkt der tatsächlichen Registrierung hat die Geschäftsstelle Voten im Geltungsbereich des MPG unter Hinweis darauf erteilt, daß das Registrierverfahren noch nicht abgeschlossen wurde.[682]

---

675 Vgl. oben 3. Teil A. II. 1. (S. 116) und 2. (119).
676 Vgl. Drucks. 15/5393, S. 2 zur Sitzung des Gesundheitsausschusses vom 18.01.1996.
677 Drucks. 16/509, S. 2 vom 6.3.1998.
678 Vgl. oben 3. Teil B. II. 4. c), Fn. 669.
679 1998 kamen 67 der Primäranträge aus dem UKE, 54 von Auftragsfirmen, 17 aus öffentlichen Krankenhäusern und 16 von niedergelassenen Ärzten, HÄBl 3/1999.
680 Begründung des Gesetzentwurfs, Drucks. 15/3415, S. 6.
681 Mitteilungen der Ärztekammer, HÄBl, 12/97, 578.
682 Auskunft der Geschäftsstelle der Ethik-Kommission der Hansestadt Hamburg vom 22.02.1999.

III. Personelle Zusammensetzung

In Hamburg wurde die Zusammensetzung der Kommissionsmitglieder durch Gesetz bestimmt, § 15 d Abs. 1 Hamburgisches Ärztegesetz (n.F.). Der Passus wurde wörtlich von der Senatsvorlage übernommen, der sich die SPD in diesem Punkt auch angeschlossen hatte. Danach ist die Kommission interdisziplinär besetzt, wobei die Mediziner mit acht Vertretern bei fünfzehn Mitgliedern eine knappe Mehrheit bilden. Männer und Frauen sollen zu gleichen Teilen die Kommission besetzen:

> „(1) Die Kommission besteht aus fünfzehn Mitgliedern, von denen sieben Frauen und sieben Männer sein sollen; als fünfzehntes Mitglied sollen eine Frau oder ein Mann für jeweils vier Jahre abwechselnd berücksichtigt werden. Ihr gehören acht Ärzte verschiedener Fachrichtungen, davon ein in der klinischen Grundlagenforschung tätiger Wissenschaftler, sowie ein Medizintechniker, zwei Juristen mit der Befähigung zum Richteramt, ein Geistes- beziehungsweise Sozialwissenschaftler, zwei Pflegekräfte und eine Person als Vertretung der Bevölkerung an. Der Vorsitzende der Kommission ist Arzt. Für die Mitglieder können Vertreter benannt werden."

In § 15 e Abs. 1 Nr. 4 des geänderten Hamburgischen Ärztegesetzes (im Folgenden: Hamb.ÄrzteG) wird die Ärztekammer dazu ermächtigt, sich eine Satzung zu geben, in der u.a. das Verfahren der Auswahl der ärztlichen Mitglieder geregelt wird. In der entsprechenden Satzung der Ethik-Kommission der Ärztekammer Hamburg wird in § 4 Abs. 1 a) die Qualifikation der ärztlichen Mitglieder noch weiter präzisiert: Die acht Ärzte verschiedener Fachrichtungen müssen mindestens fünf Jahre Berufserfahrung haben. Vier von ihnen sollen dem Universitätskrankenhaus Eppendorf angehören.

Tatsächlich ist die Ethik-Kommission der Ärztekammer Hamburg zur Zeit folgendermaßen zusammengesetzt:

Sie besteht aus fünfzehn Mitgliedern, von denen *sechs* Frauen und *neun* Männer sind. Ihr gehören acht Ärzte verschiedener Fachrichtungen, davon ein *Internist (UKE)*, ein *Gynäkologe* (niedergelassen), eine *Hautärztin (UKE)*, ein *Humangenetiker und Kinderarzt* (niedergelassen), eine *Kinderärztin (UKE)*, ein *Anästhesist* (Allg. Krhs. Harburg), ein *Pharmakologe (UKE),* ein Arzt für *Nervenheilkunde* (Marienkrankenhaus) an sowie eine *Medizintechnikerin* (UKE), zwei Juristen mit der Befähigung zum Richteramt (Vorsitzender Richter am Hanseatischen Oberlandesgericht, Professor für Rechtsphilosophie), eine Geistes-/Sozialwissenschaftlerin (Historikerin), zwei Pflegekräfte (Pflegedientsleitung und ltd. Unterrichtsschwester a.D.) und ein Bürgervertreter (Vorstandsmitglied der Landesarbeitsgemeinschaft Eltern für Integration e.V.). Vorsitzender ist der Humangenetiker und Kinderarzt. Er gehörte ehemals dem UKE an und ist derzeit noch Honorarprofessor. Die Medizintechnikerin soll nach Angaben der Kommission über die Arbeit in der Ethik-Kommission hinaus Erfahrungen auf dem Gebiet des Medizinrechts haben, während der Vorsitzende sich in ethischen Fragestellungen fortgebildet hat.[683]

Es wurden drei Vertreter benannt (Medizintechniker, Jurist, Bürgervertreterin).[684]

Die Dauer der Mitgliedschaft beträgt vier Jahre. Die erneute Benennung der Mitglieder ist dabei möglich, § 15 d Abs. 3 Hamb.ÄrzteG, und wird in Hamburg praktiziert.

IV. Bestellung der Mitglieder

In der Hansestadt wurde auch die Bestellung der Mitglieder durch Gesetz bestimmt, § 15 d Abs. 2 Hamb.ÄrzteG. Inhaltlich entspricht auch diese Bestimmung der Position der SPD.

> „Im Einvernehmen zwischen Senat und Ärztekammer werden ärztliche Mitglieder von der Ärztekammer, nichtärztliche Mitglieder vom Senat benannt. Die Ärztekammer beruft die Mitglieder."

Die in die Ethik-Kommission berufenen Mitglieder sind namentlich im amtlichen Anzeiger bekannt zu machen, § 15 d Abs. 5 Hamb.ÄrzteG.

V. Verfahren

Nachdem im zweiten Teil die Verfahrensweisen der Ethik-Kommissionen in den Bundesländern bereits – soweit möglich – auch auf allgemeine Gesetze und Empfehlungen zurückgeführt wurden, kann sich die Darstellung des Verfahrens der Ethik-Kommission in der Hansestadt auf die landesrechtliche und tatsächliche Ausgestaltung des Verfahrens beschränken. Hier hat sich der Hamburger Gesetzgeber zurückgehalten und die Regelung des Verfahrens größtenteils der Satzungsgewalt der Ärztekammer überlassen.

1. Zuständigkeit

Nach § 15 c Hamb.ÄrzteG sowie § 2 Abs. 1 und § 3 Abs. 1 der Satzung der Ethik-Kommission der Ärztekammer Hamburg ist die Ethik-Kommission zuständig für „Ärzte und andere Wissenschaftler".

Damit ist nicht etwa gemeint, daß sich die Ethik-Kommission berufen fühlt, alle Wissenschaftler im Sinne örtlicher Unbegrenztheit zu betreuen. Die Regelung bezieht sich vielmehr auf die persönliche Zuständigkeit. Die Ethik-Kommission

---

683 Vgl. die Antworten zu Frage 3 b und 3 d des Fragebogens, Anhang B.

684 Vgl. auch den Bericht der Ethik-Kommission der Ärztekammer Hamburg für das Jahr 1998, HÄBl 3/1999, 129. Da die Vertretung der Mitglieder der Ethik-Kommission in Hamburg nach eigenen Angaben sehr selten vorkommt, dürfte die beschriebene Zusammensetzung auch weitgehend dem Bild der jeweils tagenden Kommission entsprechen.

ist auch für nichtärztliche Wissenschaftler zuständig, die nicht Mitglieder der Ärztekammer sind: Psychologen, Biometriker, Biologen und im Pflegebereich tätige Personen sollen ebenfalls die Möglichkeit bekommen, sich von der Ethik-Kommission beraten zu lassen.[685]

2. Antrag

a) Antragsgrundsatz

Obwohl die GAL-Fraktion in ihrem Antrag vom 18.01.1995 unter dem Eindruck der Krankenhausskandale gefordert hatte, daß die Ethik-Kommission per Gesetz berechtigt werden, nicht nur auf Antrag des Wissenschaftlers, sondern auch auf Anregung Dritter tätig zu werden,[686] ist die Bestimmung über die Voraussetzung für das Tätigwerden der Ethik-Kommission der Satzungsautonomie der Ärztekammer überlassen worden. Diese hat in § 6 Abs. 1 und 2 der Satzung der Ethik-Kommission der Ärztekammer Hamburg – wie bundesweit üblich[687] – bestimmt, daß die Ethik-Kommission nur auf schriftliche *Anfrage*[688] des Projektleiters bei Forschungsvorhaben am Menschen tätig wird.

b) Sprache des Antrags

Die Beratungen und Entscheidungen der Ethik-Kommission in Hamburg ergehen in deutscher Sprache. Der Forschungsplan darf auch auf englisch eingereicht werden, während der eigentliche Antrag, in welchem auf den Forschungsplan Bezug genommen wird, sowie die für die Patienten bestimmten Aufklärungsbögen und Zustimmungserklärungen auf deutsch abzufassen sind.

c) Richtlinien zur Abfassung des Antrags

In Hamburg existieren, wie in den anderen Bundesländern auch, Richtlinien zur Abfassung eines Antrags, die das Verfahren für beide Seiten erleichtern. Dem Antragsteller wird der detaillierte Fragenkatalog „Grundsätze für die Arbeit der Ethik-Kommission" übersandt, nach dem u.a. das Forschungsprojekt zu beschreiben und wissenschaftlich zu begründen ist. Außerdem erhalten die Projektleiter Formulierungsempfehlungen für die Fassung eines Patientenmerkblattes und einer Einverständniserklärung zur Unterzeichnung durch den Patienten. Sinnvollerweise wird bei Nachbegutachtungen einer multizentrischen Studie auf eine Beantwortung des Hamburgischen Fragebogens verzichtet. In diesen

---

685 Vgl. die Begründung des Entwurfs eines Gesetzes zur Änderung des Hamburgischen Ärztegesetzes und des Hamburgischen Zahnärztegesetzes, Drucks. 15/3415, S. 7; auch die Antworten zu Frage 6 a und 6 b des Fragebogens, Anhang B.

686 Drucks. 15/2658, S. 3; vgl. auch PlPr. 15/24, S. 1160 B.

687 Vgl. oben 2. Teil E. III. 1. (S. 90).

688 Auch diese Formulierung vermag nicht den bundesgesetzlich angeordneten Umfang der Haftung des Trägers oder der Mitglieder der Ethik-Kommission einzuschränken, vgl. oben 1. Teil E. I. h) (S. 78).

Fällen kann der Antrag so, wie er die für den Versuchsleiter zuständige Kommission passiert hat, eingereicht werden. Damit wird das Verfahren bei multizentrischen Studien nicht unnötig durch Formulare, die das Verfahren schließlich beschleunigen sollen, verkompliziert.

3. Ausschluß von der Mitwirkung

Personen, die an dem zur Beratung stehenden Forschungsvorhaben mitwirken, werden auch in Hamburg ausdrücklich gem. § 9 Abs. 3 der Satzung von der Beratung und Beschlußfassung ausgeschlossen.

4. Beratungsweise

a) Berichterstatter

Die Ethik-Kommission in Hamburg arbeitet mit einem ausgeprägten Berichterstattersystem: Nur der Vorsitzende der Ethik-Kommission erhält alle eingereichten Unterlagen, während jedem anderen ärztlichen Mitglied von der Geschäftsstelle ausschließlich drei bis vier Anträge, die sein Fachgebiet betreffen, bis zwei Wochen vor dem jeweiligen Sitzungstermin der Ethik-Kommission zur Bearbeitung zugeteilt werden. Diejenigen Mitglieder, die mit der Bearbeitung von Anträgen nicht in dieser Weise betraut wurden, erhalten die betreffenden Unterlagen nicht. Die medizinischen Laien bekommen lediglich die Patienteninformationen aller Anfragen zur Prüfung auf Vollständigkeit und Verständlichkeit.[689]

In der Kommissionssitzung trägt der jeweilige Berichterstatter das gesamte Forschungsprojekt vor und äußert ggf. seine Bedenken. Anschließend können Rückfragen und Vorbehalte sowie Kritik an der Patienteninformation von den übrigen Kommissionsmitgliedern geäußert werden.

b) Mündlichkeit

Die Ethik-Kommission beschließt gem. § 7 Abs. 3 der Satzung der Ethik-Kommission der Ärztekammer Hamburg im mündlichen Verfahren. Bei Primäranträgen wird von diesem Grundsatz nur dann eine Ausnahme gemacht, wenn nach einer Erstberatung in einer Sitzung zur Nachbegutachtung ein entsprechender Beschluß der Ethik-Kommission gefaßt wurde.[690] Bei multizentrischen Studien wird i.d.R. ein verkürztes Prüfverfahren durch den Vorsitzenden oder ein von ihm bestimmtes ärztliches Mitglied durchgeführt. „In begründeten Fällen“ ist auch hier eine erneute umfassende Prüfung möglich.[691] Der Antrag eines Mitglieds für ein mündliches Verfahren dürfte als ein solcher „begründeter

689 Vgl. auch die Antworten zu Frage 7 und 7 a des Fragebogens, Anhang B.
690 Vgl. die Antworten zu Frage 7 b des Fragebogens, a.a.O.
691 Vgl. § 6 Abs. 4 der Satzung der Ethik-Kommission der Ärztekammer Hamburg; auch die Antworten zu Frage 16 des Fragebogens, Anhang B.

Fall“ zu werten sein. Die Beratungsweise der Kommission entspricht damit den rechtlichen Vorgaben und Empfehlungen.[692]

c) *Untersuchungsgrundsatz*

Die Hamburger Satzung regelt, daß „der Anfragende“ zur persönlichen Anhörung geladen werden kann, „sofern dies für notwendig erachtet wird“, § 7 Abs. 4. Etwa viermal im Jahr kommt es vor, daß der Versuchsleiter bestellt werden muß, um eine insgesamt unklare Studie zu erläutern.[693]

Gem. § 4 Abs. 7 der Satzung der Ethik-Kommission der Ärztekammer Hamburg kann das Gremium Sachverständige beratend hinzuziehen. Tatsächlich werden externe Fachleute nur sehr selten bemüht. Dies geschieht etwa alle drei Jahre einmal zur Klärung von medizinischen Fragen eines Fachgebiets, auf dem kein Mitglied der Ethik-Kommission über ausreichende Kenntnisse verfügt.[694]

d) *Vertraulichkeit*

In § 15 g Hamb.ÄrzteG ist ausdrücklich die vertrauliche Behandlung der Anfragen und eingehenden Unterlagen vorgeschrieben. In der Satzung der Ethik-Kommission der Ärztekammer Hamburg wird diese Vorschrift konkretisiert: Gem. § 5 Abs. 1 sind Mitglieder sowie beratend hinzugezogene Sachverständige zur Vertraulichkeit und Verschwiegenheit verpflichtet. Außerdem tagt die Ethik-Kommission nicht öffentlich, § 7 Abs. 2 .

Das Interesse der Öffentlichkeit an einer transparenten Verwaltung wird in der Hansestadt durch die gesetzlich vorgeschriebene[695] jährliche Veröffentlichung eines Tätigkeitsberichts der Kommission im Hamburger Ärzteblatt berücksichtigt. Allerdings verwehrt die Ethik-Kommission Außenstehenden ausnahmslos jede Anwesenheit bei einer Kommissionsitzung, obwohl die Teilnahme einer einzelnen schweigepflichtigen Person – anders als bei einer völligen Öffnung der Kommission gegenüber einem Publikum – wohl kaum die Forschungsfreiheit der Antragsteller verletzen oder das Vertrauensverhältnis zwischen den Verfahrensbeteiligten und der Ethik-Kommission stören würde. Mit einer solchen Handhabung wird – entgegen aller Versuche, die Arbeit der Ethik-Kommissionen öffentlich zu machen – ein Schleier des Geheimen über die Ethik-Kommission gelegt und damit ein unnötiger Verdacht erweckt.[696] Diese Praxis sollte überdacht werden.

---

692 Vgl. oben 2. Teil E. V. 2. (S. 92).
693 Vgl. die Antworten zu Frage 9 des Fragebogens, Anhang B.
694 Vgl. die Antworten zu Frage 8, a.a.O.
695 § 15 g Abs. 2 Hamb.ÄrzteG.
696 Vgl. Kant in seiner Abhandlung „Zum ewigen Frieden“: „Alle auf das Recht anderer Menschen bezogene Handlungen, deren Maxime sich nicht mit der Publizität verträgt, sind unrecht.“, Reclam-Ausgabe, S. 50.

e) *Rechtliches Gehör*

Dem Antragsteller wird nach Auskunft der Ethik-Kommissionsmitglieder für den Fall, daß die Ethik-Kommission in Hamburg Bedenken gegenüber einem Antrag hat oder der Antrag insgesamt unklar ist, vor der Beschlußfassung Gelegenheit zur Stellungnahme gegeben. Die Praxis in Hamburg entspricht damit den oben genannten allgemeinen gesetzlichen Anforderungen.[697]

5. *Gegenstand der Kommissionsberatungen und Maßstäbe*

Nachdem sich die Hamburger Ethik-Kommission in den ersten Jahren nach ihrer Gründung zunächst noch ausführlich allgemein ethischen Fragen gewidmet hatte, ist der Tätigkeitsbereich des Gremiums seit der landesgesetzlichen Neugestaltung sogar gesetzlich beschränkt worden: Gem. § 15 c Hamb.ÄrzteG hat die Ethik-Kommission nunmehr lediglich die Aufgabe, über die ethischen und rechtlichen Gesichtspunkte der ihr zur Stellungnahme vorgelegten Forschungsvorhaben am Menschen zu beraten. § 15 e desselben Gesetzes läßt jedoch eine Erweiterung des Aufgabenbereichs per Satzung zu, soweit es sich nicht etwa um Aufgaben der Zentralen Ethik-Kommission bei der Bundesärztekammer handelt. Von dieser Möglichkeit hat die Ärztekammer jedoch bei der Abfassung der Satzung keinen Gebrauch gemacht.

So werden in Hamburg ethische Fragen nur im Zusammenhang mit konkreten medizinischen Forschungsvorhaben behandelt und dieses nur zu einem geringen Prozentsatz. Juristische Erwägungen nehmen etwa ein Drittel der Beratungszeit ein. Auf die Frage der Selbstbestimmung des Patienten bzw. Probanden wird dabei besonderer Wert gelegt. Dazu zählen hauptsächlich die angemessene Aufklärung des Patienten bzw. Probanden und deren Einwilligung sowie deren Einwilligungsfähigkeit. Auch die Einhaltung des Datenschutzes sowie der Abschluß einer Probandenversicherung einschließlich einer detaillierten Aufklärung über die Versicherungsbedingungen wird überprüft. Den Schwerpunkt der Beratungen bildet nach mündlicher Auskunft der Mitglieder der Ethik-Kommission – im Rahmen einer Risiko-/Nutzenabwägung – das wissenschaftliche Design der Studie. Rein medizinische Fachfragen treten demgegenüber zurück.

In Hamburg passierten in den Jahren 1995-1998 gleichbleibend ca. 50% der Anträge unbeanstandet die Ethik-Kommission. 45% der Projekte forderten geringfügige Kritik heraus, während nur 5% starken Einwänden begegneten und nur insgesamt einmal in dem betreffenden Zeitraum ein Antrag zurückgenommen wurde.[698] Grund für die Beanstandungen war zu einem großen Teil das wissenschaftliche Design der Studie sowie Mängel in der Patienten- bzw. Pro-

697 Vgl. oben 2. Teil E. V. 5. (S. 95).
698 Vgl. die Antworten zu Fragen 11 b-11 e des Fragebogens, Anhang B.

bandenaufklärung, die die Kommission in Hamburg nach eigener Einschätzung besonders streng prüft.[699]

6. *Entscheidungsmodus*

Gem. § 9 Abs. 4 der Satzung „soll die Ethik-Kommission über den zu treffenden Beschluß Konsens anstreben. Wird ein solcher nicht erreicht, beschließt die Ethik-Kommission mit der Mehrheit der abgegebenen Stimmen. Enthaltungen werden nicht berücksichtigt. Bei Stimmengleichheit entscheidet die Stimme des den Vorsitz führenden Mitgliedes.“ Die derzeitigen Mitglieder der Ethik-Kommission der Ärztekammer Hamburg beschließen jedoch nach eigenen Angaben ausschließlich einstimmig. Äußert nur ein Mitglied Bedenken gegen ein Forschungsvorhaben, wird solange diskutiert, bis alle Mitglieder von einem Votum überzeugt sind. So werden keine Abstimmungen durchgeführt und Sondervoten nicht erteilt.[700]

7. *Entscheidung*

In Hamburg werden Voten nicht mit Nebenbestimmungen versehen. Die Erteilung eines positiven Votums erfolgt erst, wenn alle Mängel behoben sind.[701]

Negative Voten werden gem. § 9 Abs. 5 der Satzung der Ethik-Kommission der Ärztekammer Hamburg schriftlich begründet. Positive Voten wurden hingegen auch bei Primäranträgen i.R.v. multizentrischen Studien bislang nicht begründet.[702]

8. *Arbeitsbelastung/Zahl der Anträge*

Auch in Hamburg ist seit 1995 die Zahl der zu bearbeitenden Anträge und damit die Arbeitsbelastung der Kommission insgesamt gestiegen.[703] Während 1995 noch 133 Primäranfragen und 157 Sekundäranträge an die Ethik-Kommission gerichtet wurden, stieg die Zahl bis 1998 auf 154 Primär- und 233 Sekundäranträge.

---

699 Vgl. die Antworten zu Frage 11 f, a.a.O.

700 Bericht der Ethik-Kommssion gem. § 15 der Satzung der Ethik-Kommission, HÄBl 2/98, 62; Auskunft des Vorsitzenden, Prof. Dr. med. K. Held, vom 05.12.1997.

701 Vgl. die Antworten zu Frage 11 g und 11 h des Fragebogens, Anhang B.

702 Dies entspricht der gängigen Praxis. Hierzu sowie zu der Kritik an dieser Handhabung vgl. oben 2. Teil E. VIII. (S. 99).

703 Vgl. zum Ganzen die Antworten zu Frage 11 und 11 a des Fragebogens, Anhang B.

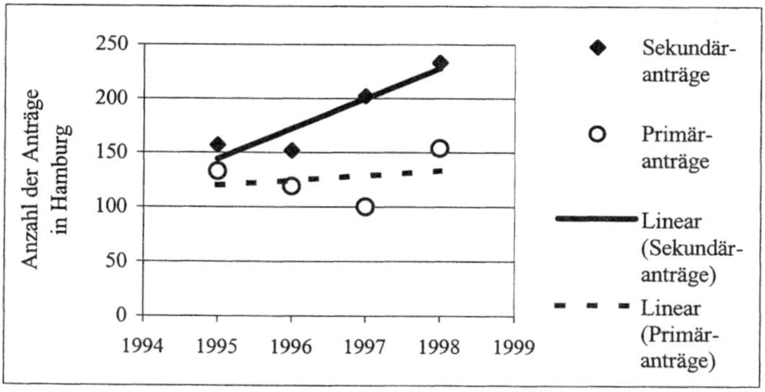

Abbildung 3: Anzahl der bearbeiteten Primär- und Sekundäranträge in Hamburg 1995-1998 pro Jahr (absolute Zahlen und linearer Trend)

Der zwischenzeitliche geringfügige Einbruch 1996 und 1997 mit 119 bzw. 100 Primär- und 152 bzw. immerhin 202 Nachbegutachtungen dürfte u.a. eine Folge der stark Patientenschutz-orientierten Diskussion um die landesrechtliche Bildung der Kommission sein.

9. Bearbeitungsdauer

Die Ethik-Kommission in Hamburg hält ihre Sitzungen einmal im Monat ab.[704] Bei diesen Zusammenkünften werden alle bis zu zwei Wochen vor dem Sitzungstermin eingegangenen Anträge behandelt. Spätestens drei Tage nach der jeweiligen Sitzung erhält der Antragsteller das Votum. Da die Antragsfristen der Ethik-Kommission inzwischen in Hamburg bekannt sind, werden die Vorhaben i.d.R. innerhalb von zwei bis drei Wochen behandelt.[705] Im ungünstigsten Fall können zwischen Antrag und Votum sechs Wochen und einige Tage verstreichen. Dies liegt im Rahmen einer zeitlich angemessenen Behandlung.[706]

10. Bekanntmachung des Sponsors gegenüber der Versuchsperson

Die Ethik-Kommission der Ärztekammer Hamburg legt Wert darauf, daß der Sponsor einer Studie dem Patienten bzw. Probanden bekannt gegeben wird.[707] Sie nimmt damit in dieser Hinsicht das Interesse der Versuchsperson vorbildlich wahr.[708] Der Sponsor ergibt sich allerdings nach den Angaben der Mitglieder der Kommission auch in Hamburg regelmäßig schon aus den Aufklärungsbögen.

---

704 Vgl. die Antworten zu Frage 5 des Fragebogens; s. auch § 7 Abs. 1 der Satzung der Ethik-Kommission der Ärztekammer Hamburg.
705 Auskunft der Geschäftsstelle vom 01.09.1998.
706 Vgl. oben 2. Teil E.X. (S. 102).
707 Vgl. die Antworten zu Frage 15 des Fragebogens, Anhang B.
708 Vgl. oben 2. Teil E.XI. (S. 103).

11. Umgang mit multizentrischen Studien

Ist die Ethik-Kommission der Ärztekammer Hamburg nicht hauptzuständig, so erfolgt die Beurteilung der Sekundäranträge zweckmäßigerweise in einem verkürzten Prüfverfahren. Diese Anträge werden zwischen den Sitzungen in der Geschäftsstelle der Ethik-Kommission bearbeitet; die Geschäftsstelle und der Vorsitzende nehmen eine Kurzprüfung vor. Nur in begründeten Einzelfällen erfolgt eine Begutachtung durch die gesamte Ethik-Kommission.[709]

Die Interessen des Patienten werden dabei hinreichend wahrgenommen, indem nach Auskunft der Geschäftsstelle auch die besonderen Gegebenheiten in Hamburg geprüft werden, u.a. ob der örtliche Prüfleiter über die erforderlichen fachlichen Kenntnisse und über die gebotene „Zuverlässigkeit" verfügt. Aber auch medizinisch/juristische Kriterien sowie die Patienten-/Probandenaufklärung sind Gegenstand der Nachbegutachtung.[710] In dieser Hinsicht sollten nur gravierende Bedenken zu einer Beanstandung führen.[711]

12. Nachprüfung und Unterrichtung über unerwünschte Ereignisse

Eine Nachprüfung der Forschungsvorhaben durch die Hamburger Ethik-Kommission findet nur insofern statt, als sie verlangt, daß der Antragsteller einen Schlußbericht vorlegt.[712]

Gem. § 8 S. 2 der Satzung muß die Ethik-Kommission nicht nur im Rahmen von Arzneimittelforschung, sondern bei allen Forschungsvorhaben im Falle von schwerwiegenden und unerwarteten unerwünschten Ereignissen, die während der Studie auftreten und die Sicherheit der Studienteilnehmer oder die Durchführung der Studie beeinträchtigen könnten, unterrichtet werden. Der Vorsitzende prüft dann, ob die Ethik-Kommission sich aufgrund der Vorkommnisse erneut mit dem Forschungsprotokoll befassen muß.[713] Bisher ist nach Auskunft der Geschäftsstelle der Ethik-Kommission eine Neubefassung durch die gesamte Kommission nicht erforderlich geworden.

13. Gebühren

Die Ärztekammer Hamburg erhebt gem. § 12 der Satzung der Ethik-Kommission der Ärztekammer Hamburg „für das Tätigwerden der Ethik-Kommission von den Anfragenden Gebühren nach der Gebührenordnung der Ärztekammer Hamburg

---

709 Vgl. den Bericht der Ethik-Kommission gem. § 15 der Satzung für das Jahr 1997, a.a.O., sowie für das Jahr 1998, HÄBl 3/99, 129; auch die Antworten zu Frage 16 des Fragebogens, Anhang B.
710 Vgl. auch die Antworten zu Frage 16 a des Fragebogens, Anhang B.
711 Vgl. oben 2. Teil E.XII. (S. 103).
712 Vgl. die Antworten zu Frage 12 und 12 a des Fragebogens, Anhang B.
713 Vgl. auch die Antworten zu Frage 14 des Fragebogens, Anhang B.

in der jeweils geltenden Fassung". Die Gebührenordnung[714] geht auf § 15 Abs. 4 S. 2 Hamb.ÄrzteG zurück und ist damit gesetzlich legitimiert.

In Hamburg werden Gebühren für die Inanspruchnahme der Ethik-Kommission in Höhe von 600,– DM bis 3.500,– DM verlangt.[715] Auch hier wird die Gebührenhöhe nach dem Bearbeitungsaufwand gestaffelt. Zwischen industriegeförderten und anderen Projekten wird nicht unterschieden. Wie in den anderen Bundesländern findet auch hier der Aspekt der inhaltlichen Förderungswürdigkeit noch keine Beachtung. Die Bearbeitung von multizentrischen Studien ist mit 600,– DM überdurchschnittlich teuer, was der Inanspruchnahme der Kommission mit diesen Studien jedoch nicht geschadet hat.[716] Die Kosten für die Bearbeitung von Primäranträgen bei Arzneimittelstudien der Phasen 1-4, bei Bioverfügbarkeits- und Äquivalenzstudien sowie bei Anträgen nach dem Medizinproduktegesetz sind mit 2.000,– DM pro Antrag als durchschnittlich zu bezeichnen. Anträge zur Durchführung einer somatischen Gentherapie sind mit 3.500,– DM veranschlagt.

714 Vom 11.09.1995, Änderung am 05.05.1997 durch die Kammerversammlung der Ärztekammer Hamburg beschlossen, die die Behörde für Arbeit, Gesundheit und Soziales am 14.08.1997 genehmigt hat und am 21.08.1997 ausgefertigt wurde, abgedruckt im HÄBl 10/1997.

715 Vgl. Ziff. 5 der Anlage zu § 1 der Gebührenordnung für Ärzte; auch die Antworten zu Frage 1 c des Fragebogens, Anhang B.

716 Vgl. Abbildung 2 und 3 zu Frage 11 und 11 a des Fragebogens, Anhang C.

4. Teil: Bewertende Vergleichung

Inhaltlich sind für die bewertende Vergleichung solche Problemfelder ausgewählt, von denen im Sinne der Untersuchungsabsicht signifikante Aussagen erwartet werden können.

So unterscheidet sich die institutionelle Zuordnung (B.) und die personelle Zusammensetzung (C.) der Hamburger Ethik-Kommission im Vergleich zu anderen Bundesländern durch besondere Merkmale. Weitere Besonderheiten der Hamburger Ethik-Kommission ergeben sich aus der Regelung zur Bestellung von Mitgliedern (D.) und aus einigen spezifischen Verfahrensweisen innerhalb der Ethik-Kommission (E.).

A. Institutionelle Zuordnung

In der Hansestadt Hamburg ist, wie in den anderen Bundesländern auch,[717] die Ethik-Kommissionen der Ärztekammer zugeordnet. Hierin unterscheidet sich Hamburg nicht von den anderen Ländern. Allerdings arbeiten in fast allen anderen Bundesländern Ethik-Kommissionen darüber hinaus auch an den medizinischen Fakultäten der Hochschulen. Hier hat die Hansestadt den Sonderweg eingeschlagen, sich auf eine einzige Ethik-Kommission bei der Ärztekammer zu verlassen. Die Ethik-Kommission bei der Ärztekammer Hamburg bearbeitet die gesamten Forschungsprojekte der Stadt. Am Universitätskrankenhaus Eppendorf besteht keine Ethik-Kommission, sondern lediglich eine Dienstanweisung, die Ethik-Kommission bei der Ärztekammer Hamburg vor der Durchführung von Forschungsvorhaben anzurufen.

Hier stellt sich die Frage, ob die Hansestadt Hamburg, vertreten durch die Behörde für Wissenschaft und Forschung, als Trägerin des Universitätskrankenhauses Eppendorf damit ihrer Verkehrspflicht im Bereich der klinischen Forschung in ausreichendem Maße nachkommt. Es gehört zu den Pflichten einer Klinik, ihre Einrichtung so zu organisieren, daß Patienten und Probanden Versuchen nur dann und solange ausgesetzt werden, wie diese auch innerhalb der speziellen örtlichen Gegebenheiten vertretbar sind.[718] Daß zur Erfüllung dieser Aufgabe an einem Universitätskrankenhaus eine an diese Klinik angegliederte Ethik-Kommission besonders geeignet erscheint, wurde schon dargestellt.[719] Deswegen ist fraglich, ob die Hansestadt Hamburg, als Trägerin des Universitätskrankenhauses, ihre Verkehrspflichten im Bereich der klinischen Forschung

717 Vgl. oben 1. Teil A. III. 1. b) (S. 23 f.) sowie 2. Teil A. (S. 81).
718 Vgl. oben 1. Teil B. II. 1. (S. 43 ff.).
719 Vgl. oben 1. Teil B. II. 1. (S. 43 ff.).

erfüllt, ohne eine Ethik-Kommission an der Universitätsklinik eingerichtet zu haben. Dies wäre dann der Fall, wenn die Ethik-Kommission bei der Ärztekammer Hamburg (die ja per Dienstanweisung der Universitätsklinik vor Beginn jeder klinischen Forschung angerufen werden muß) ausnahmsweise aufgrund der besonderen Konstellation in Hamburg ebenso effektiv die Aufgaben des Klinikträgers wahrnehmen kann, wie es eine an das Universitätskrankenhaus angegliederte Ethik-Kommission vermocht hätte.

Ohne Zweifel kann die Ethik-Kommission bei der Ärztekammer Hamburg ebenso wie jede andere Ethik-Kommission Forschungsprotokolle auf ihre *allgemeine ethische Vertretbarkeit* untersuchen. Sie müßte aber auch in der Lage sein, unkompliziert mit den Forschern der Universitätsklinik in persönlichen Kontakt zu treten, um ein der Qualität der Forschung zuträgliches *Vertrauensverhältnis* aufzubauen. Zudem müßte sie die *lokalen Gegebenheiten* so sachverständig wie eine UniversitätsEthik-Kommission beurteilen und ggf. auch einschreiten können. Nun ist in Hamburg als Stadtstaat eine enge räumliche Nähe zwischen Ärztekammer und Universitätskrankenhaus gegeben. Daraus folgt, daß der persönliche Kontakt zwischen den Mitgliedern der Ethik-Kommission und den Antragstellern unkompliziert möglich ist und zumindest die demographischen Verhältnisse im Bereich der Universitätsklinik auch von der Kommission der Ärztekammer eingeschätzt werden können. Entscheidend ist aber, daß sich unter den Angehörigen der Ethik-Kommission der Ärztekammer auch vier Mediziner des Universitätskrankenhauses befinden.[720] Sie kennen die Einrichtung der Klinik, die Prüfärzte, den aktuellen Belastungsgrad der Patienten mit forschungsbedingten Eingriffen und sind ggf. mit relevanten Ereignissen in der Klinik vertraut. Diese tatsächliche (und im übrigen auch in § 4 Abs. 1 Nr. a) der Satzung der Ethik-Kommission der Ärztekammer vorgeschriebene) Zusammensetzung ermöglicht der Ethik-Kommission der Ärztekammer eine effektive Beurteilung der Forschungsvorhaben aus dem UKE und das Einschreiten bei gefährlicher Ausweitung der Forschung oder bei Zwischenfällen.

Auch ist die Kommission der Ärztekammer mit 154 (im Jahr 1998) Primäranträgen pro Jahr rein vom *Arbeitsaufwand* bisher in der Lage, die Anfragen aus dem UKE innerhalb einer angemessenen Bearbeitungszeit zu bewältigen.[721]

Das Argument des Senats,[722] die Maßstäbe für die Beurteilung medizinischer Forschungsvorhaben müßten für alle Ärzte gleich sein und deswegen dürfe am Fachbereich Medizin keine gesonderte Ethik-Kommission eingerichtet werden, kann allerdings nicht zusätzlich für die besondere institutionelle Zuordnung der

---

720 Vgl. Deutsch, Medizinrecht, Rn. 607.

721 Vgl. oben 3. Teil C. IV. 9. (S. 137). Zu beachten ist allerdings, daß die Zahl der an die Hamburger Kommission gerichteten Anträge seit der landesrechtlichen Einrichtung der Ethik-Kommission weiterhin gestiegen ist (vgl. oben 3. Teil C. V. 8., S. 136), so daß u.U. in den nächsten Jahren ein Bedarf i.S.d. § 15 a S. 2 Hamb.ÄrzteG zur Einrichtung einer weiteren Ethik-Kommission gegeben sein könnte.

722 Vgl. oben 3. Teil A. II. 2. (S. 119) sowie 3. Teil C. I. (S. 129).

Ethik-Kommission in Hamburg in die Waagschale geworfen werden. Dies hieße in letzter Konsequenz, daß i.S.d. Gleichbehandlung aller Ärzte idealerweise nur eine Kommission in Deutschland (?), in Europa (?), auf der ganzen Welt (?) mit den immergleichen Maßstäben Forschungsprojekte beurteilen dürfte. Demgegenüber ist es jedoch gerade Aufgabe der Ethik-Kommissionen, die besonderen örtlichen und ggf. auch temporären Gegebenheiten zu berücksichtigen und insofern individuelle, kaum nachprüfbare Entscheidungen zu treffen.

Problematisch erscheint weiterhin, ob die Ethik-Kommission der Ärztekammer ebenso effektiv wie eine Kommission des medizinischen Fachbereichs die *Einhaltung der Regeln* über die klinische Forschung im Universitätskrankenhaus gewährleisten kann. Eine Ethik-Kommission der Universität würde per Dienstanweisung des Klinikvorstands dazu verpflichtet werden können, diesen im Falle eines negativen Votums, über die Gefährlichkeit des Versuchs mit dem Ziel einer Verhinderung zu unterrichten.[723] Eine entsprechende Dienstanweisung wäre für die Mitglieder der Ethik-Kommission der Ärztekammer nicht bindend. Die Auskünfte der übrigen bundesrepublikanischen Ethik-Kommissionen ergeben allerdings, daß solche Dienstanweisungen auch für die Mitglieder der Ethik-Kommissionen der Universitätskliniken nicht bestehen und es zudem noch nicht vorgekommen ist, daß ein Forschungsprojekt trotz negativen Votums durchgeführt wurde.[724] Die bestehende Ethik-Kommission der Ärztekammer in Hamburg gewährleistet insofern z.Zt. ebenso effektiv wie eine Kommission des medizinischen Fachbereichs die Einhaltung der Regeln über die klinische Forschung im UKE. Trotzdem sollte in Hamburg wie auch in den anderen Bundesländern darüber nachgedacht werden, ob im Falle eines abgelehnten Antrags generell der Träger derjenigen Forschungseinrichtung, für die das Projekt geplant war, über das negative Votum informiert werden sollte.

Insgesamt ist dem Schutz der Patienten und Probanden vor ethisch nicht vertretbaren Forschungen durch die Dienstanweisung am UKE ausreichend Rechnung getragen worden. Diese verweist die forschenden Ärzte am UKE an die besonders zusammengesetzte Ethik-Kommission der Ärztekammer, an der vier Fachmediziner des UKE mitwirken, die mit der dortigen Forschungssituation vertraut sind. Auch die Vorkommnisse in der Strahlentherapie und gynäkologischen Radiologie lassen die Organisation des Universitätskrankenhauses in dieser Hinsicht in keinem anderen Licht erscheinen. Es handelte sich bei den kritisierten Vorgängen überwiegend um ärztliche Fehler vor allem in der Aufklärung und Nachsorge und nicht – entgegen dem Anschein, den die Darstellung in den Medien teilweise erwecken konnte – um vorlagepflichtige Forschungsprojekte.[725]

---

723 Vgl. Deutsch, MedR 1995, 483 (486).
724 Vgl. die Antworten zu Frage 13 des Fragebogens, Anhang B.
725 Wenn sich herausstellen sollte, daß an den Patienten mit Ösophagus-Karzinomen tatsächlich Studien betrieben worden sind, so könnte u.a. der Klinikträger in diesem Punkt die Forschung nicht hinreichend organisiert haben. Allerdings würde dieser Vorwurf ebenfalls nicht auf die Nicht-Einrichtung einer „eigenen" Ethik-Kommission zielen, da eine solche

Die spezielle Konstellation in Hamburg könnte sogar zu einem gesteigerten Probandenschutz an dem Universitätskrankenhaus führen. Dadurch daß die medizinische Fakultät keine eigene Ethik-Kommission anrufen kann, werden die universitären Forschungsvorhaben durch eine Kommission der Ärztekammer begutachtet. Sie treffen dabei auf eine Kommission, die außer mit Professoren des Fachbereichs Medizin und anderen Universitätsangehörigen zu einem wesentlichen Teil auch mit außeruniversitären Mitgliedern besetzt ist. Dies könnte gegenüber den herkömmlichen Ethik-Kommissionen an den medizinischen Fachbereichen, die sich überwiegend aus Universitätsangehörigen zusammensetzen, den Vorteil haben, daß ggf. inneruniversitäre Konkurrenz zwischen Forschern nur erschwert in der Ethik-Kommission ausgetragen werden kann. Die außeruniversitären Mitglieder dämmen die Gefahr, daß für den Patientenschutz sachfremde Argumente wie der Fluß von Forschungsgeldern, einschließlich der Mitarbeiterfinanzierung, in die Bewertung der Projekte einfließen.[726]

Nach all dem trifft die Hansestadt Hamburg aufgrund der besonderen Konstellation ihrer Ethik-Kommission kein Vorwurf mangelhafter Organisation, weil sie keine zusätzliche Ethik-Kommission für das Universitätskrankenhaus eingerichtet hat.[727] Vor dem Hintergrund der ausführlichen Berichterstattung in den Medien über die angebliche „Klüngelei" der Ärzte im Fall der Strahlenschäden im UKE und angesichts der dementsprechend aufgerüttelten Öffentlichkeit, ist die Hamburger Lösung der Zuordnung der Ethik-Kommission an die Ärztekammer – im Gegensatz zu der Auffassung der CDU-Fraktion[728] – geradezu als geschickte vertrauensbildende Maßnahme zu betrachten, weil die Forschungsprojekte des UKE institutsunabhängig geprüft werden.[729]

B. Personelle Zusammensetzung

Die Ethik-Kommission in der Hansestadt Hamburg unterscheidet sich im Hinblick auf ihre personelle Zusammensetzung von den Ethik-Kommissionen der anderen Bundesländer in mehrfacher Hinsicht. Zum einen ist die Zusammenset-

---

an die Universität angegliederte Kommission – wie gezeigt – vermutlich nicht besser als die ebenfalls in Hamburg angesiedelte und mit vier Ärzten aus dem Universiäskrankenhaus besetzte Kommission der Ärztekammer auf die Vorkommnisse hätte reagieren können. Aus diesen Vorkommnissen müssen andere Konsequenzen, wie die Implementierung von Qualitätssicherungssystemen, gezogen werden.

726 Vgl. zu diesen Gefahren, Heath, IRB 20, 1998, Nr. 5, S. 8 (9); Evans/Evans, S. 123 f.

727 Ähnliches könnte für das Land Rheinland-Pfalz gelten, wo die Ethik-Kommission der Ärztekammer die Anträge aus dem Bereich des Universitätskrankenhauses mitbearbeitet. Die Ethik-Kommission bei der Landesärztekammer Rheinland-Pfalz und das Universitätskrankenhaus liegen beide in der gleichen Stadt und die Kommission ist mit sieben Ärzten des Universitätskrankenhauses besetzt. Allerdings dürfte die Arbeitsbelastung hier mit 205 Primäranträgen 1998 bei insgesamt steigender Tendenz im oberen Bereich liegen.

728 Vgl. oben 3. Teil C. I. (S. 128).

729 Vgl. auch die ähnliche Argumentation der zweiten Bürgermeisterin Krista Sager, PlPr 16/19 vom 28.05.1998, S. 81.

zung der Ethik-Kommission in Hamburg gesetzlich festgelegt, statt diese Regelung – wie in den anderen Bundesländern üblich – der Satzungskompetenz der Ärztekammer zu überlassen.[730] Zum anderen fällt die gesetzliche Regelung durch ihren Inhalt auf: Erstens wird insgesamt eine große Mitgliederzahl, zweitens ein relativ hoher Frauenanteil und drittens ein hoher Anteil medizinischer Laien vorgeschrieben.

Fraglich ist zum einen, inwieweit die detaillierte gesetzliche Festlegung der Zusammensetzung in die Kompetenz des Gesetzgebers fällt (hierzu unter I.) und zum anderen, ob die Hamburger Ethik-Kommission trotz oder gerade wegen der Besonderheiten bezüglich ihrer personellen Zusammensetzung in der Lage ist, ihre Funktionen zu erfüllen (hierzu unter II.).[731] Der Medizinische Fakultätentag bezweifelte 1995 beides in seiner Stellungnahme zum Entwurf des Hamburger Ärztegesetzes.[732]

I. Kompetenz des Landesgesetzgebers

Geprüft wird zunächst, ob der Landesgesetzgeber mit der Regelung der Zusammensetzung der Ethik-Kommission seine Kompetenz überschritten hat oder aber, ob ein Bedarf bestanden hat, die Zusammensetzung der Ethik-Kommission parlamentarisch zu regeln.

1. Unzulässige Beschränkung berufsständischer Autonomie?

Die Kompetenzüberschreitung könnte darin liegen, daß die Autonomie der Ärztekammer als Selbstverwaltungsorgan in unzulässiger Weise von Seiten des Landesgesetzgebers beschränkt wurde. Tatsächlich wird die Ärztekammer in ihrer Satzungsautonomie durch diesen gesetzgeberischen Akt beschränkt. Fraglich ist, ob dies unzulässig ist.

Für die Selbstverwaltungsautonomie sprechen gute Argumente. Sie soll die Eigenverantwortlichkeit der Angehörigen kleinerer Gemeinschaften wecken und damit die demokratische Mitarbeit der Verbandsangehörigen herausfordern. Sachliche und örtliche Verschiedenheiten werden so unter Einbeziehung von Sachkenntnissen möglichst genau, angemessen und flexibel berücksichtigt. Mit der Verleihung von Selbstverwaltungsautonomie entlastet sich der Gesetzgeber außerdem selbst von Detailregelungen, die ihn an seiner eigentlichen Arbeit, alle wichtigen Fragen des gesellschaftlichen Zusammenlebens selbst zu regeln, hindern würden.[733]

---

730 Vgl. oben 2. Teil C. (S. 82).
731 Auf die Bedeutung der Zusammensetzung für die Funktionsfähigkeit der Ethik-Kommission weist insbesondere Scheffold, S. 144, hin.
732 Zitiert in: Der Kassenarzt, 18 (20) und im HÄBl 9/1995, 343.
733 Starck, AöR 1967, 449 ff.; Taupitz, S. 622; ders., NJW 1972, 1489 (1491); Hörnemann, S. 137 f.

Die Rechtssetzungskompetenz der Kammern könnte jedoch nur im Falle einer verfassungskräftigen Absicherung der berufsständigen Autonomie ganz oder teilweise einem Zugriff des parlamentarischen Gesetzgebers entzogen sein.[734] Die Rechtfertigung der berufsständischen Autonomie und deren Absicherung wird durch Begründungen zu erreichen versucht, denen jeder verfassungsrechtliche Bezug fehlt.[735] Gegen die Legitimierung und Absicherung der Autonomie durch Rückgriff auf extrakonstitutionelle Begründungen spricht jedoch grundsätzlich, daß dabei die Funktion der geschriebenen Verfassung als rechtliche Grundordnung des Gemeinwesens[736] und ihre strikt bindende Wirkung verkannt wird.[737]

a) Ausdrückliche Regelungen des Grundgesetzes

Das Grundgesetz enthält keine spezifische Regelung für berufsständische Körperschaften und deren Satzungsautonomie.

b) Das Subsidiaritätsprinzip

Verfassungsrechtliche Relevanz könnte das Subsidiaritätsprinzip erlangen, wonach jeder untergeordneten und engeren Gemeinschaft dasjenige zur eigenen Erledigung überlassen werden soll, was in ihren Fähigkeiten steht; übergeordnete Gemeinschaften wie insbesondere der Staat haben sie hierbei zu unterstützen und erst dann an ihre Stelle zu treten, wenn die untergeordnete Gemeinschaft die Aufgabe nicht bewältigen kann.[738] Es gibt Stimmen, die mit dem Subsidiaritätsprinzip ein verfassungsrechtliches Zuständigkeitsprinzip begründen wollen, durch das Verbänden und Kammern ein Vorrang im Verhältnis zum Staat bei der Gestaltung der Gesellschaft zugestanden wird.[739]

Einzuräumen ist, daß sich bedeutsame Elemente dieses Prinzips im Grundgesetz erkennen lassen. Beispielsweise geht das Grundgesetz von einem Stufenaufbau aus, der vom Einzelmenschen (Art. 1, Art. 2 Abs. 1 GG) über die Familie (Art. 6 Abs. 1), die freien Vereinigungen (Art. 9), die kommunalen Gemeinwesen (Art. 28 Abs. 2) bis zu den Bundesländern (Art. 20 Abs. 1, Art. 79 Abs. 3) reicht.[740] Seit dem 25.12.1992 verfügt die neueingefügte Struktursicherungsklausel des Art. 23 Abs. 1 S. 1 GG für die europäische Union ausdrücklich die Geltung des Subsidiaritätsprinzips. Im Lichte der Entstehungsgeschich-

---

734 Vgl. Kleine-Cosack, S. 77.
735 Dazu Brandstetter, S. 48 ff.
736 Vgl. Hesse, Rn. 17.
737 Kleine-Cosack, S. 78.
738 Hendler, 340 ff.; Taupitz, S. 520 ff.
739 Etwa Dürig, JZ 1953, 193 (198); Kalkbrenner, in: FS für Küchenhoff, S. 515 (529 f.); Küchenhoff, in: FS für Nipperdey, Bd. 2, S. 317 (341); Menger, DVBl 1960, 297 (299); Süsterhenn, in: FS für Nawiasky, S. 141 (145 f.); zu den unterschiedlichen Positionen s. den Überblick bei Zuck, S. 50 ff. und Schmidt-Jortzig, S. 100 ff.
740 Kalkbrenner, in: FS für Küchenhoff, S. 515 (529).

te dient das Subsidiaritätsprinzip i.S.d. Art. 23 Abs. 1 S. 1 GG allerdings dem Schutz der staatlichen Befugnisse gegenüber Gefährdungen und Erosionen, die durch die Entwicklungen in der EU drohen.[741] Es regelt damit in erster Linie die Verteilung der Kompetenzen im Verhältnis von EU und Mitgliedstaaten, für Deutschland unter Berücksichtigung der Bestandsgarantie für Länder und Gemeinden.[742] Die Einzelbeispiele zeigen, daß Subsidiarität gerade kein vom Grundgesetz *durchgängig* verfolgtes Prinzip ist und insofern aus ihnen keine grundgesetzliche Regel hergeleitet werden kann.[743]

Es darf auch nicht übersehen werden, daß die Subsidiaritätslehre nur unter bestimmten Voraussetzungen als Ordnungsprinzip verwendbar ist. Sie versagt, wenn die übergeordnete Gemeinschaft nicht die Mitglieder der untergeordneten Gemeinschaft umfaßt und die Aufgabe nicht von beiden gleichermaßen wahrgenommen werden kann. Der Verfassungskonvent von Herrenchiemsee hat das Subsidiaritätsprinzip denn auch trotz entsprechender Bestrebungen aus den eigenen Reihen nicht in den Verfassungstext aufgenommen.[744] Schon damals wurde es für zu schwierig gehalten, diesen Grundsatz zum Inhalt des positiven Rechts zu machen. Dem Subsidiaritätsprinzip kann daher nicht die Eigenschaft einer allgemeinen konstitutionellen Ordnungsnorm zugeschrieben werden.[745] Es ist vielmehr eine staats- und gesellschaftstheoretische Kategorie, die „ein Postulat politischer Klugheit ausdrückt“[746] und sich allenfalls ermessensleitend an die Legislative und Exekutive richten kann.[747]

c) Analoge Anwendung einzelner Bestimmungen des Grundgesetzes

Angesichts des Fehlens spezifischer Bestimmungen des Grundgesetzes zur berufsständischen Autonomie versucht ein Teil der Literatur zur Begründung der verfassungsrechtlichen Absicherung einzelne Bestimmungen des Grundgesetzes, die sich mit Selbstverwaltungskörperschaften beschäftigen, analog anzuwenden.[748] Vor allem wird dabei auf die Garantie der kommunalen Selbstverwaltung (Art. 28 Abs. 2 GG) hingewiesen. Die Garantie der kommunalen

741 Vgl. BTDrucks. 12/3896, S. 17.
742 Dreier-Pernice, Art. 23, Rn. 73; Schmidt-Bleibtreu/Klein-Brockmeyer, Art. 23 Anm. 11; in diesem Sinne auch BVerfGE 89, 155 (211 f.).
743 Hendler, S. 343 f.; auch Zuck, S. 58; Taupitz, MedR 1998, 1 (2); Herzog, Sp. 3566.
744 Vgl. Isensee, S. 143 ff.
745 Maunz/Dürig-Scholz, Art. 12, Rn. 212; Taupitz, S. 522; auch schon Burmeister, S. 61 f.; Hendler, S. 343 f.; Schmidt-Jortzig, S. 112 f.; Wolff/Bachof, Bd. III, § 138 II b, Rn. 12; Zuck, S. 55 ff.; das BVErfG hat bis heute gezögert, im Subsidiaritätsprinzip einen ungeschriebenen Rechtsgrundsatz des Grundgesetzes zu erkennen, BVerfGE 58, 233 (253).
746 Taupitz, MedR 1998, 1 (2).
747 Isensee, S. 218 ff.; Taupitz, S. 523; Hendler, S. 344.; Pieper, S. 93 ff. und Oppermann, JuS 1996, 569 (570 f.), vergleichen das Subsidiaritätsprinzip mit den geschriebenen Staatszielbestimmungen. Ihm komme zwar keine strengrechtliche Normativität zu, es sei aber ein Argumentationsrahmen, innerhalb dessen sich die staatliche Aktion im Regelfall zu halten hat.
748 So z.B. Haug, S. 103 ff.; kritisch Wentzel, S. 109 ff.; Brandstetter, S. 113.; vgl. die Übersicht bei Kleine-Cosack, S. 85 ff.

Selbstverwaltung erfaßt nach herrschender Auffassung neben der Selbstverwaltung auch die Satzungsautonomie. Letzteres wird aus dem Wort „regeln" in Art. 28 Abs. 2 GG gefolgert.[749] Die Vorschrift betrifft jedoch speziell den Aufgabenbereich der Kommunen.[750] Es bestehen Bedenken, aus Art. 28 Abs. 2 GG Schlüsse zu ziehen, die über den Gemeindebereich hinausgehen. Dagegen spricht vor allem die besondere Stellung der Gemeinden im Vergleich zu anderen Körperschaften des öffentlichen Rechts. Die Gemeinden haben als Gebietskörperschaften einen universalen Wirkungskreis und sind nicht auf bestimmte Sachaufgaben festgelegt. Ihre Struktur entspricht weitgehend der des staatlichen Gesamtverbandes. Die berufsständische Selbstverwaltung weist demgegenüber eine nach ständischen Gesichtspunkten orientierte Gliederung auf, so daß es an einer strukturellen Verwandtschaft mit der kommunalen Selbstverwaltung fehlt.[751]

Die berufsständische Autonomie ist also weder ausdrücklich im Grundgesetz abgesichert, noch kommt eine analoge Anwendung der kommunalen Selbstverwaltungsgarantie in Betracht, da diese auf einen ganz spezifischen Sachverhalt bezogen ist.

Dem Grundgesetz kann keine ausdrückliche Legitimation oder Garantie der Satzungsautonomie berufsständischer Selbstverwaltungskörperschaften entnommen werden. Damit ist die Rechtssetzungskompetenz der Ärztekammer nicht per se dem Zugriff des Landesgesetzgebers entzogen. Ihre Autonomie wurde somit durch die *gesetzliche* Regelung der Zusammensetzung der Ethik-Kommission nicht in unzulässiger Weise beschränkt. Die Hamburger Legislative hat mit der Regelung der Zusammensetzung der Ethik-Kommission nicht ihre Kompetenz überschritten.

2. Bedarf parlamentarischer Legitimation?

Nachdem festgestellt wurde, daß der Landesgesetzgeber seine Kompetenz nicht überschritten hat, bleibt die Frage offen, ob er evtl. sogar verpflichtet war, diesen Aspekt selbst zu regeln bzw. ob es unter Beachtung des Subsidiaritätsprinzips „klug" war, gesetzgeberisch tätig zu werden. Eine Verpflichtung des Gesetzgebers zum Tätigwerden käme aus zwei Gründen in Betracht: Einmal wenn die Regelung i.S.d. Wesentlichkeitstheorie so wesentlich in die Grundrechte der antragstellenden Forscher eingreift, daß sie vom Gesetzgeber selbst geregelt werden müßte,[752] zum anderen, wenn der Gesetzgeber eine Schutzpflicht für Menschenwürde, Leben und Gesundheit der von Versuchen am Menschen betroffenen Personen hätte und diese nur durch eine gesetzliche Regelung wahrnehmen könnte.

---

749 BVerwGE 6, 247 (252); Ziegler, S. 29.
750 Küttner, S. 6.
751 Vgl. Kleine-Cosack, S. 87.
752 Vgl. 1. Teil B. I. 1. c) bb) (S. 31 ff.).

In Teil 1 B. I. 1. c) bb) (S. 31 ff.) wurde ausgeführt, daß eine berufsrechtliche Vorschrift, die die Verpflichtung zur Anrufung einer Ethik-Kommission aufstellt, von so minimaler Grundrechtsrelevanz ist, daß sie nicht vom Gesetzgeber selber getroffen werden muß. Vorausgesetzt wurde bei dieser Feststellung, daß es sich bei den Kontrollgremien um die herkömmlichen, kompetenten Ethik-Kommissionen handelt, so daß die prozeduralen Belastungen für den Forscher als geringfügig zu erachten sind und auf der anderen Seite die Begutachtung dem Projekt sogar auch förderlich zu sein vermag. Nur für den Fall, daß die Selbstverwaltung versagte und Gremien hervorbrächte, die nicht in der Lage wären, funktionsgerecht zu arbeiten, griffe die Verpflichtung zur Anrufung einer derart inkompetenten Kommission so wesentlich in die Grundrechte des Forschers ein, daß der Gesetzgeber selbst aufgerufen wäre, zumindest gewisse Mindestanforderungen bezüglich der personellen Zusammensetzung festzulegen. In Hamburg bestand hierfür jedoch keine Veranlassung. Die Akzeptanz der Ethik-Kommission ist bei der Hamburger Ärzteschaft im Gegenteil stetig gestiegen.[753]

Nach der Lehre von den grundrechtlichen Schutzpflichten ist der Staat jedoch nicht nur zur Unterlassung von Grundrechtsverletzungen verpflichtet, sondern er soll sich auch schützend und fördernd vor die Grundrechte stellen.[754] Bei der Wahrnehmung von Schutzpflichten kommt dem Gesetzgeber ein weiter Gestaltungsbereich zu, der auch Raum läßt, kollidierende verfassungsrechtlich geschützte Interessen Dritter zu berücksichtigen.[755] Die Entscheidung, welche Maßnahmen geboten sind, kann deshalb nur begrenzt nachgeprüft werden. Das Verfassungsgericht kann eine Verletzung der Schutzpflicht nur feststellen, wenn die öffentliche Gewalt Schutzvorkehrungen entweder überhaupt nicht getroffen hat oder offensichtlich die getroffenen Regelungen und Maßnahmen „gänzlich ungeeignet“ oder „vollständig unzulänglich“ sind, das Schutzziel zu erreichen.[756] Nur wenn eine Satzungsregelung völlig ungeeignet wäre, den Schutz der von Versuchen am Menschen betroffenen Personen zu erreichen, bestünde also eine Pflicht des Gesetzgebers, die Zusammensetzung gesetzlich zu regeln.

Der Nachteil, die Regelungsbefugnis der Ärztekammer zu überlassen, besteht in der Gefahr, daß sich bei der personellen Zusammensetzung der Ethik-Kommission durch die Ärztekammer sachfremde, berufspolitische Erwägungen gegen die Interessen der Allgemeinheit durchsetzen könnten.[757] In der Stellungnahme des Ärztekammerpräsidenten zu dem Gesetzentwurf, in der er die geplante in-

---

753 HÄBl 11 /1989, 513.

754 Vgl. hierzu BVerfGE 39, 1 (42); 46, 160 (162 f.); 88, 203 (213 ff.); Klein, NJW 1989, 1633 ff.; Pietrzak, JuS 1994, 748 ff.; Stern, Bd. III/1, S. 931 ff.; Dreier, S. 47 f., 59 f.; Pieroth/Schlink, Rn. 93 ff.; Hermes, S. 246 ff.; instruktiv zum Ganzen Di Fabio, S. 231 f.; speziell bezogen auf die Arbeit von Ethik-Kommissionen Grupp, S. 137.

755 BVerfGE 39, 1 (20); Pietrzak, JuS 1994, 748 (751).

756 BVerfGE 56, 54 (81); 77, 170 (215); 79, 174 (202).

757 Zu den Gefahren, die mit einem zu weitgehenden Rückzug des Staates verbunden sind vgl. Taupitz, S. 523.

terdisziplinäre Zusammensetzung der Ethik-Kommission begrüßte,[758] zeigt sich allerdings, daß diese Gefahr nicht überschätzt werden darf. Auch die Zusammensetzung der Hamburger Ethik-Kommission vor 1995 ließ keinen gesetzgeberischen Handlungsbedarf erkennen.

Vielmehr läge ein Vorteil in der Satzungsregelung. Der Ärztekammer als untergeordneter Gemeinschaft würde i.S.d. Subsidiaritätsprinzips, dasjenige zu ihrer eigenen Erledigung überlassen werden, was in ihren Fähigkeiten steht. In erster Linie steht es nämlich in der Sachkunde der Ärztekammer zu beurteilen, wie ein Gremium zum Zweck der Forschungskontrolle zusammengesetzt werden sollte. Insbesondere wäre es der Ärztekammer eher möglich, ihre Satzung flexibel an geänderte Gegebenheiten, etwa in Hinblick auf spezifische Forschungsprojekte, oder auch nur an neu gewonnene Erkenntnisse in der Frage der optimalen Zusammensetzung anzupassen. Die Bürgerschaft kann hingegen nur verzögert mit einer relativ aufwendigen Gesetzesänderung reagieren.

Eine Satzungsregelung über die Zusammensetzung der Ethik-Kommission wäre folglich keinesfalls „gänzlich ungeeignet“ oder „vollständig unzulänglich“, den Schutz der von Versuchen am Menschen betroffenen Personen zu erreichen. Eine Verpflichtung des Landesgesetzgebers, die Zusammensetzung selbst zu regeln, besteht also nicht. Noch nicht einmal kann der überwiegende Vorteil der gesetzlichen Regelung erkannt werden. Trotz der Erfahrungen, die in Hamburg mit Medizinskandalen in der jüngeren Vergangenheit gemacht werden mußten, sollten die Gefahren, die mit der Delegation rechtssetzender Kompetenz verbunden sind, im Verhältnis zu den dargelegten Vorteilen nicht überschätzt werden.

Festzuhalten bleibt, daß der Landesgesetzgeber zwar das Recht, aber nicht die Pflicht hat, bezüglich der Regelung der Zusammensetzung der Ethik-Kommission tätig zu werden. Im Gegenteil werden die überwiegenden Vorteile einer detaillierten gesetzlichen Regelung bezweifelt.

Angesichts gewisser Defizite in der Besetzung der Ethik-Kommissionen in anderen Bundesländern (z.B. reine Kollegenkontrolle[759]) und im Sinne einer Harmonisierung der Verfahren würde jedoch einiges für eine bundeseinheitliche Regelung gewisser *Mindest*standards bezüglich der Besetzung der Ethik-Kommissionen sprechen.[760]

II. Der Inhalt der Regelung

Nachdem die Kompetenz zur Regelung der Zusammensetzung der Ethik-Kommission festgestellt wurde, soll im Folgenden auf die Zweckmäßigkeit der inhaltlichen Gestaltung der Vorschrift eingegangen werden. Es wird analysiert,

758 Montgomery, zitiert in: Der Kassenarzt, 1995, 18.
759 Vgl. oben 2. Teil C. I. (S. 84).
760 In diesem Sinne auch Grupp, S. 137.

inwieweit die materiellen Besonderheiten der gesetzlichen Regelung die Funktionsfähigkeit der Ethik-Kommission beeinträchtigen bzw. fördern.

1. Die hohe Mitgliederzahl

Während die Ethik-Kommissionen in den übrigen Bundesländern durchschnittlich 8,6 Mitglieder haben[761] – eine Zahl, die sich im internationalen Vergleich nicht als ungewöhnlich darstellt[762] – setzt sich die Ethik-Kommission der Ärztekammer Hamburg aus 15 Mitgliedern zusammen.[763]

Die hohe Anzahl der Mitglieder – ohne Berücksichtigung der konkreten personellen Ausgestaltung – dürfte zu einem sehr langwierigen Prüfungsverfahren führen.[764] Andererseits ist hiergegen so lange nichts einzuwenden, wie die Kommission trotzdem arbeitsfähig bleibt. Zum einen muß sie in der Lage bleiben, alle Anträge zeitlich angemessen zu bearbeiten und zum anderen muß sie genügend kompetente Kandidaten für die Mitgliedschaft gewinnen können.

a) Zeitlich angemessene Bearbeitung

Der Ethik-Kommission der Ärztekammer ist es bisher gelungen, alle eingegangenen Anträge in den jeweiligen Sitzungsterminen rechtzeitig abzuarbeiten.[765] In dieser Hinsicht ist die Ethik-Kommission in Hamburg also trotz ihrer großen Mitgliederzahl arbeitsfähig geblieben.

b) Gewinnung kompetenter Mitglieder

Das Gewinnen kompetenter Kandidaten für die Mitarbeit in der Kommission gestaltet sich zuweilen schon bei kleineren Kommissionen wegen der arbeitsaufwendigen Tätigkeit, die gelegentlich auch unangenehm ist, schwierig.[766] Die Sitzungen einer Kommission mit großer Mitgliederzahl werden erfahrungsgemäß besonders zeitraubend sein. Entsprechend schwieriger wird die Gewinnung kompetenter Kandidaten werden. Mit diesem Problem ist die Ethik-Kommission in Hamburg auch tatsächlich konfrontiert. Es ist zum Teil nicht leicht gefallen, potentielle Mitglieder zur Mitarbeit zu bewegen. Die Besetzung ist aber dennoch gelungen; lediglich die Sollvorschrift bezüglich des Frauenanteils wurde knapp nicht eingehalten. Die zwingenden, sehr detaillierten und anspruchsvollen Voraussetzungen von Gesetz und Satzung sind aber voll erfüllt.

---

761 Vgl. oben 2. Teil C. III. (S. 85).
762 Vgl. oben Fn. 417.
763 Vgl. oben 3. Teil C. III. (S. 130).
764 Dazu Gsell, Schweizerische Ärztezeitung 1979, 1345 (1349); Bork, S. 49; Scheffold, S. 144.
765 Vgl. oben 3. Teil C. V. 9 (S. 137).
766 Vgl. Helmchen, Vortrag auf dem 2. Berliner Gentechnik-Forum „Gen-Therapie" am 10.05.1994, S. 10 (unveröffentlicht).

Auch in diesem essentiellen Punkt ist die Arbeitsfähigkeit der Ethik-Kommission in der Hansestadt gewährleistet.

Eine große Mitgliederzahl sollte zwar nicht angestrebt werden, andererseits läßt sich feststellen, daß es der Hamburger Ethik-Kommission trotz ihrer großen Mitgliederzahl bisher gelungen ist, ihre Arbeitsfähigkeit aufrecht zu erhalten. In diesem Punkt wird die Funktionsfähigkeit der Hamburger Ethik-Kommission nicht nennenswert beeinträchtigt.

2. *Anteil der Frauen*

Besonders und gleichzeitig problematisch ist an der Hamburger Regelung, daß ein Frauenanteil von 50% in einer gesetzlichen Soll-Vorschrift verankert ist.[767] In den übrigen Bundesländern ist meist nur eine oder sogar gar keine Frau Mitglied der Ethik-Kommission (durchschnittlicher Frauenanteil dort 15,1%).[768]

Da auch Frauen als Probanden in Frage kommen, ist es grundsätzlich zu begrüßen, wenn nicht sogar zwingend notwendig, daß sie *überhaupt* als Repräsentantinnen des weiblichen Geschlechts in der Kommission vertreten sind.[769] Dies bringt auch der Kommentar zu Guideline 14 der CIOMS zum Ausdruck. Das Votum einer bundesdeutschen Ethik-Kommission, die ausschließlich mit Männern besetzt ist, wird laut Mitteilung des DÄBl[770] in den USA sogar häufig schon allein aus diesem Grunde nicht anerkannt.

Angesichts der Tatsache, daß die Gewinnung kompetenter Mitglieder für die Mitarbeit in der Kommission sich ohnehin schwierig gestaltet, birgt allerdings die Festschreibung eines so hohen Prozentanteils weiblicher Mitglieder die Gefahr in sich, daß primär nach dem Geschlecht und erst sekundär nach der Sachkompetenz ausgewählt wird. Dies gilt insbesondere dort, wo eine wissenschaftliche Ausbildung vorausgesetzt wird oder gar ein Lehrstuhlinhaber gewünscht wird, da nur ein Anteil von 5% aller Professoren weiblichen Geschlechts ist. Obgleich sich die Schwierigkeit der geringen Auswahl weiblicher Wissenschaftlerinnen in der tatsächlichen Besetzung der Ethik-Kommission in Hamburg widerspiegelt (während sieben bis acht Frauen gesetzlich vorgeschrieben sind, sind in die Kommission nur sechs weibliche Mitglieder berufen worden), zeigt sich an der qualitätvollen Besetzung der Hamburger Ethik-Kommission[771], daß trotz der Zielvorgabe bezüglich des Frauenanteils kompetente Mitglieder beider Geschlechter gefunden werden konnten. Die Soll-Vorschrift führt also nicht zur Unzweckmäßigkeit der Zusammensetzung der Ethik-Kommission.

---

767 § 15 d Abs. 1 S. 1 Hamb.ÄrzteG, vgl. oben 3. Teil C. III. (S. 130).
768 Vgl. oben 2. Teil C. III. (S. 85).
769 So auch die Argumentation von Gutteridge/Bankowski/Curran/Dunne, in: XVth CIOMS Round Table Conference, S. 200 (211).
770 DÄBl 1989, B-2696.
771 S. dazu näher unten, 4. Teil C. IV. 3. a) (S. 153) und b) bb) (S. 157).

Damit in absehbarer Zeit eine angemessene Präsenz von weiblichen Mitgliedern in den Kommissionen problemlos erreicht werden kann, wäre es empfehlenswert, in dieser Hinsicht verstärkt den wissenschaftlichen Nachwuchs zu fördern. Möchte man dennoch in der Zwischenzeit eine möglichst starke Beteiligung von weiblichen Mitgliedern erreichen, könnte die eindeutige Regelung in Schleswig-Holstein als Vorbild dienen. Dort ist die Zielvorgabe einer paritätischen Besetzung ausdrücklich an die Voraussetzung fachlicher Kompetenz gekoppelt: „Frauen und Männer sollen in gleicher Anzahl in der Ethik-Kommission vertreten sein; Ausnahmen sind nur in personell oder fachlich begründeten Einzelfällen zulässig.", § 6 Abs. 1 S. 2 und 3 des Gesetzes über die Kammern und die Berufsgerichtsbarkeit für die Heilberufe (Heilberufsgesetz).

3. *Anteil medizinischer Laien*

Während in den anderen Bundesländern Ethik-Kommissionen mit durchschnittlich 35% medizinischen Laien besetzt sind,[772] setzt sich die Ethik-Kommission der Ärztekammer Hamburg neben acht Medizinern aus sieben medizinischen Laien zusammen.[773] Dies entspricht knapp 50% und damit einem deutlich höheren Anteil. Es stellt sich die Frage, ob die Besetzung der Kommission mit Nichtmedizinern in der Art ihrer Qualifikation und in ihrer zahlenmäßigen Vertretung den in der Ethik-Kommission gestellten Aufgaben gerecht wird.

Damit die Ethik-Kommission vor allem Patienten und Probanden, aber auch Forscher und die Forschungseinrichtungen, vor möglichen negativen Folgen rechtlich und ethisch bedenklicher Forschung bewahren kann, sind neben fachmedizinischen, auch außerfachliche Erwägungen, wie z.B. ethische und juristische, anzustellen. Daß zur Bewältigung dieser anspruchsvollen Aufgabe eine interdisziplinäre Zusammensetzung erforderlich ist, ist allgemein anerkannt.[774] Mediziner wie Laien haben ihre Beiträge in der Kommission zu leisten. Welche Beiträge das im einzelnen sind und inwieweit diese mit der Besetzung der Hamburger Ethik-Kommission geleistet werden können, soll im Folgenden dargestellt werden.

a) *Beitrag der Mediziner*

Die Ethik-Kommission muß in der Lage sein, den wissenschaftlichen Wert der vorgelegten, z.T. hoch spezialisierten Studien aus den unterschiedlichsten Bereichen fachmedizinisch zu beurteilen, um einschätzen zu können, welchen Nutzen ein bestimmtes, zur Begutachtung vorgelegtes Projekt bringen kann. Dabei muß sie die möglichen Risiken erkennen und einschätzen können. Zur Abschätzung des Nutzens wie auch des Risikos sollte sie neben dem medizinischen Sachverstand auch über konkurrierende Forschungsprojekte informiert

---

772 Vgl. die Antworten zu Frage 2 und 3-3 h des Fragebogens, Anhang B, sowie die Zusammenfassung zu Frage 2 und 3, Anhang C.

773 § 15 d Abs. 1 S. 2 Hamb.ÄrzteG; vgl. oben 3. Teil C. III. (S. 130).

774 Vgl. oben Fn. 415.

sein, um die Nutzlosigkeit eines wiederholenden Versuchs zu erkennen oder um die Risiken für bestimmte Patientengruppen, die in der jüngeren Vergangenheit mit Forschungen belastet wurden, zu erkennen.[775] Zusätzlich muß auch die praktische Durchführbarkeit des Vorhabens beurteilt werden können.

Die häufige Anrufung von externen beratenden Experten und Gutachtern wäre ineffizient und nicht im Sinne einer gründlichen und zügigen Prüfung der der Kommission vorgelegten Anträge.[776]

Aus diesen hohen Anforderungen an den umfassenden medizinischen Sachverstand und die Erfahrung innerhalb der Kommission folgt, daß die Ethik-Kommission mit spezialisierten und erfahrenen Klinikern sowie Forschern aus unterschiedlichen Fachgebieten besetzt sein sollte.[777]

In der Ethik-Kommission in Hamburg sind mit den vorgeschriebenen acht Ärzten verschiedener Fachgebiete[778] mehr Fachrichtungen als in anderen Ethik-Kommissionen (dort durchschnittlich 5,5[779]) abgedeckt. Die Mitgliedschaft eines Medizintechnikers ist vorgeschrieben, während ein solcher in den meisten anderen Kommissionen fehlt.[780] Mit der Mitgliedschaft eines in der klinischen Grundlagenforschung tätigen Wissenschaftlers ist gleichzeitig berücksichtigt worden, daß biometrische Kenntnisse Voraussetzung für eine effektive Kommissionsarbeit sind. Auffällig ist, daß bei einer detaillierten Auflistung der erforderlichen Qualifikationen weder ein Pharmakologe noch ein Statistiker aufgeführt wurden. Ein Pharmakologe ist allerdings z.Zt. tatsächlich – im Gegensatz zu einem Viertel der übrigen Ethik-Kommissionen[781] – in der Hamburger Kommission vertreten.[782] Zusätzlich dürfte die Vielzahl der überwiegend forschend tätigen Ärzte (5)[783] zumindest teilweise den Statistiker ersetzen. Damit fehlt es der Kommission trotz der hohen Laienbeteiligung nicht an medizinischem Sachverstand. Diese Einschätzung scheint dadurch unterstrichen zu werden, daß die Ethik-Kommission in Hamburg nicht durch eine besonders häufige Anrufung externer Gutachter auffällt.[784]

b) Beitrag der medizinischen Laien

Eine der Forderungen an die Forschungsüberwachung liegt heute zusätzlich darin, die Kontrolle über medizinische Forschung nicht allein der Ärzteschaft

775 Vgl. Deutsch/Lippert, S. 45.
776 Vgl. Görlich, DNÄ Nr. 211 v. 1.11.1989, S. 2.
777 Vgl. Evans/Evans, S. 104 f.
778 § 15 d Abs. 1 S. 2 Hamb.ÄrzteG. Zudem bestimmt die Satzung der Ethik-Kommission der Ärztekammer Hamburg, daß die ärztlichen Mitglieder mindestens fünf Jahre Berufserfahrung haben müssen, vgl. oben 3. Teil C. III. (S. 130).
779 Vgl. oben 2. Teil C. III. (S. 85).
780 Vgl. oben 2. Teil C. III. (S. 85).
781 Vgl. oben 2. Teil C. III. (S. 85).
782 Vgl. oben 3. Teil C. III. (S. 130).
783 Vgl. die Antwort zu Frage 3 m des Fragebogens, Anhang B.
784 Vgl. oben 2. Teil E. V. 3. (S. 93) und 3. Teil C. V. 4. c) (S. 134).

zu überlassen.[785] Fraglich ist nur, welche und wieviele medizinische Laien für die Mitarbeit in der Kommission zweckmäßig sind.

Zu kurz gegriffen ist die Ansicht, ein Plus an Laien in der Kommission würden per se auch eine Stärkung der Vertrauensbildung in der Bevölkerung gegenüber der notwendigen medizinischen Forschung nach sich ziehen.[786] Die Ethik-Kommission wird auf lange Sicht nur dann sowohl bei den Forschern als auch in der restlichen Bevölkerung akzeptiert werden, wenn sie ihre Funktionen erfüllt.[787] Diese kann sie nur dann erfüllen, wenn sie zweckmäßig zusammengesetzt ist. Zu fragen ist also nach den konkreten Funktionen von medizinischen Laien für die Arbeit der Ethik-Kommissionen, um anschließend feststellen zu können, welche und wieviele Personen diese Funktionen ausfüllen sollten.

aa) Funktionen der medizinischen Laien

Welche spezifischen Beiträge gerade die medizinischen Laien leisten können und auch leisten sollten, wird bis heute uneinheitlich beurteilt. Aus den verschiedenen Beiträgen, die häufig nur einzelne Aspekte behandeln, lassen sich folgende Grundfunktionen zusammenfassen: Die medizinischen Laien können erstens den ärztlichen Sachverstand durch außermedizinische Fachkenntnisse ergänzen. Zweitens sind sie in der Lage, die Perspektive der Patienten und Probanden zu repräsentieren und drittens können sie zur Unabhängigkeit der Kommission beitragen. Darüber hinaus wird auch die Auffassung vertreten, daß die Laien die Werte der Gesellschaft zu repräsentieren hätten.[788]

(1) Einbringung von außermedizinischen Fachkenntnissen

Neben ärztlichem Sachverstand werden in der Ethik-Kommission auch weitere spezielle Fachkenntnisse benötigt:

(a) Unter dem Aspekt, daß die Ethik-Kommission im Zuge ihrer Begutachtungen eine Vielzahl von Regelungen zu beachten hat und an das Votum der Kommission auch bestimmte rechtliche Folgen geknüpft sind,[789] erscheint juristischer Sachverstand unerläßlich.[790]

(b) Ethische Grundsatzerwägungen fallen zwar nicht in die Zuständigkeit von Universitäts- oder Länderkommissionen, hier wäre die Zentrale Ethik-Kom-

---

785 Vgl. oben Fn. 415.

786 Ansicht der Gesundheitsbehörde, wiedergegeben in „Focus“, Nr. 23, 03.06.1995, S. 42.

787 In diesem Sinne auch Hopf/Holtheide/Schäfer, Rh.ÄBl 2/1996, 18 (20).

788 Zu den wünschenswerten Eigenschaften der „nichtwissenschaftlichen und nicht der Institution angehörenden Mitglieder der IRB und zu ihren weiteren möglichen Funktionen, die aber gleichzeitig von den medizinischen Mitgliedern erfüllt werden, vgl. Porter, IRB 8, 1986, Nr. 3, 1 ff., sowie dies., IRB 9 (1987), Nr. 6, 1 ff.

789 Vgl. oben 1. Teil B; C. III. 1.; D; E.

790 Vgl. Bork, S. 48 f.; Kirchhoff, arzt im krankenhaus 1980, 672 (676); Samson, DMW 1981, 667 (669); Eser/Koch, DMW 1982, 443 (444); Görlich, DNÄ Nr. 211 v. 1.11.1989, 2; Schröder, S. 73.

mission bei der Bundesärztekammer zuständig, die sich um die Grenzfragen des Medizingewerbes kümmern soll. Über die rein medizinische und rechtliche Beurteilung des Studienprotokolls an den lokalen Ethik-Kommissionen hinausgehend, werden aber *auch* ethische Fragestellungen eine Rolle spielen. Zu deren Beurteilung werden Fachkenntnisse spezieller ethischer Kriterien von Nutzen sein können.[791]

(c) Gerade vor dem Hintergrund, daß die Ethik-Kommission in der Hansestadt auch Forschungsprojekte nichtärztlicher Wissenschaftler, insbesondere solche, die dem Pflegebereich entstammen, zu begutachten hat, wird es der Arbeit der Kommission zuträglich sein, wenn auch der Pflegebereich aus dem Sachverstand der Kommission heraus abgedeckt wäre.[792]

(2) Repräsentanz der Patienten- und Probandenperspektive

Da die Ethik-Kommission vor allen anderen Interessen, die der Patienten und Probanden schützen soll, muß sie auch in der Lage sein, sich in die Sichtweise, den Informationsstand und die Auffassungsweise eines durchschnittlichen, vielleicht kranken, jedenfalls verletzbaren Patienten oder Probanden, der über keinerlei medizinische Kenntnisse verfügt, hineinzuversetzen. Medizinische Laien können frei von fachlich begrenzter Sichtweise im Sinne der Patienten und Probanden für Transparenz und Allgemeinverständlichkeit des Forschungsvorhabens und seiner Problematik sorgen, die der in der Kommission mitwirkende Laie so wie der spätere Proband bei der Aufklärung verstehen können muß.[793]

(3) Unabhängigkeit der Kommission

Die medizinischen Laien in der Kommission haben auch die Funktion, die Unabhängigkeit der Kommission zu unterstützen.[794] Sie tragen dazu bei, daß unvoreingenommen an die Prüfung eines Protokolls herangegangen wird. Sie können die Interessen gegenwärtiger und zukünftiger Patienten und Probanden unabhängig von den Erwägungen untersuchen, wie wichtig oder prestigeträchtig das vorgestellte Projekt für den Forscher oder die Institution ist.

---

791 Vgl. Bork, S. 49; Beller, in: Symposium, S. 23; Losse, in: Dengler/Schwilden, S. 21 (28); Schröder, S. 73; Weißauer, MMW 1979, 551 (554); zu den Quellen ethischer Beurteilung von Versuchen am Menschen insb. Deutsch, Klinische Forschung, S. 65 ff.

792 Vgl. oben 2. Teil E. I. (S. 88).

793 Schröder, S. 73; Classen, MedR 1995, 148 (151); Bork, S. 50; van den Daele/Müller-Salomon, S. 38, 55 f., 78 f.; Kahlke, HÄBl 9/1995, 343; Ghio, IRB 2, 1980, Nr. 2, S. 7; Roseman, IRB 9,1987, Nr. 2, 8 (9); Spatz, Mabuse 1995, 45 (47); Evans/Evans, S. 105; vgl. zur Asymmetrie der Arzt-Patientenbeziehung, Schaupp, S. 49 ff.

794 Czwalinna, S. 124; Roseman, IRB 9, 1987, Nr. 2, 8 (9); Helmchen, Vortrag auf dem 2. Berliner Gentechnik-Forum „Gen-Therapie“ am 10.05.1994 , S. 11 f. (unveröffentlicht); vgl. auch Bölckow, STATT Partei, PlPr 15/38, S. 1872 C ; Harding/Ummel, Journal of Medical Ethics 1989, S. 191 ff.; Nolan, IRB 2, 1980, Nr. 8, 1 (2); Schaupp, S. 324.

(4) Repräsentanz der gesellschaftlichen Werte

Gelegentlich wird auch die Auffassung vertreten, die medizinischen Laien hätten die Aufgabe wahrzunehmen, die kulturellen und moralischen Werte der Gesellschaft in der Ethik-Kommission zu repräsentieren.[795]

bb) Personelle Wahrnehmung der außermedizinischen Funktionen

Fraglich ist, welche Personen die vorgenannten außermedizinischen Funktionen in der Ethik-Kommission ausüben können und inwieweit diese personelle Ausstattung in der Hamburger Ethik-Kommission gegeben ist.

(1) Einbringung von außermedizinischen Fachkennntnissen

(a) Wegen der Vielzahl der rechtlichen Probleme im Zusammenhang mit Forschungsvorhaben muß für die Behandlung dieser Fragen ein Jurist seinen fachlichen Beitrag leisten.[796] Angesichts der schwierigen Verzahnung komplexer rechtlicher Probleme mit klinischen und biometrischen Fragen und der Vielzahl von Meinungen auf dem Gebiet des Rechts der medizinischen Forschung sollte er idealerweise Kenntnisse im Bereich des Medizinrechts haben.[797] Die Ethik-Kommission in Hamburg verfügt mit ihren zwei juristischen Mitgliedern[798] – wie fast alle Ethik-Kommissionen[799] – über den notwendigen juristischen Sachverstand.

(b) Für die ethischen Fragestellungen, die über die rein medizinische und rechtliche Beurteilung des Studienprotokolls hinausgehen, scheint eine Kennerin oder ein Kenner ethischer Kriterien notwendig zu sein. Weder Mediziner noch Juristen können von Berufs wegen immer als solche gelten. Maßstab sollte bei der Begutachtung medizinischer Forschungsvorhaben durch ein unabhängiges Gremium eben nicht nur die Standesethik sein.[800] Auch das geschriebene Recht stellt nach der Formel von Georg Jellinek höchstens ein ethisches Minimum dar, mit dem nicht alle Fragen beantwortet werden können, die bei der Beurteilung eines Forschungsprojektes auftreten.[801] Ethik und Recht können nach der heutigen Auffassung einander ergänzen oder in einem Spannungsverhältnis zueinander stehen. Das heißt, daß vom Recht offen gelassene Fragen unter ethischem Aspekt ergänzend oder recht-

795 Zamory, GAL-Fraktion, während der Bürgerschaftssitzung vom 21.09.1995, PlPr 15/53, S. 2541 B; Spatz, Mabuse 1995, 45 (47); Nolan, IRB 2 1980, Nr. 8, 1 f.; vgl. auch die Ergebnisse einer Umfrage unter Mitgliedern der IRBs in den USA bei Porter, IRB 9, 1987, Nr. 6, 1 ff.; Lewandowski/Schnieders, in: Symposium, S. 68.
796 Vgl. Bork, S. 48 f.; Kirchhoff, arzt im krankenhaus 80, 672 (676); Czwalinna, S. 124.
797 Hierauf weisen explizit Samson, DMW 1981, 667 (669), und Eser/Koch, DMW 1982, 443 (444), hin.
798 Vgl. § 15 d Abs. 1 S. 2 Hamb.ÄrzteG; oben 3. Teil C. III. (S. 130).
799 Vgl. oben 2. Teil C. III. (S. 85).
800 Beller, in: Symposium, S. 23 (31 f.).
801 Vgl. Hörnemann, MMG 1990, 3 (7).

liche Regelungen ethisch anders beurteilt werden können.[802] Dies gilt schon für die Risiko-/Nutzenabwägung, aber auch für Spezialprobleme wie z.B. für die Fragen der vorweggenommenen oder vermuteten Einwilligung[803] und den Bereich der Versuche an älteren Jugendlichen unter 18 Jahren, welche unter ethischen Aspekten anders als unter rechtlichen Gesichtspunkten bewertet werden können.[804]

Aus diesen Gründen sollte eine Person mit ethischen Fachkenntnissen[805] in der Ethik-Kommission mitwirken, wie etwa Philosophen, Theologen[806] oder auch Sozialwissenschaftler. Für die Ethik-Kommission in Hamburg füllt diese Aufgabe der gesetzlich vorgeschriebene Geistes- bzw. Sozialwissenschaftler aus.[807] Damit hat die Hamburger Kommission einem Drittel der übrigen Kommissionen den ethischen Sachverstand voraus.[808]

(c) Als Kenner auf dem Gebiet der Krankenpflege eignete sich eine Pflegekraft[809] oder ein Pflegewissenschaftler. In Hamburg sind zwei Pflegekräfte als Mitglieder vorgeschrieben,[810] so daß die Kommission auch auf diesem Gebiet – im Gegensatz zu den meisten anderen Kommissionen, die Anträge aus der Pflege begutachten[811] – kompetent ist.

Die medizinischen Laien in der Hamburger Ethik-Kommission sind hinreichend sachverständig, da außermedizinische Probleme des Medizinrechts, der Ethik und der Krankenpflege durch entsprechende Fachvertreter behandelt werden können.

(2) Repräsentanz der Patienten- und Probandenperspektive

Die Interessen der Patienten und Probanden können grundsätzlich von jedem medizinischen Laien repräsentiert werden. Ob Jurist, „Ethik-Experte“ oder sogenannter „Bürgervertreter“. Sie alle können in der Ethik-Kommission nicht votieren, wenn ihnen der Forscher sein Anliegen nicht in allgemeinverständlicher Sprache so vorgetragen hat, wie er es später im Rahmen der Aufklärung auch dem

802 Vgl. Illhardt; Wieland, §§ 1 und 5; Ankermann, in: Schlaudraff, S. 93 (94 ff.); Koch, EthikMed 1994, 2 ff.; Giesen, International Medical Malpractice Law, Rn. 1417; Patzig/Schöne-Seifert, Ethik in der Medizin, S. 1 (2).

803 Vgl. zu dem Themenkomplex, Helmchen/Lauter; Fröhlich, S. 161 ff.

804 Vgl. Deklaration von Helsinki I. 11; Deutsch/Lippert, S. 44 f.; Kauffman, Clin.Pharmacol 1994, S. 296 ff.

805 Vgl. auch den offiziellen Kommentar zur Guideline 14 der CIOMS, S. 40, Fn. 200.

806 So auch Losse, in: Dengler/Schwilden, S. 21 (28); Czwalinna, S. 124.

807 § 15 d Abs. 1 S. 2 Hamb.ÄrzteG. In der aktuellen Zusammensetzung nehmen zusätzlich der Pofessor für Rechtsphilosophie sowie der Vorsitzende, der sich in ethischen Fragestellungen besonders fortgebildet hat, diese Aufgabe wahr, vgl. oben 3. Teil C. III. (S. 130).

808 Vgl. oben 2. Teil C. III. (S. 85).

809 Vgl. auch den offiziellen Kommentar zur Guideline 14 der CIOMS, S. 40, a.a.O.; Begründung des Vorschlags für eine Richtlinie des Europäischen Parlaments zur Angleichung der Rechts- und Verwaltungsvorschriften über die Anwendung der Guten Klinischen Praxis bei der Durchführung klinischer Prüfungen mit Humanarzneimitteln.

810 Vgl. § 15 d Abs. 1 S. 2 Hamb.ÄrzteG.

811 Vgl. oben 2. Teil C. III. (S. 85).

Probanden vortragen muß, um eine wirksame Einwilligung zu erhalten.[812] Schon allein durch die Anwesenheit der Juristen oder des Geistes- bzw. Sozialwissenschaftlers ist also gewährleistet, daß die Patienten- und Probandenperspektive eingebracht wird. Wenn sich die Ethik-Kommission in Hamburg nicht mit einer bestimmten Krankheit oder Beeinträchtigung besonders häufig beschäftigt, erübrigt es sich, einen Vertreter einer speziellen Patientengruppe als Mitglied zu berufen.[813] Zu denken wäre aber durchaus an die jeweilige Beteiligung eines solchen Sachverständigen für bestimmte Forschungsvorhaben (z.B. Rollstuhlfahrer als Sachverständiger für ein Projekt an Rollstuhlfahrern).[814]

(3) Unabhängigkeit der Kommission

Der Unabhängigkeit der Kommission kann es förderlich sein, wenn medizinische Laien vertreten sind, die von der Prüfinstitution unabhängig sind. Sie können am ehesten dazu beitragen, daß Probleme vermieden werden, die sich aus einer Beurteilung von an der Universität durchgeführten Versuchen ausschließlich durch Universitätskollegen ergeben können. Auch diesen Beitrag könnten schon die Juristen und der Geistes-/Sozial-wissenschaftler in der Kommission in Hamburg leisten.[815]

Aber auch Ärzte[816] oder Medizinstudenten[817], die unabhängig von der Forschungsinstitution sind, können diese Funktion erfüllen. Dies ist in Hamburg mit der tatsächlichen Beteiligung von Medizinern aus drei verschiedenen Kliniken und zwei niedergelassenen Ärzten zusätzlich gelungen.[818]

(4) Repräsentanz der gesellschaftlichen Werte

Im Rahmen der Debatte um die landesgesetzliche Regelung der Ethik-Kommission in Hamburg wurde insbesondere von der GAL-Fraktion vertreten, daß die Forschungsprojekte nicht von den Ärzten als Interessenträger, sondern von der Seite der betroffenen Bürger begutachtet werden müßten. Eine möglichst große Vielfalt medizinischer Laien wäre besonders geeignet, die Gesellschaft mit ihren Werten zu repräsentieren.[819] Die Kommission solle nicht nur interdisziplinär zusammengesetzt sein, sie solle auch die Pluralität der Gesellschaft repräsentieren, um eine möglichst breite normative Diskussion möglich zu machen. So würden die in der Gesellschaft relevanten Werte auch in den Beratungen der Ethik-Kommissionen eine Stimme finden.

---

812 Ghio, IRB 2, 1980, Nr. 2, 7; Czwalinna, S. 124; Schröder, S. 73.
813 Vgl. den offiziellen Kommentar zur Guideline 14 der CIOMS, S. 40, a.a.O.
814 Nicht aber etwa ein nicht behinderter Vertreter der Gruppe der Rollstuhlfahrer.
815 Vgl. Czwalinna, S. 124; Schröder, S. 73.
816 So auch Czwalinna, S. 124.
817 So insb. Nolan, IRB 2, 1980, Nr. 8, 1 ff.
818 Vgl. oben 3. Teil C. III. (S. 130) sowie die Antworten zu Frage 3 j-3 l des Fragebogens, Anhang B.
819 Vgl. PlPr 15/63, S. 2541 B; auch Spatz, Mabuse 1995, 45 (47).

In abgeschwächter Form findet sich diese Auffassung auch in dem offiziellen Kommentar zu der Guideline 14 der CIOMS wieder. Hier wird empfohlen, außer Medizinern, Pflegekräften, Juristen, „Ethikern“ und Theologen noch weitere „Laien, die qualifiziert sind, die kulturellen und moralischen Werte der Gesellschaft zu repräsentieren“, in die Kommission einzubeziehen.[820]

In den übrigen Bundesländern ist demgegenüber weithin die m.E. nachvollziehbare Vorstellung verbreitet, daß die Wahrung und Vertretung gesellschaftlicher Werte im wesentlichen von fachlich ausgewiesenen Medizinern verschiedener Disziplinen wahrgenommen werden soll.[821] Dieser Auffassung liegt die Überzeugung zugrunde, daß ethische Empfehlungen erst durch die korrekte Interpretation der wissenschaftlichen Fakten ermöglicht werden.[822] Häufig bilden fachliche Kenntnisse eine Voraussetzung dafür, die richtigen Fragen über mögliche Folgen zu stellen. Primär ist also in einer Ethik-Kommission medizinischer Sachverstand erforderlich. Die medizinischen Laien hingegen sind anerkanntermaßen allein nicht in der Lage, umfangreiche Forschungspläne mit ihren zahlreichen Fachausdrücken, die z.T. auch noch in einer Fremdsprache verfaßt sind, zu verstehen. Um die Projekte nachvollziehen zu können, sind sie auf die Übersetzungshilfe und den Rat der ihnen im medizinischen Fachwissen weit überlegenen Mediziner angewiesen.[823] Da es also ohnehin ausschließlich die Mediziner sind, die die Forschungspläne verstehen können, werden es auch hauptsächlich diese Mitglieder sein, die durch die Qualität und Art ihrer Darstellung eines Projekts deren Beurteilung bestimmen und zwar unabhängig davon, wieviele Laien zusätzlich in der Kommission sitzen und sich von der Art der Übersetzung vom Fachjargon ins Allgemeinverständliche beeinflussen lassen. Hier sind die Laien vergleichbar mit einem oder eben auch beliebig vielen Richtern, die sich unabhängig von ihrer eigenen Anzahl und Kompetenz in speziellen Fachgebieten auf das Gutachten eines Sachverständigen verlassen müssen.

Es wird folglich im wesentlichen bei der Arbeitsteilung bleiben, daß die Mediziner das Studiendesign kritisch beleuchten, während die Laien die nichtmedizinischen Fragen betrachten, d.h. außermedizinische Sachkenntnisse einbringen, die Perspektive eines medizinisch ungeschulten Patienten oder Probanden einnehmen können und darüber hinaus, quasi wie ein „Stachel in der Seite“,[824] die Unabhängigkeit der Kommission unterstützen. Nach meinen Erfahrungen, tragen die medizinischen Laien über die schon angesprochenen Beiträge hinaus

---

820 S. 40, a.a.O.
821 Vgl. Deutsch, Medizinrecht, Rn. 599; Deutsch/Lippert, S. 36; van den Daele/Müller-Salomon, S. 21; Czwalinna, S. 124; auch Hitzig, BioteCH forum 1/98, 6 (7), sogar in bezug auf die Besetzung einer zentralen Ethik-Kommission.
822 Schröder, S. 248; vgl. auch Hitzig, BioteCH forum 1/98, 6 (7).
823 Vgl. Deutsch, Medizinrecht, Rn. 599; van den Daele/Müller-Salomon, S. 21; Evans/Evans, S. 105.
824 Deutsch/Lippert, S. 36.

mangels Fachkompetenz nicht weiter zur sogenannten Repräsentanz der Werte der Gesellschaft bei.

Wie auch immer die Zusammensetzung der Kommission gewählt wird, der von Spatz und auch von der GAL-Fraktion während der Debatte um die landesrechtliche Gestaltung der Ethik-Kommission geäußerte Wunsch, der ärztliche Sachverstand möge nur Helfer und nicht selbst Richter sein,[825] wird sich in der Praxis kaum realisieren lassen. Es wird nicht zu vermeiden sein, daß letztendlich im wesentlichen Ärzte über Ärzte urteilen. Das Mißtrauen gegen die Forscher hat sich bisher zudem auch als unberechtigt erwiesen. So weist Deutsch darauf hin, daß Ärzte oft mit dem Forschungsprogramm ihrer Kollegen schärfer ins Gericht gehen als Laien.[826]

Über die unter Punkt aa) bis cc) genannten Erfordernisse hinaus, ergeben sich also nach der hier vertretenen Auffassung keine weiteren Konsequenzen für die Art der personellen Besetzung der Ethik-Kommission mit Laienmitgliedern.

Zusammenfassend läßt sich feststellen, daß ein Jurist, ein „Ethiker" und eine Person aus dem Pflegebereich wichtige Funktionen in der Ethik-Kommission erfüllen und diese Personen auch in der Hamburger Ethik-Kommission vertreten sind. Sie bringen einerseits das Laienverständnis in die Tätigkeit der Kommission ein, andererseits werden sie wegen ihrer fachlichen Qualifikation benötigt. In ihrer Beteiligung ist eine vernünftige Kombination aus notwendiger medizinisch-fachlicher Unabhängigkeit und fachlicher Eignung für die Bewältigung der Kommissionsaufgaben zu sehen.

Die Ethik-Kommission in der Hansestadt Hamburg ist mit der Art ihrer nichtärztlichen Mitglieder in der Lage, die Funktionen medizinischer Laien zu erfüllen.

cc) Zahlenmäßiges Gewicht der Laien

Es bleibt die Frage, ob neben der Qualität auch die Quantität der medizinischen Laien zweckmäßig ist. Mit acht Ärzten und sieben Laien sind die Laien trotz ihrer großen Zahl in der Hamburger Ethik-Kommission in der Minderheit. Eine Besonderheit hinsichtlich der Mehrheitsverhältnisse bei Abstimmungen gegenüber den anderen Bundesländern besteht also nicht.

Die absolute Anzahl der Laien in der Hamburger Ethik-Kommission bleibt allerdings ungewöhnlich. Grundsätzlich sollten Gremien zugunsten ihrer Arbeitsfähigkeit möglichst klein gehalten werden, also nur so viele Mitglieder haben wie nötig.[827] Czwalinna empfiehlt konkret, daß nicht mehr als sieben bis neun Personen eine Kommission bilden sollten.[828] Die Ausführungen zu den Funk-

825 Spatz, Mabuse 1995, 45 (47).
826 Vgl. Deutsch, Medizinrecht, Rn. 599; auch Flöhl, in: Helmchen/Winau, S. 34 (39).
827 vgl. Bork, S. 49.
828 Czwalinna, S. 124.

tionen der Laien in der Kommissionsarbeit[829] haben ergeben, daß ein Jurist, ein Kenner von ethischen Kriterien und eine Person aus dem Pflegebereich wichtige Beiträge in der Ethik-Kommission leisten können. Fraglich ist, ob die Beteiligung weiterer nichtärztlicher Mitglieder die Arbeit der Ethik-Kommission behindert oder sogar zweckmäßig sein kann.

(1) Behinderung der Kommissionsarbeit?

Je mehr Personen an der Kommissionsarbeit mitwirken, um so mehr Sichtweisen wird es zu diskutieren geben. Dies gilt insbesondere für die – im Vergleich zu der Gruppe von Ärzten – inhomogene Gruppe der medizinischen Laien. Je mehr Laien mit unterschiedlichem Hintergrund an den Beratungen teilnehmen, desto mehr Klärungsbedarf wird es geben und um so zeitraubender wird sich die Kommissionsarbeit gestalten. Die Vielfalt der Erwägungen wird zu einem gewissen Grad der Qualität der Beratungen zuträglich sein können, bis diese Vielzahl in Ineffektivität umzuschlagen beginnt. In jedem Fall gilt es, eine emotionsgeladene, politisierte Diskussion, die die sachliche Atmosphäre eines Gutachtergremiums sprengen würde, zu vermeiden.[830] Die Berücksichtigung gesellschaftspolitischer Werte in dem Begutachtungsgremium würde die Gefahr in sich bergen, daß bereits zu einem Zeitpunkt, in dem z.T. erst die Diskussionsgrundlagen erarbeitet werden sollen, parteipolitische Wertungen zum Tragen kommen und damit die Effektivität sowie das Vertrauen in die Neutralität der Faktenerhebung beeinträchtigt werden könnten. Es stünde dann zu befürchten, daß der Kommission aus Skepsis gegenüber einer möglichen Bindung an bestimmte Interessen nicht die notwendigen Informationen zugeführt werden.

Im Zusammenhang mit der Analyse der hohen Gesamtmitgliederzahl in Hamburg wurde dargestellt, daß es der Ethik-Kommission bisher, trotz ihres großen Anteils an medizinischen Laien, gelungen ist, alle Anträge zeitlich angemessen zu behandeln und kompetente Mitglieder für die zeitintensive Tätigkeit zu gewinnen.[831] Die starke Beteiligung nichtmedizinischer Mitglieder mag für die einzelne Sitzung der Kommission zeitraubend sein, scheint die Arbeitsfähigkeit der Kommission in Hamburg aber nicht bemerkenswert behindert zu haben. Dies liegt sicherlich auch an der Art, wie die Laien in Hamburg beteiligt werden: Sie bekommen lediglich die Aufklärungs- und Einwilligungsformulare, nicht aber den Forschungsplan zur Prüfung zugesandt. Sie sind zwar während der gesamten Beratung des Forschungsprojekts anwesend, um als „Stachel in der Seite“ zu wirken und ihre Sachkenntnisse einzubringen. Der Schwerpunkt ihrer Beteiligung liegt aber ausdrücklich darin, die Aufklärungs- und Einwilli-

829 Vgl. oben 4. Teil B. II. 3. b) aa) und bb) (S. 155 ff.).
830 Vgl. Deutsch, Medizinrecht, Rn. 599; Gutteridge/Bankowski/Curran/Dunne, in: XVth CIOMS Round Table Conference, S. 200 (210); Schröder, S. 247 ff.
831 Vgl. oben 4. Teil B. II. 1. (S. 145).

gungsbögen aus der Perspektive eines Nichtmediziners zu untersuchen.[832] Diese Art der Laienbeteiligung ist auch geeignet, die Gefahr einer Politisierung der Diskussion zu bannen.

Allerdings zeigt sich in der Gesamtschau der Regelungen bezüglich Zusammensetzung und Beschlußfassung der Ethik-Kommission in Hamburg eine Schwierigkeit in der großen Zahl medizinischer Laien. Während im Hamburgischen Ärztegesetz die Anzahl von medizinischen Laien auf sieben festgelegt ist, wurden die Verfahrensfragen der Satzungsgewalt der Ärztekammer überlassen. Diese hat in § 9 Abs. 2 der Satzung der Ethik-Kommission der Ärztekammer Hamburg bestimmt, daß die Ethik-Kommission bei Anwesenheit von mindestens acht Mitgliedern beschlußfähig ist. Das heißt, daß die Kommission auch mit einer Besetzung von sieben Laien und einem Mediziner beschlußfähig wäre. In einer solchen Konstellation wäre das Gremium sicher nicht in der Lage, ein medizinisches Forschungsprojekt sachkundig zu beraten. Auch wenn nach Auskunft des derzeitigen Vorsitzenden der Hamburger Ethik-Kommission, Prof. Dr. Held, bisher eine rege Beteiligung an den Kommissionssitzungen die Regel ist, sollte die Satzungsregelung der besonderen Zusammensetzung der Ethik-Kommission in Hamburg z.B. in der Weise angepaßt werden, daß die Beschlußfähigkeit der Ethik-Kommission nur dann gewährleistet ist, wenn eine Mindestanzahl von Vertretern beider Gruppen, von Laien und Medizinern, bei der Beschlußfassung anwesend ist. Eine akzeptable Lösung hat die Landesärztekammer Rheinland-Pfalz für ihre gemischte Kommission gefunden: § 4 Abs. 8 der Satzung schreibt vor, daß die Kommission nur beschlußfähig ist, wenn mindestens drei ärztliche und zwei nichtärztliche, davon mindestens ein Mitglied mit der Befähigung zum Richteramt anwesend sind.

(2) Förderung der Kommissionsarbeit?

Fraglich bleibt, ob die zusätzlichen Laien der Arbeit der Ethik-Kommission sogar zuträglich sind. Unentbehrlich sind die Laien auf dem Gebiet der außermedizinischen Fachkenntnisse und aufgrund ihrer Fähigkeit, sich in die Lage eines medizinisch ungebildeten und insofern auch abhängigen Patienten hineinzuversetzen. Sie allein können die Verständlichkeit der Aufklärungsinformation beurteilen.[833] Hier werden mehr Laien mit unterschiedlichem Bildungsgrad und Fachwissen grundsätzlich auch mehr beitragen können,[834] zumal die Erfahrung zeigt, daß der einzelne medizinische Laie sich um so mehr zu Wort meldet, je stärker die Laien insgesamt zahlenmäßig vertreten sind.

---

832 Ähnlich stellt sich auch die Beteiligung der Laien in den gemischten Kommissionen in Dänemark dar, Riis, in: XVth CIOMS Round Table Conference, S. 226 (230).

833 So auch die mündlich geäußerte Ansicht des Vorsitzenden, Prof. Dr. Held, einem juristischen Mitglied, Dr. Daniels, und dem Bürgervertreter, Stiehler, in Hamburg.

834 Vgl. auch Roseman, IRB 9,1987, Nr. 2, 8 (10).

Für die spezielle Konstellation in der Hansestadt scheint die Art und Vielzahl der Laien die Qualität der Prüfungen zur Zeit nicht zu mindern, sie eröffnet sogar in gewisser Hinsicht die Möglichkeit, ihre Qualität zu steigern, wenngleich auch in der Hansestadt mit der besonderen Zusammensetzung der Ethik-Kommission ein Balanceakt gewagt wird, der leicht ins Gegenteil umschlagen kann und dann nur noch als wenig sachgerechte Konzession an äußerlichen politischen Druck erscheinen kann. Ist dieser Zeitpunkt gekommen, so gilt es, ihn rechtzeitig zu erkennen.

Solange also die Kommission trotz ihrer großen Mitgliederzahl arbeitsfähig bleibt, wie es in Hamburg (noch) der Fall ist, kann es durchaus förderlich sein, wenn der medizinische Sachverstand, der stets primär vorhanden sein muß, durch die Kenntnisse und Fähigkeiten möglichst vieler unterschiedlicher Laien ergänzt wird. Lediglich die Satzungsregelung bezüglich der Beschlußfähigkeit der Kommission müßte dem hohen Laienanteil in Hamburg angepaßt werden.

III. Zusammenfassung

Mit acht Ärzten verschiedener Fachrichtungen, darunter ein Pharmakologe, ein Medizintechniker und mehrere überwiegend forschend tätige Mediziner, juristischem, ethischem und pflegerischen Sachverstand, fällt die Ethik-Kommission der Hansestadt Hamburg durch umfassende Kompetenz auf. In dieser Hinsicht erfüllt sie gerade *wegen* ihrer Besonderheiten ihre Funktion. Herauszuheben sind drei Schwachstellen der gesetzlichen Regelung: (1) Der hohe Anspruch einer paritätischen Beteiligung von Frauen an der Kommissionsarbeit verleitet bei der bis heute noch geringen Auswahl weiblicher Wissenschaftlerinnen zu einer Besetzung, die von sachfremden Kriterien bestimmt wird. (2) Der große Laienanteil und die dadurch bedingte große Gesamtmitgliederzahl birgt die Gefahr einer ineffektiven Arbeit in sich. (3) Die geringen Anforderungen an die Beschlußfähigkeit der Kommission sind geeignet, die ausgefeilte Konzeption der Besetzung zu konterkarieren. Bisher scheinen die Schwachstellen der gesetzlichen Regelung in der Praxis noch nicht zum Tragen gekommen zu sein. Hier erfüllt die Kommission ihre Funktionen *trotz* ihrer Besonderheiten.

Auch wenn der Gesetzgeber mit der Regelung der personellen Zusammensetzung seine Gesetzgebungskompetenz nicht überschritten hat, bleibt problematisch, daß die genannten Schwachpunkte gesetzlich festgelegt sind. Eine Satzungsregelung hätte eine flexiblere Reaktion auf auftretende Probleme oder neuere Erkenntnisse ermöglicht. Hier hätten zumindest die Detailregelungen der Satzungsautonomie der Ärztekammer überlassen werden sollen.

C. Bestellung der Mitglieder

Während in fast allen Ländergesetzen die Regelung der Bestellung der konkreten Mitglieder der Ethik-Kommission der Satzungsgewalt der Ärztekammern überlassen wird,[835] hat Hamburg auch dies durch Gesetz bestimmt und zudem darin festgelegt, daß der Senat ein entscheidendes Mitbestimmungsrecht bei der Bestellung der Mitglieder hat.[836]

Die Tatsache, daß die Bestellung der Mitglieder gesetzlich festgelegt wurde, stößt auf ähnliche Bedenken, wie die gesetzliche Regelung der personellen Zusammensetzung, führt aber wie dort nicht zu einer rechtlichen Beanstandung der Vorschrift.

Im Rahmen der Diskussion um die Neufassung des Hamburgischen Ärztegesetzes ist die Regelung inhaltlich wegen der Beteiligung des Senats bei der Bestellung der Mitglieder, insbesondere unter haftungsrechtlichen Gesichtspunkten, kritisiert worden.[837] Tatsächlich trägt die Ärztekammer, die die Mitglieder der Ethik-Kommission in ihr Amt beruft, als „Dienstherrin" i.S.v. § 839 BGB i.V.m. Art. 34 S. 1 GG die Verantwortung für die Arbeit der Ethik-Kommission.[838] Die wirtschaftliche und im übrigen auch die politische Haftung für die Entscheidungen der Ethik-Kommission liegt bei der Ärztekammer selbst. Zu einer solchen Verpflichtung muß auch das Recht gehören, daß derjenige, der Verantwortung übernehmen soll, seine Verantwortungsgremien so besetzen kann, daß er diese Verpflichtung auch übernehmen kann. „Man kann nicht für eine Kommission haften, die andere zusammengesetzt haben."[839] Abgesehen davon, wird die Ärztekammer mit ihrem kumulierten Sachverstand in medizinischen Fragen am besten beurteilen können, welche Personen für die Mitarbeit in der Ethik-Kommission geeignet sind. Die Auswahl jedes einzelnen Mitgliedes ist deshalb besonders entscheidend, weil sich die Hamburger Ethik-Kommission auf das Einstimmigkeitsprinzip geeinigt hat. Das bedeutet in der Praxis, daß *jedes* Mitglied mit einem Vetorecht ausgestattet ist.

Die letztendlich verabschiedete Regelung des § 15d Abs. 2 Hamb.ÄrzteG sieht vor, daß über jeden Personalvorschlag Einvernehmen zwischen dem Senat und der Ärztekammer hergestellt werden muß. Letztlich beruft allein die Ärztekammer die so gewählten Mitglieder. Insofern kann die Ärztekammer zwar u.U. nicht jede gewünschte Person berufen, sie wird aber nicht mit dem Problem konfrontiert, daß Mitglieder in die Ethik-Kommission gelangen, die sie nicht für geeignet hält. Die Ärztekammer kann insofern in ausreichendem Maße an der Bestellung der Mitglieder mitwirken. Gleichzeitig ist die gegenseitige

---

835 Vgl. oben 2. Teil D. (S. 87).
836 Vgl. § 15 d Abs. 2 Hamb.ÄrzteG; auch oben 3. Teil. C. IV. (S. 131).
837 Vgl. insb. Montgomery, zitiert in: Der Kassenarzt, 1995, 18; ders./Bay, Äußerungen in der öffentlichen Sitzung des Gesundheitsausschusses vom 13.06.1995, APr 15/23.
838 Vgl. oben 1. Teil E. I. 2. f) (S. 74).
839 Montgomery, zitiert in: Der Kassenarzt, 1995, 18.

Kontrolle von Senat und Ärztekammer bei der Bestellung der Mitglieder geeignet, das Vertrauen in die Unabhängigkeit des Gremiums zu stärken. Dem gleichen Zweck kann auch die namentliche Bekanntmachung der Mitglieder im amtlichen Anzeiger dienen.[840]

Zusammenfassend läßt sich sagen, daß hier inhaltlich eine zweckmäßige Regelung getroffen wurde, die der Ärztekammer hinreichend Einfluß auf die Bestellung der Mitglieder beläßt und gleichzeitig eine gewisse Kontrolle durch die Beteiligung des Senats und die Veröffentlichung der Mitgliederliste schafft.

D. Verfahren

Das Verfahren der Ethik-Kommissionen ist wie bundesüblich[841] in großen Teilen der Satzungsgewalt der Ärztekammer überlassen worden.[842] Obwohl die gravierenden Eigenheiten der Hamburger Ethik-Kommission bezüglich der institutionellen Zuordnung, der personellen Zusammensetzung und der Bestellung der Mitglieder – wie ausgeführt – fast einzigartig in der Landschaft der Ethik-Kommissionen Deutschlands sind, fallen die Verfahrensbesonderheiten überraschend bescheiden aus. Hier weicht die Ethik-Kommission der Hansestadt zwar teilweise von der durchschnittlichen Handhabung ab, befindet sich aber jeweils in Gesellschaft einiger anderer Ethik-Kommissionen. Die Besonderheiten werden im folgenden dargestellt.

I. Zuständigkeit

Während Landesgesetze und Satzungen in den übrigen Bundesländern zur Zeit meist noch vorsehen, daß antragsberechtigter Projektleiter nur ein Arzt sein kann,[843] erstreckt sich die Zuständigkeit der Hamburger Ethik-Kommission nach § 15 c Hamb.ÄrzteG sowie nach §§ 2 Abs. 1 und 3 Abs. 1 der Satzung auch auf „andere Wissenschaftler“.[844] Hier wurde die in jüngster Zeit diskutierte Öffnung der Ethik-Kommissionen für Nicht-Ärzte[845] bereits ausdrücklich gesetzlich umgesetzt.[846] Die Hamburger Ethik-Kommission hat so unproblematisch die Möglichkeit, auch bei nicht-ärztlichen Forschungsvorhaben tätig zu werden. Sie kann damit einen weiteren wichtigen Beitrag für den Patientenschutz leisten.

840 Vgl. § 15 d Abs. 5 Hamb.ÄrzteG.
841 Vgl. oben 2. Teil E. (S. 88).
842 Vgl. § 15 e Hamb.ÄrzteG.
843 Vgl. oben 2. Teil E. I. (S. 88).
844 Vgl. auch oben 3. Teil C. V. 1. (S. 131).
845 Vgl. oben 2. Teil E. I. (S. 88).
846 Vgl. oben 3. Teil C. V. 1. (S. 131).

II. Berichterstatter

Mit der Behandlung der Anträge nach dem Berichterstattersystem liegt Hamburg zwar nicht im Trend, immerhin ziehen aber ein Drittel der Kommissionen diese Beratungsweise vor.[847] Es kann relativ zeitaufwendig werden, wenn – wie teilweise praktiziert – das gesamte Projekt noch einmal mündlich vorgetragen wird, statt die Sitzung ausschließlich für die Besprechung von problematischen Punkten zu nutzen. Diese Beratungsweise hat aber den Vorteil, daß sich zumindest ein Mitglied eingehend mit dem jeweiligen Antrag befassen muß und die Anwesenheit aller Mitglieder als verantwortliche Berichterstatter eher gesichert ist.[848]

Speziell ist die *Ausprägung* des Berichterstattersystems in der Hansestadt. In anderen Kommissionen erhalten alle oder zumindest ein großer Teil der Mitglieder die eingereichten Unterlagen.[849] In Hamburg beschränkt sich die Verteilung auf insgesamt zwei Mitglieder, dem Vorsitzenden und nur einem weiteren ärztlichen Mitglied, dem Berichterstatter.[850] Das bedeutet, daß sich jedes ärztliche Mitglied im Vorfeld höchstens mit drei bis vier Anträgen beschäftigen muß. Diese Vorgehensweise bringt in jedem Fall den Vorteil der besonderen Arbeitsersparnis in der Vorbereitung auf die Sitzungen der Ethik-Kommission. Entscheidend ist zwar nicht in erster Linie, wie arbeitsintensiv ein Verfahren ist, sondern ob es funktioniert. Immerhin wird man aber vermuten dürfen, daß von dem als Gutachter tätigen Arzt wenige Anträge gründlicher bearbeitet werden als eine größere Anzahl. Die Arbeitsersparnis wird daher bis zu einem gewissen Grad auch die Qualität der Prüfung steigern und kann insofern als legitimes Argument für diese Verfahrensweise gelten. Im Gegenzug allerdings wird die Sitzung mehr Zeit in Anspruch nehmen, wenn ein Berichterstatter 13 nahezu unvorbereiteten Mitgliedern das Projekt nahebringen soll. Dies kann wiederum den Effekt haben, daß im Rahmen einer längeren Sitzung weniger gründlich geprüft wird, als in einer kürzeren. Das Argument der Arbeitsersparnis führt insofern zu keiner eindeutigen Klärung der Vorzugswürdigkeit des einen oder des anderen Verfahrens. Ausschlaggebend ist vielmehr, daß die Kontrolldichte bei dem in Hamburg praktizierten Berichterstattersystem gering ist. Bei nur ein bis zwei Begutachtern der schriftlichen Unterlagen können zum einen leichter relevante Aspekte übersehen werden, zum anderen ist bei dem praktizierten Verfahren die Gefahr größer, daß der jeweilige Berichterstatter zumindest unterbewußt von sachfremden Kriterien geleitet wird (wie z.B. persönliche Animositäten oder inneruniversitäre Konkurrenz). Eine auf diese Weise gefärbte Berichterstattung kann dann nicht durch mehrere weitere kundige Mitglieder korrigiert werden. Die ausgeprägte Sachkompetenz des Gremiums könnte effektiver genutzt werden, wenn mehrere Fachvertreter alle Unterlagen vorab durchsehen würden.

---

847 Vgl. oben 2. Teil E. V. 1. (S. 92).
848 Deutsch, Klinische Forschung, S. 117.
849 Vgl. oben 2. Teil E. V. 1. (S. 92).
850 Vgl. oben 3. Teil C. V. 1. (S. 131).

III. Gegenstand der Beratungen und Maßstäbe

Nachdem die Ethik-Kommission in Hamburg in den ersten Jahren nach ihrer Gründung dadurch auffiel, daß sie sich schwerpunktmäßig allgemein-ethischen Themen widmete,[851] wurde mit der landesgesetzlichen Verengung des Aufgabenbereichs auf die Beratung von vorgelegten Forschungsvorhaben am Menschen in § 15 c Hamb.ÄrzteG ein Sonderweg in die entgegengesetzte Richtung eingeschlagen.[852] Die Regelung ist in der Sache, angesichts der Möglichkeit allgemeinethische Themen durch die ZEK diskutieren zu lassen, zeitgemäß und zweckmäßig.

Bezüglich des konkreten Gegenstandes der Beratungen über die eingereichten Projekte, fällt die Hamburger Ethik-Kommission dadurch auf, daß das wissenschaftliche Design der Studie den Schwerpunkt der Beratungen bildet und besonders viel Wert auf eine angemessene Aufklärung der Versuchspersonen gelegt wird.

Inwieweit das wissenschaftliche Design Gegenstand der Beratungen von Ethik-Kommissionen sein sollte, ist nicht unumstritten.[853] Zwar macht § 40 Abs. 1 S. 1 AMG die Einhaltung der Bedingungen in dem Katalog des § 40 Abs. 1 S. 1 AMG, in dessen Nr. 7 a auch ein dem jeweiligen Stand der wissenschaftlichen Erkenntnisse entsprechender Prüfplan verlangt wird, zur Voraussetzung einer zustimmenden Bewertung. Damit ist jedenfalls ein Teil der wissenschaftlichen Grundlegung des Forschungsvorhabens der Ethik-Kommission zur Beurteilung zugewiesen.

Eine Beurteilung des wissenschaftlichen Designs seitens der Ethik-Kommisson bis in alle Einzelheiten hinein könnte jedoch die Forschungsfreiheit des Wissenschaftlers verletzen. Eine solche Verletzung setzt außer dem Eingriff in die Forschungsfreiheit auch die fehlende Rechtfertigung des Eingriffs voraus. Gerechtfertigt wäre der Eingriff dann, wenn er zum Schutz hochwertiger Rechtsgüter erforderlich und angemessen wäre.[854] Dies scheint zumindest für Hamburg zuzutreffen: Das wissenschaftliche Design soll nämlich lediglich im Rahmen einer Risiko-/Nutzenabwägung für den Patienten untersucht werden. Das Design interessiert also nur insoweit, als es mit dem Recht des Patienten auf körperliche Unversehrtheit, Art. 2 Abs. 2 GG, zu kollidieren droht. In diesem Zusammenhang erscheint die Ablehnung eines Forschungsvorhabens aufgrund eines wissenschaftlichen Designs, das von so niedrigem Nutzen ist, daß das Risiko im Vergleich dazu überwiegt, erforderlich und angemessen, um das Grundrecht des Patienten und Probanden auf körperliche Unversehrtheit zu schützen. Abgesehen davon sind die Forscher für die detaillierte Prüfung des wissenschaftlichen Designs oft sogar dankbar.[855]

---

851 Vgl. oben 3. Teil A. II. 1. c) (S. 118).
852 Vgl. oben 3. Teil C. V. 5. (S. 135).
853 Vgl. Deutsch, Medizinrecht, Rn. 634.
854 Vgl. oben 1. Teil B. I. 1. c) cc) (1) (S. 37).
855 Vgl. Deutsch/Lippert, S. 45. Diese Einschätzung wird durch eine Befragung unter 69 Chefärzten aus dem Jahre 1985 unterstützt: 25% der Befragten vertraten gar die Ansicht,

Obwohl der „Informed Consent“ eine wichtige Rolle in der Beurteilung der rechtlichen und moralischen Qualität eines Forschungsprojekts spielt, sollte darauf geachtet werden, daß dieser Punkt nicht überbetont wird. Die Kommission muß im Auge behalten, daß die moralische Verantwortung nicht auf die Versuchspersonen abgewälzt wird. Diese ist nicht immer in der Lage, das Vorhaben zu überschauen. Medizinisch unvertretbare oder unwissenschaftliche Forschung wird in den seltensten Fällen allein durch die „informierte Einwilligung“ des Patienten oder Probanden ethisch vertretbar werden.[856]

Soweit sich aufgrund der teilweise nur geschätzten Angaben der deutschen Ethik-Kommissionen im Rahmen der Fragebogenaktion von 1999 überhaupt signifikante Angaben bezüglich der bei den Beratungen angelegten Maßstäbe machen lassen, scheint sich die Ethik-Kommission der Hansestadt jedenfalls nicht weit entfernt vom Durchschnitt zu bewegen. Ganz im Sinne der bisherigen Erfahrungen[857] zeigt sich bei der mit besonders vielen Laien besetzten Hamburger Ethik-Kommission die Tendenz, daß entgegen der verbreiteten Erwartung (Laie als Forschungshindernis, Ärzte decken sich gegenseitig) die Beanstandungen insgesamt sogar etwas geringfügiger ausfallen,[858] als bei den herkömmlich hauptsächlich mit Medizinern besetzten Ethik-Kommissionen.[859]

Auch die Inhalte der Beanstandungen spiegeln die Besetzung der Kommission wider. Die häufige Kritik am wissenschaftlichen Design paßt zu der Annahme, daß es an medizinischem Sachverstand in der Kommission nicht fehlt. Die Vielzahl medizinischer Laien wiederum, die speziell auf die Begutachtung der Patienten- bzw. Probandenaufklärung angesetzt sind, führt naturgemäß zu mehr Kritik in dieser Richtung. Im Rahmen der Begutachtung von Sekundäranträgen sollte die „Starbesetzung“ in Sachen Patienten-/Probandenaufklärung allerdings nicht dazu verleiten, auch verzichtbare Änderungen der Information zu verlangen. Dies würde die Durchführung solcher Studien unnötig verkomplizieren.

IV. Entscheidungsmodus

Die Hamburger Ethik-Kommission unterscheidet sich im Entscheidungsmodus durch ihre ausnahmslos einstimmigen Voten[860] von den anderen Ethik-Kommissionen, die Entscheidungen auch aufgrund von Abstimmungen fällen und dabei Gegenstimmen in Kauf nehmen.[861] Sicherlich ist es zweckmäßig, wenn ein Kon-

die Ethik-Kommissionen dienten in erster Linie den schutzwürdigen Interessen der Forscher, Röwekamp, S. 229.

856 Vgl. schon die Untersuchung von Saternus und Kernbach-Wighton an 105 Patienten im Alter zwischen 60 und 92 Jahren, von denen sich ein Viertel nach einer Woche nicht mehr daran erinnern konnte, überhaupt aufgeklärt worden zu sein, FS für Deutsch, S. 723 ff.

857 Vgl. oben 4. Teil C. II. 3. b) bb) (4), Fn. 826).

858 Vgl. oben 3. Teil C. V. 5. (S. 135).

859 Vgl. oben 2. Teil E. VI. (S. 96).

860 Vgl. oben 3. Teil C. V. 6. (S. 136).

861 Vgl. oben 2. Teil E. VII. (S. 98).

sens angestrebt wird. Schließlich sollen durch die pluralistisch zusammengesetzten Kommission verschiedene Auffassungen und Erfahrungshorizonte repräsentiert werden, die in den Voten ihren Ausdruck finden sollten, anstatt durch eine Mehrheitsentscheidung übergangen zu werden. Allerdings besteht bei einem obligatorischen Einstimmigkeitsprinzip die Gefahr, daß verschiedene Moralvorstellungen bei den meist heiklen Interessenabwägungen eine Entscheidungsfindung blockieren.[862] Insofern sollte der Konsens nicht zum unumstößlichen Prinzip erhoben werden, eine Soll-Vorschrift in dieser Richtung ist der interdisziplinären Besetzung von Ethik-Kommissionen eher angemessen.

V. Entscheidung

Die Besonderheit der Voten aus Hamburg besteht darin, daß sie nicht mit Nebenbestimmungen, insbesondere nicht mit Auflagen, versehen werden.[863] Eine solche Praxis bei der Verfassung der Voten haben nur drei weitere Kommissionen angegeben.[864] Der Vorteil dieser Handhabung besteht darin, daß auf diese Weise leichter nachzuprüfen ist, ob den Forderungen der Kommission nachgekommen wird. Auf der anderen Seite kann bei Erteilung eines positiven Bescheides mit Auflage zügiger mit dem Versuch begonnen werden. Hier sollte im Einzelfall die Eilbedürftigkeit des Antrags und die Bedeutung der Forderung der Kommission abgewogen werden. Als Ergebnis einer solchen Abwägung sollte die Erteilung eines positiven Votums mit Auflage nicht von vornherein ausgeschlossen werden.

VI. Arbeitsbelastung

In der Tendenz der steigenden Arbeitsbelastung durch zunehmende Antragszahlen unterscheidet sich die Hamburger Kommission nicht von den übrigen Ethik-Kommissionen.[865] Im Bundesvergleich fällt die Ethik-Kommission in Hamburg durch überdurchschnittlich hohe absolute Antragszahlen auf.[866] Gleichzeitig wurde festgestellt, daß die Hamburger Ethik-Kommission überdurchschnittlich viele Anträge unbeanstandet genehmigt.[867] Dies könnte i.V.m. der Tatsache, daß bundesweit zwischen den einzelnen Kommissionen große Unterschiede im Antragsaufkommen bestehen, die Vermutung unterstützen, daß Unternehmen bei der Auswahl von medizinischen Fachbereichen, an denen ein geplanter Versuch durchgeführt werden soll, diejenigen meiden, an denen „strengere" Ethik-Kommissionen arbeiten. Auf diese Weise hätten Gremien mit höheren Maßstä-

862 Darauf weist Koechlin Büttiker, S. 165, zu Recht hin.
863 Vgl. oben 3. Teil C. V. 7. (S. 136).
864 Vgl. oben 2. Teil E. VIII. (S. 99).
865 Vgl. oben 2. Teil E. IX. (S. 100) und 3. Teil C. V. 8. (S. 136).
866 Vgl. Abbildung 2 und 3, Anhang C.
867 Vgl. oben 2. Teil E. VI. (S. 96) und 3. Teil C. V. 5. (S. 135).

ben entsprechend weniger Anträge zu bearbeiten. Eine Zusammenschau der Anzahl der Anträge und der Anzahl der abgelehnten, beanstandeten oder genehmigten Projekte pro Ethik-Kommission läßt jedoch bundesweit keinen Zusammenhang in dieser Richtung erkennen.[868] Die Vielzahl der zu behandelnden Projekte in der Hamburger Ethik-Kommission wird vielmehr vorwiegend aus dem weiten Zuständigkeitsbereich des Gremiums (medizinische Forschungsvorhaben, die durch Kammermitglieder durchgeführt werden – *einschließlich* der Universitätsangehörigen –, sowie für andere Wissenschaftler, die Forschungsvorhaben am Menschen durchführen) begründet sein.

Die Streuung der Antragszahlen zeigt aber ein weiteres Mal, unter welch unterschiedlichen Voraussetzungen die einzelnen Ethik-Kommissionen arbeiten. Das Ergebnis stützt die Forderung, daß die Arbeit der Ethik-Kommissionen so zurückhaltend wie möglich reglementiert werden sollte, um den einzelnen Kommissionen eine zeitnahe und zweckmäßige Reaktion auf lokale Veränderungen zu ermöglichen.

868 Vgl. die Anworten zu Fragen 11 und 11 a sowie 11 b-11 e des Fragebogens, Anhang B.

Zusammenfassung und wesentliche Ergebnisse

Die sogenannten Krankenhausskandale in Hamburg, insbesondere die Fehlbehandlungen im UKE Anfang der 80er Jahre, einschließlich der ausführlichen und teilweise reißerischen Berichterstattung durch die Medien haben in der Hansestadt zu einem Klima geführt, durch das die Politik sich veranlaßt sehen mußte, ein Signal in Richtung auf verstärkten Patientenschutz zu setzen. Das Resultat ist, daß sich die seit der 5. Novelle des AMG[869] in § 40 Abs. 1 AMG geforderte landesrechtliche Bildung der Ethik-Kommission in Hamburg in manchen Punkten von denen der anderen Bundesländer unterscheidet. Auch bezüglich des Verfahrens haben sich Besonderheiten herauskristallisiert. Im Zuge der bundesrepublikanischen Entwicklung mit einem heute noch in vielen Punkten uneinheitlichen und harmonisierungsbedürftigen Bild der Ethik-Kommissionen[870] hat sich ein prägnanter Sonderweg Hamburgs herausgebildet, der durch folgende Merkmale gekennzeichnet ist:

1. In Hamburg ist nur *eine Ethik-Kommission* eingerichtet worden. Sie ist bei der Ärztekammer angesiedelt und bearbeitet die gesamten Forschungsprojekte des Stadtstaates. Am Hamburger Universitätskrankenhaus existiert keine eigene Ethik-Kommission. Dies ist keine Konstellation, die generell empfohlen werden kann, da der Vorwurf der *mangelhaften Organisation* gegenüber dem Klinikträger naheliegt. Für Hamburg jedoch ist diese Lösung akzeptabel. Aufgrund der engen räumlichen Nähe zwischen Ärztekammer und Universitätskrankenhaus und der Besetzung der Kommission mit vier Medizinern des UKEs, können die lokalen Gegebenheiten angemessen berücksichtigt werden. Vor dem Hintergrund der extensiven Berichterstattung in den Medien über die angebliche „Klüngelei" der Ärzte um die Strahlenschäden im UKE und der dementsprechend sensibilisierten Öffentlichkeit, kann die institutsunabhängige Prüfung der Forschungsprojekte aus dem UKE für Hamburg sogar als geschickte *vertrauensbildende* Maßnahme betrachtet werden.
2. Die Ethik-Kommission in Hamburg unterscheidet sich in Hinblick auf die personelle Zusammensetzung in mehrfacher Hinsicht:

869 Vom 09.08.1994, in Kraft getreten am 17.08.1995, vgl. Fn. 156, 157.

870 Vgl. insb. 2. Teil A. Institutionelle Zuordnung, C. Personelle Zusammensetzung, D. Bestellung der Mitglieder, E. I. Zuständigkeit, E. III. 3. Richtlinien zur Abfassung eines Antrags, E. V. 1.-3. Berichterstatter, Mündlichkeit, Untersuchungsgrundsatz, E. VI. Gegenstand der Kommissionsberatungen und Maßstäbe, E. IX.-XIV. Arbeitsbelastung/Zahl der Anträge, Bearbeitungsdauer, Bekanntmachung des Sponsors gegenüber der Versuchsperson, Umgang mit multizentrischen Studien, Nachprüfung und Unterrichtung über unerwünschte Ereignisse, Gebühren und Auslagen.

a) Während der Landesgesetzgeber zwar das Recht, nicht aber die Pflicht hatte, die Zusammensetzung der Kommission vorzuschreiben, hat er sich in Hamburg für *eine gesetzliche Regelung* der Zusammensetzung entschieden. Die Untersuchung hat ergeben, daß trotz der verständlichen Sorge der Politiker um den Schutz der Patienten und das Vertrauen in die notwendige medizinische Forschung die überwiegenden Vorteile in der andernorts üblichen Regelung per Satzung gesehen werden müssen: Durch sie würde es ganz im Sinne des *Subsidiaritätsprinzips* der Sachkunde der Ärztekammer überlassen werden können, die genaue Zusammensetzung flexibel an die jeweiligen Gegebenheiten oder auch an neu gewonnene Erkenntnisse in der Frage optimaler Zusammensetzung anzupassen.
b) Inhaltlich fällt die gesetzliche Regelung neben einer großen Gesamtmitgliederzahl und einem relativ hohen Frauenanteil insbesondere dadurch auf, daß der *Anteil medizinischer Laien besonders hoch* ist. Eine solche personelle Besetzung verleitet zu der Annahme, daß es dem Gremium an *Sachverstand* mangelt. In der Tat darf bei der Sorge um eine ausreichende Beteiligung von Nichtmedizinern die vorrangige Notwendigkeit medizinischen Sachverstandes nicht vernachlässigt werden. Es wurde aber festgestellt, daß in Hamburg mit acht Medizinern verschiedener Fachgebiete, darunter ein Pharmakologe sowie ein Medizintechniker und fünf überwiegend forschend tätige Ärzte mehr und für die Arbeit der Ethik-Kommission passendere Fachrichtungen als in anderen Ethik-Kommissionen abgedeckt wurden. Die Hamburger Diskussion um die Laienbeteiligung hat damit der Ausstattung der Kommission mit ausreichend medizinischem Sachverstand keinen Abbruch getan. Auch die Auswahl der Laienmitglieder mit besonderen juristischen, ethischen und pflegerischen Kenntnissen trägt zur umfassenden Kompetenz der Hamburger Ethik-Kommission bei. Die Qualität der tatsächlichen Besetzung der Hamburger Ethik-Kommission ist somit beispielhaft. Lediglich die *Quantität* der medizinischen Laien und die dadurch bedingte große Gesamtmitgliederzahl kann insbesondere unter drei Aspekten problematisch werden: (1) Eine große Mitgliederzahl birgt die Gefahr einer *ineffektiven Arbeit* in sich. (2) Die Vielzahl medizinischer Laien, die speziell auf die Begutachtung der Patienten- bzw. Probandenaufklärung angesetzt sind, hat bei den Beratungen und Beanstandungen zu einem Schwerpunkt auch in dieser Richtung geführt. Die „Starbesetzung“ in Sachen Patienten-/Probandenaufklärung könnte dazu verleiten, durch *verzichtbare Forderungen* insb. die Durchführung von multizentrischen Studien unnötig zu verkomplizieren. (3) Die geringen Anforderungen an die *Beschlußfähigkeit* der Kommission im Hamburgischen Ärztegesetz und der Satzung der Ethik-Kommission sind geeignet, die ausgefeilte Konzeption der Besetzung zu konterkarieren. Hier ist zu empfehlen, die Satzungsregelung der

besonderen Zusammensetzung in der Weise anzupassen, daß die Beschlußfähigkeit der Kommission nur dann gewährleistet ist, wenn eine Mindestanzahl von Vertretern beider Gruppen, Laien und Medizinern, bei der Beschlußfassung anwesend ist.

3. Die Regelung im Hamburgischen Ärztegesetz zur *Bestellung der Mitglieder* zeichnet sich dadurch aus, daß dem Senat ein entscheidendes Mitbestimmungsrecht bei der Bestellung der Mitglieder zugebilligt wurde. Da die Ärztekammer auf diese Weise zwar u.U. nicht jede gewünschte Person berufen kann, aber gleichzeitig immerhin verhindern kann, daß Mitglieder in die Ethik-Kommission gelangen, die sie nicht für geeignet hält, wurde der Kammer mit ihrem kumulierten Sachverstand in medizinischen Fragen noch hinreichend Einfluß auf die Bestellung der Mitglieder belassen. Es kann insofern festgehalten werden, daß unter haftungsrechtlichen Gesichtspunkten keine Bedenken gegen diese Regelung bestehen. Wiederum ist die Kontrolle durch die Beteiligung des Senats bei der Bestellung der Mitglieder geeignet, daß Vertauen in die *Unabhängigkeit* des Gremiums zu stärken, ohne daß auf die *Kompetenz der Ärztekammer* verzichtet worden wäre.
4. Auch bezüglich einzelner Verfahrensweisen unterscheidet sich die Hamburger Ethik-Kommission von vielen anderen Gremien, stets bemüht um besonders deutlichen Patientenschutz.
   a) Die in jüngerer Zeit diskutierte Erweiterung der *persönlichen Zuständigkeit* der Ethik-Kommission auch für Wissenschaftler, die nicht der Ärzteschaft angehören, wurde bereits in § 15 c des Hamburgischen Ärztegesetzes sowie § 3 Abs. 1 der Satzung der Ethik-Kommission ausdrücklich umgesetzt. Die Ethik-Kommission in der Hansestadt kann damit einen weiteren wichtigen Beitrag zum Patientenschutz leisten.
   b) Die Erteilung ausnahmslos *einstimmiger Voten* ist auf die pluralistisch zusammengesetzte Hamburger Kommission abgestimmt. Auf diese Weise können die verschiedenen Auffassungen nicht durch Mehrheitsentscheidungen übergangen werden. Der Konsens sollte jedoch nicht zum unumstößlichen Prinzip erhoben werden. Eine Soll-Vorschrift in dieser Richtung erscheint der interdisziplinären Besetzung einer Ethik-Kommission angemessen.
   c) In Hamburg werden die *Voten nicht mit Nebenbestimmungen* versehen. Auf diese Weise kann weitgehend verhindert werden, daß mit einem Versuch begonnen wird, ohne daß zuvor Auflagen erfüllt wurden. Trotzdem sollte die Erteilung eines positiven Votums mit Auflage nicht von vornherein ausgeschlossen werden, sondern im Einzelfall die Eilbedürftigkeit des Antrags und die Bedeutung der Forderung der Kommission abgewogen werden. Auch die zeitnahe Ermöglichung von Versuchen kann im Interesse des Patienten liegen.

Die Untersuchung hat gezeigt, daß das Hamburger System der Ethik-Kommissionen für Hamburg in seiner besonderen Konstellation überwiegend positiv zu bewerten ist. Die Kommission der Ärztekammer Hamburg kann hinsichtlich ihrer umfassenden Sachkompetenz und ihrer erweiterten persönlichen Zuständigkeit sogar beispielhaft für andere Ethik-Kommissionen sein. Rechtliche Nachbesserungen werden lediglich in folgenden Punkten erforderlich: Es ist zu empfehlen, die Regelung zur Beschlußfähigkeit an den großen Laienanteil in der Kommission anzupassen. Zusätzlich sollten die Detailregelungen der personellen Zusammensetzung der Satzungsautonomie der Ärztekammer überlassen werden, um gerade angesichts der hohen Laienbeteiligung und den damit verbundenen Gefahren für eine effektive Kommissionsarbeit flexibel auf akute Probleme reagieren zu können.

Anhang A

Fragebogen zur Praxis der Ethik-Kommissionen in Deutschland

Ihre Ethik-Kommission besteht an:

- der medizinischen Fakultät der Universität in: .... (Ortsangabe)
- bei der Ärztekammer in: .... (Ortsangabe)
- Sonstiges: ....

1.) Bestehen für Ihre Ethik-Kommission
- per Berufsordnung eine Verpflichtung zur Anrufung derselben, wenn ja, seit wann?

  .... (Datum)
- eine Verfahrensordnung für die Behandlung der Anträge?
- Richtlinien oder Formulare bezügl. der Abfassung von Anträgen der Forscher?
- eine Gebührenordnung oder ein anderes Papier, aus dem sich die Gebühren und Auslagen für die Inanspruchnahme der Ethik-Kommission ergeben

Wenn ja: Dürfen wir Sie höflichst um Übersendung je eines Exemplares bitten?

2.) Wieviele Mitglieder (ausgenommen Stellvertreter) hat Ihre Ethik-Kommission?

Anzahl: .... davon weiblich: ....

3.) Wie ist Ihre Kommission zusammengesetzt?

- MedizinerInnen: .... (Anzahl)
- JuristInnen: ....

Mit Erfahrung/Qualifikation im Bereich des Medizinrechts Welche?..................

....

Andere: ....

- MedizintechnikerInnen: ....
- Pflegepersonal: ....
- Personen mit ethischen Fachkenntnissen: .... nämlich: ....

  .... (Qualifikation)
- MedizinstudentInnen: ....
- sog. „BürgervertreterInnen“ ....
- Sonstige: ....

Von den genannten MedizinerInnen sind:
- PharmakologInnen: .... (Anzahl)
- Statistiker-/BiometrikerInnen: ....
- ÄrztInnen der Fachrichtungen:..

....

davon
- Angehörige des Universitätskrankenhauses: .... (Anzahl)
- Angehörige anderer Krankenhäuser, nämlich: ....

  ....

  .... (Anzahl und Namen der Krankenhäuser)
- Niedergelassene ÄrztInnen: .... (Anzahl)
- Vorwiegend forschend tätige ÄrztInnen: .... (Anzahl)

4.) Für welchen Zeitraum ist die Kommission in dieser Zusammensetzung bestellt?
.... Jahre
Besteht eine Wiederwahlmöglichkeit? Ja O Nein O
Ist die Vertretung der Mitglieder zulässig? Ja O Nein O
Wie oft kommt die Vertretung eines Mitglieds vor? ..... (durchschnittliche Anzahl der Vertretungen im Jahr)

5.) Wie häufig werden Sitzungen der Ethik-Kommission abgehalten?
.... (Anzahl pro Jahr)
Die Bearbeitungszeit eines Antrages beträgt höchstens .... Wochen.

6.) Werden auch andere Aufgaben – neben der Begutachtung von biomedizinischen Forschungsvorhaben am Menschen – wahrgenommen?
Nein O Wenn Ja O Welche? ....

....

Ist Ihre Ethik-Kommission offen, Forschungsvorhaben zu begutachten, die keiner ärztlichen Beteiligung bedürfen, wie z.B. best. Forschung durch Pflegekräfte, PsychologInnen etc.?
Nein O Wenn Ja O Aufgrund welcher Zuständigkeitsregelung?......................

....

7.) Auf welche Weise werden die Anträge beraten?
- Wird ein „Berichterstatter" benannt? Bekommt jedes Mitglied alle Unterlagen zur Vorbereitung?

....

....

– Werden Anträge schriftlich beraten?
Immer O Nie O In bestimmten Fällen O Nämlich: ....

....

8.) Werden zur Beurteilung der Forschungsvorhaben auch externe Fachleute hinzugezogen?
Wie oft? .... (durchschnittliche Anzahl pro Jahr)

Aus welchen Fachbereichen? ....

....

9.) Wird der beantragende Forscher zur Besprechung seines Antrages hinzugezogen?
Wie oft? ...... (durchschnittliche Anzahl pro Jahr) Aus welchem Anlaß? ....

....

10.) Welchen Inhalt haben die Kommissionsberatungen?

Medizinische Erwägungen	..........%
Wissenschaftliches Design der Studie	..........%
Juristische Erwägungen	..........%
Ethisch-philosophische Erwägungen	..........%

Sonstiges ....

....

11.) Wieviele Anträge wurden in den Jahren 1995 bis 1998 bearbeitet?

	1995	1996	1997	1998
Anzahl				
Primäranfragen:				
Nachbegutachtungen: (Multicenter)				
davon ca. in%				
keine Einwände:				
geringfügige Änderungswünsche:				
starke Bedenken:				
Rücknahme durch Beantragenden:				

Welcher Art waren die Bedenken? ....

....

....

	1995	1996	1997	1998
Anzahl der Beschlüsse				
mit Bedingungen:				
mit Auflagen				
davon Auflagen, daß Bericht erstattet wird:				

....

....

Sollten Sie die genauen Zahlen nicht parat haben, bitten wir Sie, zumindest die ungefähren Zahlen anzugeben.

Wird die Erfüllung der Auflagen nachgeprüft?
Nein O Wenn Ja O Wie?...

....

12.) Wird die Einhaltung des Prüfplanes nachgeprüft?
Nein O Wenn Ja O Wie?...

....

Wird ein Schlußbericht des Antragstellers an die Ethik-Kommission verlangt?
Ja O Nein O

13.) *Folgende Frage betrifft nur Ethik-Kommissionen, die Forschungsprojekte der medizinischen Fachbereiche (mit)betreuen*:

Für den Fall, daß ein Antrag aus dem universitären Bereich von Ihrer Kommission negativ beschieden wird und das Forschungsprojekt trotzdem durchgeführt werden soll: Wie reagiert Ihre Ethik-Kommission?

Wird der Klinikvorstand hierüber unterrichtet? Ja O Nein O

Besteht die Pflicht den Klinikvorstand hierüber zu unterrichten?
Nein O Wenn Ja O Woraus ergibt sich diese (z.B. Dienstanweisung des Klinikvorstandes)? ....

....

Anders, nämlich: ....

....

14.) Wie wird mit der Unterrichtung über schwerwiegende oder unerwartete unerwünschte Ereignisse umgegangen?

Erneute vollständige Prüfung durch gesamte Kommission O
Kurzprüfung durch gesamte Kommission O
Vollständige Prüfung durch Vorsitzenden O
Kurzprüfung durch Vorsitzenden O

Anders, nämlich: ....

....

15.) Legt Ihre Ethik-Kommission Wert darauf, daß ggf. der Sponsor einer Studie dem Probanden bekanntgegeben wird? Ja O Nein O

16.) Wie werden multizentrische Studien geprüft, wenn Ihre Kommission nicht hauptzuständig ist?

Vollständige Prüfung durch gesamte Kommission O
Kurzprüfung durch gesamte Kommission O
Vollständige Prüfung durch Vorsitzenden O
Kurzprüfung durch Vorsitzenden O

Anders, nämlich: ....

....

Worauf wird dabei inhaltlich besonders geachtet (z.B. best. örtliche Gegebenheiten)?

....

....

17.) Sind die Mitglieder Ihrer Ethik-Kommission haftpflichtversichert?

Nein O Wenn ja O Seit wann? ....

Durch wen?..

Umfaßt diese nur den Körperschaden oder auch den reinen Vermögensschaden des Forschers?..............

Anhang B

Fragebogen zur Praxis der öffentlich-rechtlichen Ethik-Kommissionen in Deutschland (Übersicht der Antworten)

		ÄK/MF HAMBURG	ÄK BADEN-WÜRTTEMBERG	ÄK BERLIN	ÄK BREMEN
1	Besteht für Ihre Ethik-Kommission per Berufsordnung eine Verpflichtung zur Anrufung derselben, wenn ja, seit wann? (Datum)	1996	1996	1990	1996
1a	Besteht für Ihre Ethik-Kommission eine Verfahrensordnung für die Behandlung der Anträge? (ja/nein)	ja	ja	ja	ja
1b	Bestehen für Ihre Ethik-Kommission Richtlinien oder Formulare bezüglich der Abfassung von Anträgen der Forscher? (ja/nein)	ja	nein	ja	nein
1c	Wie hoch sind durchschnittlich die Gebühren für die Inanspruchnahme der Ethik-Kommission? (DM min-max)	600 bis 3500	500 bis 1500	900 bis 5400	100 bis 2000
2	Wieviele Mitglieder (ausgenommen Stellvertreter) hat Ihre Ethik-Kommission? (Anzahl)	15	7	je 6 pro Kommission	7
2a	Anteil der weiblichen Mitglieder (%)	6	1	–	2
	Wie ist Ihre Kommission zusammengesetzt?				
3	• MedizinerInnen (Anzahl)	8	6	–	4
3a	• JuristInnen	2	1	–	1
3b	• Mit Erfahrung/Qualifikation im Bereich des Medizinrechts? (ja/nein/welche?)	ja	ja	–	–

	ÄK Hessen	ÄK Niedersachsen	ÄK Rheinland-Pfalz/MF Mainz	Saarland	ÄK Schleswig-Holstein	ÄK Sachsen
1	1993	1986	1993	1987	–	1990
1a	ja	ja	Ja	ja	Ja	ja
1b	ja	ja	Ja	ja	Ja	ja
1c	ja	200 bis 4500	100 bis 2500	450 bis 1800	235 bis 1415	500 bis 1500
2	5	8	7	7	je 7 pro Kommission	10
2a	1	1	1	0	3	2
3	4	5	4	6	5	8
3a	1	1	1	1	1	1
3b	–	ehemaliger Vorsitz am Gerichtshof für die Heilberufe Niedersachsen	Rechtsmedizin / Versicherungsrecht	ja	–	–

	ÄK THÜRINGEN	ÄK/MF WESTFALEN-LIPPE	LAND BREMEN	FU BERLIN	MF BONN	MF DÜSSELDORF
1	1991	1994	–	1996	ja	–
1a	Ja	ja	ja	ja	ja	ja
1b	Ja	ja	ja	ja	ja	nein
1c	200 bis 4000	800 bis 1600	300 bis 3000	i.d.R. 0 bis 1000	ja	0 bis 2000
2	7	10	12	19	8	14
2a	1	1	3	4	1,50	2
3	5	7	6	10, darunter wissenschaftliche Mitarbeiter	5	11
3a	1	1	1	1	1	2
3b	–	ja	–	Lehre und Publikationen	–	fast alle

	MF ERLANGEN-NÜRNBERG	MF ESSEN	MF FRANKFURT A.M.	MF FREIBURG	MF GIEßEN	MF GÖTTINGEN
1	–	–	–	1995	ja	ja
1a	ja	ja	ja	Ja	ja	ja
1b	ja	ja	ja	Ja	ja	ja
1c	ja	0 bis 2600	100 bis 1600	in Arbeit, ca. 500 bis 1000	0 bis 800	0 bis 1500
2	8	6	7	je 9 pro Kommission	9	11
2a	1	0	1	–	1	2
3	6	5	6	–	6	8
3a	1	1	1	–	1	1
3b	–	–	–	–	ja	u. a. Leitung der Abteilung Arzt- und Arzneimittelrecht

	MF HEIDELBERG	MF JENA	MF KIEL	MF KÖLN	MF LEIPZIG	MF LÜBECK
1	1987	1997	1994	1996	–	1999
1a	ja	ja	ja	ja	ja	ja
1b	ja	ja	ja	ja	nein	ja
1c	0 bis 1500	bisher nicht	550 bis 1100	0 bis 1000	–	0 bis 1100
2	10	10	9	13	9	8
2a	1	2	1	0	1	1
3	8	–	8	13	6	4
3a	1	–	1	1 (und Mediziner)	1	2
3b	–	–	ja	–	–	–

	MF MARBURG	MF MÜNCHEN	TU MÜNCHEN	MF REGENSBURG	MF ULM	MF WÜRZBURG
1	–	–	1997	–	ja	1991
1a	–	–	ja	ja	ja	ja
1b	in Vorbereitung	ja	ja	ja	ja	ja
1c	800 bis 2000	–	200 bis 1000	0 bis 1500	0 bis 2210	ja
2	8	5	7	6	8	8
2a	3	0	0	1	1	1
3	–	5	4	4	5	7
3a	–	0	1	1	1	1
3b	–	–	–	ja	nein	ja, zahlreiche Publikationen

		ÄK/MF HAMBURG	ÄK BADEN-WÜRTTEMBERG	ÄK BERLIN	ÄK BREMEN
3bb	• MedizintechnikerInnen	1	0	–	0
3c	• Pflegepersonal	2	0	–	0
3d	• Personen mit ethischen Fachkenntnissen	1	1	–	1
3e	Welche Fachkenntnisse?	–	Theologe	–	Pastor
3ee	• MedizinstudentInnen	0	0	–	0
3f	• sog. „BürgervertreterInnen”	1	0	–	1 (Pat.vertreterin)
3ff	• Sonstige	0	0	–	0
	Von den genannten MedizinerInnen sind			–	
3g	• PharmakologInnen (Anzahl)	1	1	–	0
3h	• Statistiker-/BiometrikerInnen	0	0	–	0
3i	• ÄrztInnen der Fachrichtungen, davon:	8	4	–	3
3j	• Angehörige des Universitätskrankenhauses (Anzahl)	4	–	–	0
3k	• Angehörige anderer Krankenhäuser (Anzahl)	2	1	–	–
3l	• Niedergelassene ÄrztInnen (Anzahl)	2	2	–	1
3m	• Vorwiegend forschend tätige ÄrztInnen (Anzahl)	5	1	–	0
4	Für welchen Zeitraum ist die Kommission in dieser Zusammensetzung bestellt? (Jahre)	4	4	4	4
4a	Besteht eine Wiederwahlmöglichkeit? (ja/nein)	ja	ja	ja	ja
4b	Ist die Vertretung der Mitglieder zulässig? (ja/nein)	ja (für Nichtmediziner)	ja	ja	ja
4c	Wie oft kommt die Vertretung vor? (pro Jahr)	–	4	13	0

	ÄK HESSEN	ÄK NIEDERSACHSEN	ÄK RHEINLAND-PFALZ/MF MAINZ	AK SAARLAND	ÄK SACHSEN	ÄK SCHLESWIG-HOLSTEIN
3bb	0	0	0	0	1	0
3c	0	0	1	0	0	0
3d	–	2	1	0	–	1
3e	–	1 evangelischer und ein katholischer Theologe	ev. Theologe	entfällt	–	ev. Theologe
3ee	0	0	0	0	0	–
3f	0	0	0	0	0	–
3ff	0	0	0	0	0	–
3g	1	1	1	1	1	–
3h	0	0	1	–	1	–
3i	3	4	4, incl. Vertreter 17	–	8	–
3j	–	2	8 (incl. Vertreter)	4	3	–
3k	–	2	4, überwiegend Lehrkrankenhäuser (incl. Vertreter)	1	5	–
3l	–	0	3 (incl. Vertreter)	1	1	–
3m	–	1	2	–	1	–
4	4	4	5	4	4	4
4a	ja	ja	ja	ja	ja	ja
4b	ja	ja	ja	ja	nein	ja
4c	3 bis 4	3	1 bis 2	2	entfällt	3

	ÄK Thüringen	ÄK/MF Westfalen–Lippe	Land Bremen	FU Berlin	MF Bonn	MF Düsseldorf
3bb	0	0	0	0	0	0
3c	0	0	1	2	1	0
3d	1	2	1	4	0	1
3e	Theologe	Philosophische Ethik, Moraltheologie	Pastor, Krankenhausseelsorge	Lehrauftrag am Fachbereich Medizinische Soziologie, Seminarleiter zum Thema Ethik in der Medizin; 2 Diplomreligionspädagogen (ev. u. kath.)	entfällt	Professor der Philosophie
3ee	0	0	0	2	1	0
3f	0	0	1	1	0	0
3ff	0	0	0	0	1 wiss. Mitarbeiter	0
3g	1	0	1	3	–	1
3h	0	0	1	1	–	0
3i	5	7	4	7	–	10
3j	2	5	0	8	8	11
3k	2	0	5	1	0	0
3l	0	1	0	1 im Ruhestand	0	0
3m	1		0	3	ja	11
4	4	4	4	2	4	2
4a	ja	ja	ja	ja	ja	ja
4b	ja	ja	ja	nein	nein, es gibt einen Pool von 32 Mitgliedern	ja
4c	3 bis 4	10	15	entfällt	entfällt	–

	MF ERLANGEN-NÜRNBERG	MF ESSEN	MF FRANKFURT A.M.	MF FREIBURG	MF GIEßEN	MF GÖTTINGEN
3bb	0	–	–	–	0	0
3c	0	–	–	–	0	1
3d	2	–	–	–	–	1
3e	Praktische Theologie, Geschichte und Ethik in der Medizin	–	–	–	–	Leitung der Abteilung Ethik- und Geschichte der Medizin
3ee	0	–	–	–	0	0
3f	0	–	–	–	0	0
3ff	0	–	–	–	Apotheker (Nicht-Wissenschaftler)	0
3g	1	1	1	–	2	1
3h	0	5	–	–	1	1
3i	6	5	–	–	5	8
3j	6	–	–	–	8	8
3k	0	–	–	–	0	0
3l	0	–	–	–	0	0
3m	1	–	–	–	0	0
4	4	keine Frist	4	–	3	4
4a	ja	ja	ja	ja	ja	ja
4b	ja	nicht geregelt, findet in der Praxis nicht statt	ja	ja	ja	ja
4c	6	0	–	–	1 bis 2	4

	MF Heidelberg	MF Jena	MF Kiel	MF Köln	MF Leipzig	MF Lübeck
3bb	0	1	0	0	0	0
3c	0	1	0	0	0	1
3d	1	1	alle	2	1	1
3e	Klinikpfarrer	Theologe	–	Rechtsmediziner	Theologe	Direktor des Instituts für Medizin- und Wissenschaftsgeschichte
3ee	0	0	0	0	0	0
3f	0	0	0	0	1	0
3ff	0	0	0	0	0	0
3g	1	1	1	1	1	1
3h	0	0	0	1	0	0
3i	–	2	7	8	6	4
3j	8	7	8	13	6	3
3k	0	3	0	0	0	0
3l	0	0	0	0	0	0
3m	8	3	8	–	–	–
4	4	8	4	keine Begrenzung	keine Frist	2
4a	ja	ja	ja	ja	ja	ja
4b	ja	ja	ja	nein	nein	nein
4c	–	1 bis 2	kaum	entfällt	entfällt	entfällt

	MF Marburg	**MF München**	**TU München**	**MF Regensburg**	**MF Ulm**	**MF Würzburg**
3bb	–	0	0	0	0	0
3c	–	0	0	0	0	0
3d	–	0	1	6	1	0
3e	–	entfällt	Geistlicher	–	Pfarrer	entfällt
3ee	–	0	0	0	0	0
3f	–	0	0	1	0	0
3ff	–	0	0	0	0	0
3g	–	0	1	0	0	1
3h	–	0	1	0	1	0
3i	–	5	4	3	5	6
3j	–	5	4	3	5	7
3k	–	–	0	0	0	0
3l	–	–	0	0	0	0
3m	–	–	–	4	1	0
4	2	variabel	2	5	4	3
4a	ja	ja	ja	ja	ja	ja
4b	ja	nein	ja	ja	nein	ja
4c	–	entfällt	bis zu 1	3	entfällt	2 bis 3

		ÄK/MF HAMBURG	ÄK BADEN-WÜRTTEMBERG	ÄK BERLIN	ÄK BREMEN
5	Wie häufig werden Sitzungen der Ethik-Kommission abgehalten? (Anzahl pro Jahr)	12	12	31	8
5a	Höchstbearbeitungszeit eines Antrages (Wochen)	4	3	6	6
6	Werden auch andere Aufgaben – neben der Begutachtung von biomedizinischen Forschungsvorhaben am Menschen – wahrgenommen? (nein/ja/welche?)	nein	ja, IVF-Anträge, Vorbereitung von ethischen Themen für den Vorstand der Ärztekammer, z.B. Sterberichtlinien, Bioethik-Konvention	ja, Arbeitsausschüsse für Methadonvergabe, Reproduktionsmedizin, allg. Medizinethik	ja, Vorbereitung von Stellungnahmen zu Themen ethischen Inhalts für die Kammer (z.B. Heroinabgabe, Handlungsanweisung f. ethische Notfälle etc.)
6a	Ist Ihre Ethik-Kommission offen, Forschungsvorhaben zu begutachten, die keiner ärztlichen Beteiligung bedürfen, wie z.B. bestimmte Forschung durch Pflegekräfte, PsychologInnen etc.? (nein/ja)	ja	nur wenn Ärzte beteiligt sind	bisher keine Anträge, wäre von Fall zu Fall zu diskutieren	nein
6b	Welche Zuständigkeitsregelung?	§ 15 c ÄG, §§ 2 Abs. 1, 3 Abs. 1 der Satzung: „(...) Ärzte und andere Wissenschaftler (...)“	entfällt	keine	entfällt
	Auf welche Weise werden die Anträge beraten?				
7	• Wird ein „Berichterstatter” benannt?	ja	ja, Vorsitzender	nein	ja
7a	• Bekommt jedes Mitglied alle Unterlagen zur Vorbereitung?	nein	ja	ja	Kurzbericht an alle, im Diskussionsfall Unterl. an alle Mtgl.

	ÄK Hessen	ÄK Niedersachsen	ÄK Rheinland-Pfalz/MF Mainz	ÄK Saarland	ÄK Sachsen	ÄK Schleswig-Holstein
5	12	5	16	10	8	11
5a	4	durchschnittlich 6, höchstens 13,5	7	6	4 bis 6	4
6	nein	nein	ja, Beurteilung nicht-etablierter Pharmakotherapie	–	ja, allg. ethische anfragen; Vorlagen für Vorstand, Anfragen von Ärzten aus Sachsen	–
6a	nein	ja	wenn Arzt als Antragsteller beteiligt	nein	nein	ja
6b	entfällt	§ 10 Abs. 1 Kammergesetz für die Heilberufe („... Mitglieder und anderer Stellen...“)	entfällt	entfällt	entfällt	Einzelbeschlüsse
7	nein	nein	ja	nein	ja	ja, Vorsitzender
7a	ja	ja	ja	ja	nein	ja

	ÄK Thüringen	ÄK/MF Westfalen-Lippe	Land Bremen	FU Berlin	MF Bonn	MF Düsseldorf
5	6	12	12	11	14	5 bis 6
5a	8	4 bis 6	2	7	2 bis 4	8
6	nein	nein	nein	nein	nein	nein
6a	nein	–	nein	ja	nein	ja
6b	entfällt	–	entfällt	§ 4 Abs. 2 S. 2 der Verfahrensgrundsätze: „ferner jeder Angehörige des Fachbereichs Humanmedizin der Freien Universität, insoweit der Antrag Patienten, Probanden oder Personal des Fachbereichs Humanmedizin betrifft...“	entfällt	–
7	nein	nein	ja	nein	nein	–
7a	ja	ja	ja	ja	ja	jeder Antrag wird 7 Mitgl. vorgelegt, darunter immer 1 Juristen

	MF Erlangen-Nürnberg	MF Essen	MF Frankfurt a.M.	MF Freiburg	MF Gießen	MF Göttingen
5	6	2 bis 3	–	11	11	11
5a	4 bis 6	4 bis 6	2	4	7	6 bis 8
6	nein	nein	nein	nein	nein	nein
6a	ja	ja	nein	ja	ja	ja
6b	interne Regelung	Punkt 2 der Verfahrensgrundsätze: „Anträge von Mitgliedern der Fakultät...“	entfällt	–	§ 8 Abs. 1 der Verfahrensordnung:“ ...Mitglied des Fachbereichs...“	–
7	nein	entfällt	nein	ja	nein	ja
7a	ja	ja	ja	–	Anträge liegen aus	ja

	MF HEIDELBERG	MF JENA	MF KIEL	MF KÖLN	MF LEIPZIG	MF LÜBECK
5	12	10 bis 12	2	12	8	11
5a	4	4 bis 6	4 bis 6	4 bis 6	–	4
6	nein	ja, Entwicklung eines Streifentests für einen Feldversuch und Einzelfälle aus der Notfallmedizin	nein	nein	–	nein
6a	ja	ja	ja	ja	–	ja
6b	§ 3 Abs. 1 der Satzung: „...sowie für alle Forschungsvorhaben ..., die an den der jeweiligen Fakultät zugeordneten medizinischen Einrichtungen ... durchgeführt werden“	§ 1 Abs. 2 der Satzung: „...Ärzte und andere Wissenschaftler der Medizinischen Fakultät...“	„freiwillig“	§ 1 Abs. 1 der Satzung: „(...) Ärztinnen und Ärzte sowie andere Wissenschaftler, die im Bereich der Medizinischen Fakultät der Universität zu Köln tätig sind ...“	–	§ 2 Abs. 2 b) der Verfahrensordnung: „... die an oder unter Beteiligung der Medizinischen Universität zu Lübeck oder durch deren Mitglieder oder Angehörige durchgeführt werden sollen ...“
7	nein, Antragsteller stellt vor	ja	ja	nein	–	ja, Vorsitzender
7a	4 ja, 6 Kurzfassung, einschl. Patientenaufklärung und -einverständniserklärung	nein	nein	nur die vom Vorsitzenden ausgewählten problematischeren Anträge	–	ja

	MF MARBURG	MF MÜNCHEN	TU MÜNCHEN	MF REGENSBURG	MF ULM	MF WÜRZBURG
5	12	8	10	5	12	9 bis 10
5a	4	10	6	10	6	6
6	nein	nein	nein	nein	nein	nein
6a	ja	nein	nein	ja	ja	nein
6b	–	entfällt	entfällt	–	§ 5 Abs. 1 der Satzung: „... von Mitgliedern der Universität Ulm ...“	entfällt
7	ja	nein	nein	nein	nein	ja
7a	nur Berichterstatter, Vorsitzender und Jurist	ja	ja	ja	ja	nein

		ÄK/MF Hamburg	ÄK Baden-Württemberg	ÄK Berlin	ÄK Bremen
7b	• Werden Anträge schriftlich beraten? (Immer/Nie/In bestimmten Fällen, nämlich...)	Nur dann, wenn nach einer Erstberatung in einer Sitzung zur Nachbegutachtung ein entsprechender Beschluß der Ethik-Kommission gefaßt wurde.	nie	nur wenn keine Sitzung in annehmbaren Zeitraum zustande kommt	Nie
	Werden zur Beurteilung der Forschungsvorhaben auch externe Fachleute hinzugezogen?				
8	Wie oft? (durchschnittliche Anzahl pro Jahr)	unter 1	5	1	1
8a	Aus welchen Fachbereichen?	–	Neurologie, Onkologie, HNO	–	–
9	Wird der beantragende Forscher zur Besprechung seines Antrages hinzugezogen? Wie oft? (durchschnittliche Anzahl pro Jahr)	4	20	ja	ca. 50%
	Aus welchem Anlaß?	Wenn die Ethik-Kommission der Ansicht ist, daß durch eine persönliche Besprechung offene Fragen schneller und umfassender beantwortet werden können als durch Schriftwechsel	vor Ablehnung eines Antrags und in Zweifelsfällen	generell	Unklarheiten im Studiendesign
10	Welchen Inhalt haben die Kommissionsberatungen? (in%) • Medizinische Erwägungen	ja	–	55	ja

	ÄK Hessen	ÄK Niedersachsen	ÄK Rheinland-Pfalz/MF Mainz	ÄK Saarland	ÄK Sachsen	ÄK Schleswig-Holstein
7b	nur ausnahmsweise, wenn nach Meinung des Vorsitzenden keine Bedenken bestehen und kein Mitglied widerspricht	nur bei geringem Beratungsbedarf und Neuberatung von überarbeiteten Anträgen aufgrund erteilter Auflagen	nie	nie	nur eilige Anträge	nie
8	nach Bedarf	bisher nicht	5	1 bis 2	2	unter 1
8a	–	entfällt	Zahn-, Mund-Kieferheilkunde, Radiologie	Biometrie, Medizintechnik	Hirnforschung/ betr. Schmerztherapie	–
9	immer	Die Bewertung des Forschungsvorhabens erfolgt grundsätzlich nach mündlicher Erörterung mit dem Antragsteller	15	1 bis 2	1 bis 2	nur in Ausnahmefällen
	–	entfällt	Bei Bedenken am Forschungsvorhaben	–	unklarer oder widersprüchlicher Studienaufbau; schwierige Zusammenhangsfragen	Auf Wunsch des Antragstellers
10	40	30	50		45	40

	ÄK Thüringen	ÄK/MF Westfalen-Lippe	Land Bremen	FU Berlin	MF Bonn	MF Düsseldorf
7b	bei multizentrischen Studien	nein	nie	nie	nie	immer, nur problematische Anträge werden nachfolgend mündlich beraten
8	nein	3 bis 4	bisher nicht nötig	1 bis 2	2	6 bis 8
8a	entfällt	Psychiatrie, Pharmakologie, Statistik/ Biometrie	entfällt	–	–	–
9	immer bei Primärstudien	85	30 bis 50%	immer	nein	30
	–	–	regelmäßig Einladung an Antragsteller zur Darstellung des Vorhabens, nicht immer wahrgenommen	–	entfällt	bei mündlicher Beratung der problematischen Anträge
10	60	30	20	25	–	40

	MF Erlangen-Nürnberg	MF Essen	MF Frankfurt a.M.	MF Freiburg	MF Gießen	MF Göttingen
7b	in bestimmten Fällen	i.d.R., nur auf Wunsch eines Mitglieds mündlich	nie	in best. Fällen	nur wenn Kommission bereits Regeln für definierte „bestimmte Fälle“ (etwa 10) aufgestellt hat, kann der Vorsitzende allein entscheiden, er muß darüber in der nächsten Sitzung berichten	nie
8	bisher nicht	nein	bisher nicht	5	2 bis 4	1
8a	entfällt	entfällt	entfällt	bisher Biologie, Radiologie, Psychiatrie	–	z.B. Datenschutz
9	4	i.d.R. bei mündl. Verhandlung	zu jeder Erstvorlage	80	bei allen Erstbegutachtungen	im Einzelfall
	um ihm Gelegenheit zu geben, persönlich auf etwaige Bedenken der Kommission einzugehen	–	–	Widersprüche in den Unterlagen	–	Wenn bestimmte Fragen mit Hilfe der vorgelegten Unterlagen nicht zu klären sind
10	30	30	–	–	–	20

	MF Heidelberg	MF Jena	MF Kiel	MF Köln	MF Leipzig	MF Lübeck
7b	nur bei Nachbegutachtung bereits besprochener Anträge	nie	regelmäßig, nur bei Unklarheiten mündliche Beratung	Vor-Screening durch den Vorsitzenden und den Geschäftsführer auf Risiko-Nutzen; Widersprüche o. Unklarheiten, sonst mündlich	in bestimmten Fällen	nur in dringenden Fällen
8	sehr selten	zwei bis drei	unter 1	1	1 bis 2	0
8a	–	Kliniker der entsprechenden Subspezialität	–	z.B. Neurochirurgie	–	entfällt
9	i.d.R. immer	regelmäßig	30	1/4 bis 1/3 der Fälle	ja	3
	–	–	bei Unklarheiten	bei Widersprüchen und Unklarheiten, mündlicher Beratung	Klärung offener Fragen	inhaltliche Präzisierung des Antrags
10	–	25	25	78	40	20

	MF MARBURG	**MF MÜNCHEN**	**TU MÜNCHEN**	**MF REGENSBURG**	**MF ULM**	**MF WÜRZBURG**
7b	–	i.d.R.	nie	nie	nur im Eilfall	nur bei Zeitdruck während der Semesterferien
8	6 bis 10	2 bis 3	bis 3	nein	0	nein
8a	–	–	Medizintechnik	entfällt	entfällt	entfällt
9	10	8	immer	bei jedem Antrag	4 bis 5	15
	Unklarheiten des Antrags, Erläuterung von Einzelheiten	im Rahmen mündlicher Beratung	Prüfarzt stellt Studie i.d.R. mündlich vor	–	Klärung von Ungereimtheiten	Unklarheiten und Bedenken
10	20	25	30	20	30	40

		ÄK/MF Hamburg				ÄK Baden-Württemberg				ÄK Berlin				ÄK Bremen			
10a	• Wissenschaftliches Design der Studie	ja				–				20				ja			
10b	• Juristische Erwägungen	ja				–				15				ja			
10c	• Ethisch-philosophische Erwägungen	ja				–				10				ja			
10d	• Sonstiges	–				–				–				–			
11	Wieviele Anträge wurden in den Jahren 1995 bis 1998 bearbeitet?	**95**	**96**	**97**	**98**	**95**	**96**	**97**	**98**	**95**	**96**	**97**	**98**	**95**	**96**	**97**	**98**
	• Primäranfragen	133	119	100	154	180	218	242	269	78	92	82	86	0	0	0	18
11a	• Nachbegutachtungen (Multicenter)	157	152	202	233	153	200	185	190	107	139	145	166	0	0	0	–
	Davon ca. in%:																
11b	• Keine Einwände	50	50	50	50	5	5	5	5	30	–	–	–	entf.	entf.	entf.	61
11c	• Geringfügige Änderungswünsche	45	45	45	45	80	80	80	80	66	–	–	–	entf.	entf.	entf.	33
11d	• Starke Bedenken	5	5	5	5	14	14	14	14	3	2	1	6	entf.	entf.	entf.	0
11e	• Rücknahme durch Beantragenden	1	0	0	0	1	1	1	1	1	0	0	0	entf.	entf.	entf.	6
11f	Welcher Art waren die Bedenken?	Biometrie, Aufklärung der Pat./ Probanden				Studien mit Kindern oder nicht einwilligungsfähigen bei denen u.a. die Behandlungsarme nicht gleichwertig waren				–				Aufklärung und Einwilligung, Studiendesign, med. Fragen, Statistik			
11g	Anzahl der Beschlüsse • Mit Bedingungen	0	0	0	0	0	0	0	0	125	200	200	70	0	0	0	6
11h	• Mit Auflagen	0	0	0	0	0	0	0	0	0	0	–	–	0	0	0	4
11i	• Davon Auflagen, daß Bericht erstattet wird	entf.	entf.	entf.	entf.	entf.	entf.	entf.	entf.	entf.	entf.	–	–	entf.	entf.	entf.	2

	ÄK Hessen				ÄK Niedersachsen				ÄK Rheinland-Pfalz/MF Mainz				ÄK Saarland				ÄK Sachsen				ÄK Schleswig-Holstein			
10a	40				10				30				–				40				30			
10b	15				50				10				–				5				20			
10c	5				10				10				–				10				10			
10d	–				–				–				–				–				–			
11	**95**	**96**	**97**	**98**	**95**	**96**	**97**	**98**	**95**	**96**	**97**	**98**	**95**	**96**	**97**	**98**	**95**	**96**	**97**	**98**	**95**	**96**	**97**	**98**
	115	126	103	95	11	16	21	25	178	187	243	205	31	20	38	42	27	–	26	17	43	51	76	74
11a	205	231	227	243	133	161	194	189	145	185	196	215	73	80	88	97	73	–	106	110	65	49	90	86
11b	–	–	–	–	92	91	90	89	–	20	24	25	23	18	28	24	60	–	–	–	–	–	–	–
11c	–	–	–	–	6	8	7	10	–	60	62	68	51	50	51	46	30	–	–	–	–	–	–	–
11d	–	–	–	–	1	1	2	1	–	18	12	6	9	8	10	7	8	–	–	–	–	–	–	–
11e	–	–	–	–	0	0	0,5	0	–	1,3	1,3	1,3	0	0	1	–	2	–	–	–	5	4	4	8
11f	–				Qualifikation des Projektleiters, Studiendesign, fehlendes Versuchsprotokoll, Risiko-Nutzenabwägung				Nutzen-Risiko Relation, Wissenschaftlichkeit, Probanden-/Patienteninformation				–				Forschungsansatz bei Alternativtherapie; ethische Bedenken zur Patientensicherheit				–			
11g	–	–	–	–	0	0	0	0	0	0	0	0	–	–	–	–	30	–	–	–	–	–	–	–
11h	–	–	–	–	9	14	16	22	0	0	0	0	–	–	–	–	8	–	–	–	–	–	–	–
11i	–	–	–	–	9	14	16	22	entf.	entf.	entf.	entf.	–	–	–	–	–	–	–	–	–	–	–	–

	ÄK Thüringen				ÄK/MF Westfalen-Lippe				Land Bremen				FU Berlin				MF Bonn				MF Düsseldorf			
10a	10				20				40				40				25				5			
10b	20				30				20				25				50				40			
10c	10				20				20				10				50				15			
10d	–				–				–				–				–				–			
11	**95**	**96**	**97**	**98**	**95**	**96**	**97**	**98**	**95**	**96**	**97**	**98**	**95**	**96**	**97**	**98**	**95**	**96**	**97**	**98**	**95**	**96**	**97**	**98**
	9	8	20	7	116	106	104	127	31 ges.	59 ges.	80 ges.	56 ges.	99	103	127	144	114	121	171	188	145 ges.	105 ges.	190 ges.	153 ges.
11a	75	71	96	100	500	720	980	643	entf.	entf.	entf.	entf.	43	27	34	73	12	17	22	28	entf.	entf.	entf.	entf.
11b	95	90	90	95	20	–	–	–	1	4	5	4	78	69	57	59	14	10	7	9	–	–	–	–
11c	5	10	10	5	80	–	–	–	17	30	39	22	16	22	43	35	60	63	66	56	–	–	–	–
11d	0	0	0	0	5	–	–	–	3	19	14	18	1	1	7	6	6	7	3	6	–	–	–	–
11e	0	0	0	0	5	–	–	–	8	4	22	12	1	1	2	2	1	0	1	3	–	–	–	–
11f	medizinischer und juristischer Natur				–				Infos, Einverständnis, Studiendesign, Sicherheitsbedenken u.a.				Einbez. von Kindern, Studiendesign, Vorgehensweise im Notfall, Beanstandung von Suggestiv-Formulierungen, u.ä.				–				–			
11g	–	–	–	–	–	–	–	–	–	–	–	–	–	–	–	–	–	–	–	–	–	–	–	–
11h	–	–	–	–	–	–	–	–	–	–	–	–	30	38	81	89	92	96	122	151	–	–	–	–
11i	–	–	–	–	–	–	–	–	–	–	–	–	22	35	61	70	–	–	–	–	–	–	–	–

	MF Erlangen-Nürnberg				MF Essen				MF Frankfurt a.M.				MF Freiburg				MF Gießen				MF Göttingen			
10a	10				30				–				–				–				10			
10b	30				20				–				–				–				20			
10c	30				20				–				–				–				50			
10d	–				–				–				–				–				–			
11	**95**	**96**	**97**	**98**	**95**	**96**	**97**	**98**	**95**	**96**	**97**	**98**	**95**	**96**	**97**	**98**	**95**	**96**	**97**	**98**	**95**	**96**	**97**	**98**
	80	94	73	113	147 ges.	138 ges.	158 ges.	183 ges.	91	97	93	105	–	95	102	130	–	88 ges.	93 ges.	66	124	127	114	129
11a	31	30	49	57	entf.	entf.	entf.	entf.	50	64	63	77	–	124	114	121	–	entf.	entf.	37	48	58	59	61
11b	50	50	50	50	–	–	–	50	–	–	–	–	–	–	–	–	–	–	–	40	–	–	–	22
11c	35	35	35	35	–	–	–	30	–	–	–	–	–	–	–	–	–	–	–	30	–	–	–	71
11d	15	15	15	15	–	–	–	20	–	–	–	–	–	–	–	–	–	–	–	10	–	–	–	5
11e	selten	selten	selten	selten	–	–	–	–	–	–	–	–	–	–	–	–	–	–	–	selten	–	–	–	2
11f	Pat.-Information, unzureichende Erfüllung gesetzlicher Auflagen, Unstimmigkeiten Einschluß-/Ausschlußkriterien				–				–				Aufklärung und Einwilligung, Auswertung und Methodik, Risiko-/Nutzenverhältnis, Datenweitergabe, Studiendesign				Aufklärung/Einverständniserklärung, wissenschaftliche Qualität, Datenschutz, Versicherung				–			
11g	–	–	–	–	–	–	–	–	–	–	–	–	–	–	–	–	–	–	–	0	–	–	–	32
11h	–	–	–	–	–	–	–	–	–	–	–	–	–	–	–	–	–	–	–	5	–	–	–	117
11i	–	–	–	–	–	–	–	–	–	–	–	–	–	–	–	–	–	–	–	3	–	–	–	15

	MF Heidelberg				MF Jena				MF Kiel				MF Köln				MF Leipzig				MF Lübeck			
10a	–				25				25				10				40				20			
10b	–				10				25				10				10				20			
10c	–				40				25				2				10				40			
10d	–				–				–				–				–				–			
11	95	96	97	98	95	96	97	98	95	96	97	98	95	96	97	98	95	96	97	98	95	96	97	98
	187 ges.	215 ges.	281 ges.	266 ges.	–	–	–	58	50	58	60	58	–	–	–	–	98 ges.	148 ges.	160 ges.	197 ges.	106	140	143	180
11a	entf.	entf.	entf.	entf.	–	–	–	102	18	54	64	66	–	–	–	–	entf.	entf.	entf.	entf.	106	140	143	180
11b	25	14	16	15	–	–	–	72	–	–	–	30	–	–	–	–	–	–	–	–	–	–	–	50
11c	–	–	–	–	–	–	–	20	–	–	–	60	–	–	–	–	–	–	–	–	–	–	–	30
11d	–	–	–	–	–	–	–	8	–	–	–	10	–	–	–	–	–	–	–	–	–	–	–	20
11e	–	–	–	–	–	–	–	–	–	–	–	0	–	–	–	–	–	–	–	–	–	–	–	
11f	häufig unzureichende Verständlichkeit o. fehlende Informationen in der Pat-Aufklärung				Risiko-Nutzen Abwägungen				–				–				–				–			
11g	–	–	–	–	–	–	–	36	–	–	–	–	–	–	–	–	–	–	–	–	–	–	–	–
11h	–	–	–	–	–	–	–	8	–	–	–	–	–	–	–	–	–	–	–	–	–	–	–	–
11i	–	–	–	–	–	–	–	6	–	–	–	–	–	–	–	–	–	–	–	–	–	–	–	–

	MF Marburg				MF München				TU München				MF Regensburg				MF Ulm				MF Würzburg			
10a	30				25				40				20				35				20			
10b	30				25				15				40				30				20			
10c	20				25				15				20				5				20			
10d	–				–				–				–				–				–			
11	95	96	97	98	95	96	97	98	95	96	97	98	95	96	97	98	95	96	97	98	95	96	97	98
	104 ges.	149 ges.	159 ges.	128 ges.	251 ges.	296 ges.	266 ges.	305 ges.	50	–	–	200	88 ges.	71 ges.	91 ges.	76	94	118	137	164	85	116	122	110
11a	entf.	entf.	entf.	entf.	entf.	entf.	entf.	entf.	–	–	–	–	entf.	entf.	entf.	64	20	39	38	75	10	30	40	50
11b	–	–	–	–	10	10	10	10	10	10	10	10	–	–	–	84	32	37	38	46	85	76	72	70
11c	–	–	–	–	55	55	55	55	70	70	70	70	–	–	–	15	53	54	51	43	15	20	20	20
11d	–	–	–	–	30	30	30	30	20	20	20	20	–	–	–	1	9	6	6	7	0	4	8	10
11e	–	–	–	–	5	5	5	5	0	0	0	0	–	–	–	1	6	3	5	4	1	0	1	2
11f	–				Pat.aufklärung, Begründung des Placebo-Armes, Studien an nicht einwilligungsfähigen Personen				meist unklares Studiendesign				meist formale Fehler (Pat.-Aufklärung und Einverständniserklärung, Datenschutz), sehr selten medizinische oder ethische Bedenken				Wechsel des Studiendesigns von placebokontrolliert nach unkontrolliert offen; Mißverhältnis Risiko-Nutzen				Patienteninformation			
11g	–	–	–	–	–	–	–	–	–	–	–	–	–	–	–	20	0	0	0	0	–	–	–	–
11h	–	–	–	–	–	–	–	–	–	–	–	–	–	–	–	5	0	0	0	0	–	–	–	–
11i	–	–	–	–	–	–	–	–	–	–	–	–	–	–	–	–	0	0	0	0	–	–	–	–

		ÄK/MF HAMBURG	ÄK BADEN-WÜRTTEMBERG	ÄK BERLIN	ÄK BREMEN
11j	Wird die Erfüllung der Auflagen nachgeprüft? (nein/ja)	Die Ethik-Kommission verlangt eine schriftliche Bestätigung des Arztes. Erst dann wird das positive Votum erteilt	ja, Prüfung durch Sachbearbeiter und Vorsitzenden	nur in bestimmten Fällen	ja, Anschreiben der Prüfer
12	Wird die Einhaltung des Prüfplanes nachgeprüft? (nein/ja) Wenn Ja: Wie?	nein	nein	nein	nein
12a	Wird ein Schlußbericht des Antragstellers an die Ethik-Kommission verlangt? (ja/nein)	ja	nein	nein	ja
13	Für den Fall, daß ein Antrag aus dem universitären Bereich von Ihrer Kommission negativ beschieden wird und das Forschungsprojekt trotzdem durchgeführt werden soll: Wie reagiert Ihre Ethik-Kommission? Wird der Klinikvorstand hierüber unterrichtet? (ja/nein)	nein	–	–	entfällt
13a	Besteht die Pflicht, den Klinikvorstand hierüber zu unterrichten? (nein/ja) Wenn Ja: Woraus ergibt sich diese?	nein	–	–	entfällt

	ÄK Hessen	ÄK Niedersachsen	ÄK Rheinland-Pfalz/MF Mainz	ÄK Saarland	ÄK Sachsen	ÄK Schleswig-Holstein
11j	Aufforderung, die geänderten Unterlagen vorzulegen	ja, zustimmende Bewertung nur bei Erfüllung der Auflagen	entfällt	ja, Bestätigung des Antragstellers erbeten	in Einzelfällen Votum erst nach Erfüllung der Auflagen	ja, Wiedervorlage wird erbeten
12	nein	nein	nein	ja, Amendments werden geprüft	nein	nein
12a	ja	ja (Bitte)	ja	ja	ja (Bitte)	ja, wird aber selten vorgelegt
13	entfällt	entfällt	–	entfällt	entfällt	entfällt
13a	entfällt	entfällt	–	entfällt	entfällt	entfällt

	ÄK THÜRINGEN	ÄK/MF WESTFALEN-LIPPE	LAND BREMEN	FU BERLIN	MF BONN	MF DÜSSELDORF
11j	ja, durch nochmalige Vorlage der geänderten Voten	ja, laufender Schriftwechsel	ja, bei notwendigen Wiedervorlagen durch Gesamtkommission, bei kleineren Änderungen über Geschäftsführung	–	schriftliche Antwort	ja, Votum unter Vorbehalt
12	nein	ja, Zwischenbericht, Stellungnahmen anderer Ethik-Kommissionen	ja, Zuständigkeit der Landesbehörde	nein	nein	nein
12a	nein	ja	ja	ja	nein	ja (Bitte)
13	entfällt	bisher nicht vorgekommen	entfällt	ja, aber bisher nicht aufgetreten	weiß die Ethik-Kommission nicht	kam noch nicht vor
13a	entfällt	–	entfällt	–	–	–

	MF ERLANGEN-NÜRNBERG	MF ESSEN	MF FRANKFURT A.M.	MF FREIBURG	MF GIEßEN	MF GÖTTINGEN
11j	ja, Vorlage seitens des Antragstellers	ja, Neufassung der Unterlagen wird angefordert	ja, Unterlagen müssen vorgelegt werden	Votum wird erst nach Zusendung der korrigierten Unterlagen erteilt (außer bei Änderung der Pat. / Probanden-information)	nein	ja, geänderte Unterlagen müssen vorgelegt werden; Prüfung durch den Vorsitzenden
12	nein	nein	-	nein	nein	nein
12a	nein	ja	nein	ja	ja	ja
13	bisher nicht aufgetreten	ja	–	–	ja, ein solcher Fall wurde bisher aber nicht bekannt	Dieser Fall trat noch nicht auf, wird im Einzelfall entschieden
13a	–	–	–	–	–	–

	MF HEIDELBERG	MF JENA	MF KIEL	MF KÖLN	MF LEIPZIG	MF LÜBECK
11j	ja, Überprüfung des geänderten Textes	nein	nein	nein	ja, Votum erst nach Einreichung der überarbeiteten Unterlagen	ja, Vorlage geänderter Unterlagen/ schriftliche Bestätigungen der Erfüllung durch Studienleiter
12	nein	nein	nein	nein	nein	nein
12a	nein	Nur bei Koordinierung in unserem Verantwortungsbereich	ja	ja (Bitte)	ja	nein
13	bisher kein Fall bekannt	ja	kommt nicht vor	–	–	Information an Fakultät
13a	nein	nein	–	–	–	nein

	MF MARBURG	MF MÜNCHEN	TU MÜNCHEN	MF REGENSBURG	MF ULM	MF WÜRZBURG
11j	ja, durch den Vorsitzenden	ja, durch den Vorsitzenden, bei starken Bedenken durch alle Mitglieder in den Sitzungen	ja, Kontrolle der modifizierten Unterlagen	positives Votum erst nach Vorlage der korrigierten Unterlagen	entfällt	Durch Neueinreichung der revidierten Unterlagen
12	nein	Nein	nein	nein	nein	nein
12a	ja	Ja	nein	ja	ja	nein
13	-	kam nicht vor	bisher nicht geschehen, Verfahren nicht festgelegt	ist noch nicht vorgekommen	ja	Eine Überprüfung der Forschungsstätten durch die Ethik-Kommissionen findet nicht statt
13a	–	–	–	–	Verkehrssicherungspflicht	–

		ÄK/MF Hamburg	ÄK Baden-Württemberg	ÄK Berlin	ÄK Bremen
14	Wie wird mit der Unterrichtung über schwerwiegende oder unerwartete unerwünschte Ereignisse umgegangen? • Erneute vollständige Prüfung durch gesamte Kommission? (VK) • Kurzprüfung durch gesamte Kommission (KK) • Vollständige Prüfung durch Vorsitzenden? (VV) • Kurzprüfung durch Vorsitzenden (KV) • Anders	VK wenn Schwere des SAEs dies bedingt, VV bei Multicenterstudien	VV, ggf. KK	KV, selten KK	VV, ggf. KK o. VK
15	Legt Ihr Ethik-Kommission Wert darauf, daß ggf. der Sponsor einer Studie dem Probanden bekannt gegeben wird? (ja/nein)	ja	nein	nein	ausdrücklich nicht
16	• Wie werden multizentrische Studien geprüft, wenn Ihre Kommission nicht hauptzuständig ist? (VK, KK, VV, KV oder anders)	i.d.R. VV, ggf. VK	VV, ggf. VK; immer Benachrichtigung der Kommission + Einsichtsmöglichkeit	KV nur auf Wunsch des Antragstellers, sonst prüft Geschäftsstelle	VV o. VK
16a	Worauf wird dabei inhaltlich besonders geachtet (z.B. bestimmte örtliche Gegebenheiten)?	med./juristische Kriterien, Pat./Pbn.-Aufklärung, Qualifikation des Prüfarztes	wie Primäranfragen	Hauptvotum und die Prüfarztqualifikation, sowie Eignung des Prüfarztes	–

	ÄK Hessen	ÄK Niedersachsen	ÄK Rheinland-Pfalz/MF Mainz	ÄK Saarland	ÄK Sachsen	ÄK Schleswig-Holstein
14	VV/ggf. VK	vollständige Prüfung durch die ärztlichen Mitglieder der Kommission (bei Primäranfragen)	K oder V des geschäftsführenden Arztes bei Nachbegutachtungen, VK wenn Primärvotum abgegeben wurde oder des SAE im Zuständigkeitsbereich der Kommission aufgetreten ist	KV, ggf. KK	VV, KK	KV, ggf. VK
15	nein	nein	–	nein	nein	nein
16	VV/ggf. VK	Kurzprüfung durch den Geschäftsführer der Kommission (bei Bedarf durch den Vorsitzenden)	KK	VV, ggf. VK	VK	VV
16a	–	Anrufung der für den Projektleiter zuständigen Kommission, Erfüllung der Auflagen der für den Projektleiter zuständigen Ethik-Kommission	Ein-, Anschluß-, Abbruchkriterien, Probanden-Patienteninformation, örtliche Gegebenheiten, Nutzen/Risiko Relation	örtliche Gegebenheiten, neuere Erkenntnisse in Medizin und Forschung, insbesondere strenge Kontrolle bei plazebokontrollierten Studien	u.a. Voraussetzungen der beteiligten Einrichtungen	örtliche Gegebenheiten, zwischenzeitlich gewonnene schriftliche Erkenntnisse

	ÄK Thüringen	**ÄK/MF Westfalen-Lippe**	**Land Bremen**	**FU Berlin**	**MF Bonn**	**MF Düsseldorf**
14	KV	VV, bzw. Geschäftsführung	KK, ggf. VK	KV, bzw. wiss. Sekretär, ggf. VK	VK, KK	VV
15	nein	ausdrücklich nein	nein	nein	ja	nein
16	Prüfung durch Fachvertreter und Vorsitzenden	VV, bzw. Geschäftsführung	VK	schriftliches Verfahren, wiss. Sekretär sammelt Einwände, ggf. VK	VK	VV, ggf. VK
16a	–	–	wie Primärantrag	Möglichkeiten und Fähigkeiten der lokalen Prüfärzte	wie Primärantragsprüfung	örtl. Gegebenheiten

	MF Erlangen-Nürnberg	**MF Essen**	**MF Frankfurt a.M.**	**MF Freiburg**	**MF Gießen**	**MF Göttingen**
14	KV, ggf. VK	VV, informiert Kommission wenn geringfügige Anhaltspunkte für ursächlichen Zusammenhang	KV, VV, gelegentlich KK	VV	KV, ggf. VK	KK, VV
15	ja	nein	nein	nein	nein	ja
16	KK	VV	VK, KK, VV, KV	VK, VV	VV, ggf. KK, ggf. VK	VK
16a	Qualifikation von Prüfärzten, Eignung v. Prüforten, Pat.-Information, Versicherungsschutz, Ein- u. Ausschlußkriterien	Kompetenz des örtlichen Prüfarztes	schon bestehende Voten	örtliche Gegebenheiten, Einarbeitung der von anderen Kommissionen geforderten Veränderungen, Verständlichkeit der Pat.-Information	Einhaltung der „Gießener Regelung“ bei akut nicht zustimmungsfähigen Patienten	örtliche Gegebenheiten, z.B. sind für den Patienten Fahrten zu Untersuchungen erforderlich, Patienteninformation u.a.

	MF HEIDELBERG	MF JENA	MF KIEL	MF KÖLN	MF LEIPZIG	MF LÜBECK
14	KK	KV, eingehendere Prüfung falls das Primärvotum durch unsere Kommission erteilt wurde. In diesem Fall wird ein ständiger Betreuer benannt	VV	VV	VV	KV
15	nein	nein	nein	nein	–	nein
16	KK bei Anträgen, die bereits von der LÄK Stuttgart begutachtet wurden, sonst VK	VV	VV	VK	–	KV
16a	–	Prüfung der lokalen Gegebenheiten, aber auch Kurzprüfung der inhaltlichen und formalen Aspekte, Einsichtnahme in die Krankenakte	Örtl. Gegebenheiten, Patienteninformation/ – und Einverständniserklä-rung, Versicherung u.a.	–	–	Studiendesign

	MF MARBURG	MF MÜNCHEN	TU MÜNCHEN	MF REGENSBURG	MF ULM	MF WÜRZBURG
14	VV, VK	Entscheidung des Vorsitzenden nach ausführlicher Stellungnahme durch den lokalen Prüfarzt/-leiter	KV	KK	meist VV, auch KK, zudem Stellungnahme des Prüfarztes mit Einschätzung bei auffälliger Häufung	vollständige Prüfung durch den Sekretär der Kommission
15	ja	nein	nein	nein	ja	nein
16	VV, VK	VK, KK, sofern eigenständiges Votum der LÄK Bayern vorliegt	VK	KK	bis einschl. 1997 VK, dann VV	VK
16a	Auflagen bei Vorvoten, formale Richtigkeit von Aufklärung und Einwilligung u.a.	Aufklärung, ethische Probleme (Placeboarm, Einwilligungsfähigkeit etc.)	–	–	besondere räumliche und sachliche Gegebenheiten	wie Primäranträge

		ÄK/MF HAMBURG	ÄK BADEN-WÜRTTEMBERG	ÄK BERLIN	ÄK BREMEN
17	Sind die Mitglieder Ihrer Ethik-Kommission haftpflichtversichert? (nein/ja)	ja	ja	ja	ja
17a	Wenn Ja: • Seit Wann?	1995	1996	1997	1998
17b	• Durch wen?	ÄK	ÄK	–	ÄK
17c	• Umfaßt diese nur den Körperschaden oder auch den reinen Vermögensschaden des Forschers?	–	–	–	beides

	ÄK Hessen	ÄK Niedersachsen	ÄK Rheinland-Pfalz/MF Mainz	ÄK Saarland	ÄK Sachsen	ÄK Schleswig-Holstein
17	ja	nein	ja	ja	ja	ja
17a	1989	–	1991	–	1996	1988
17b	–	–	ÄK	ÄK	–	–
17c	–	–	–	–	–	–

	ÄK Thüringen	**ÄK/MF Westfalen-Lippe**	**Land Bremen**	**FU Berlin**	**MF Bonn**	**MF Düsseldorf**
17	ja	nein, allg. Klinikhaftung	–	nein	–	nein, Mitglieder der Universität im Rahmen ihrer Dienstaufgaben
17a	1995	–	–	entfällt	–	entfällt
17b	ÄK	–	–	entfällt	–	entfällt
17c	beides	–	–	entfällt	–	entfällt

	MF Erlangen-Nürnberg	**MF Essen**	**MF Frankfurt a.M.**	**MF Freiburg**	**MF Gießen**	**MF Göttingen**
17	nein	nein	nein	ja	Gesamtversicherung Klinikum	ja
17a	entfällt	entfällt	entfällt	–	–	1997
17b	entfällt	entfällt	entfällt	Klinikum	–	Universitätsklinikum
17c	entfällt	entfällt	entfällt	–	–	nicht bekannt

	MF HEIDELBERG	MF JENA	MF KIEL	MF KÖLN	MF LEIPZIG	MF LÜBECK
17	ja	nein	noch nicht	nein	–	nein
17a		entfällt	entfällt	entfällt	–	entfällt
17b	Haftpflicht–versicherung des Klinikums	entfällt	entfällt	entfällt	–	entfällt
17c	–	entfällt	entfällt	entfällt	–	entfällt

	MF MARBURG	MF MÜNCHEN	TU MÜNCHEN	MF REGENSBURG	MF ULM	MF WÜRZBURG
17	–	nein	nein	nein	ja	nein, nur allg. durch Klinik
17a	–	entfällt	entfällt	entfällt	1998	–
17b	–	entfällt	entfällt	entfällt	Universitätsklinikum	–
17c	–	entfällt	entfällt	entfällt	–	–

Anhang C

Zusammenfassung der Fragebogenergebnisse zur Praxis der öffentlich-rechtlichen Ethik-Kommissionen in Deutschland (Auswahl)

1. Zusammensetzung (Frage 2 u. 3)	
a) Durchschnittliche Gesamtmitgliederzahl (ausgenommen Stellvertreter):	8,6 (meist 7-8)
b) Durchschnittlicher Anteil von Nicht-Medizinern:	35%
c) Durchschnittliche Anzahl der medizinischen Fachrichtungen:	5,5
d) Prozentualer Anteil von Kommissionen, in denen folgende Personengruppen vertreten sind:	
– JuristInnen	97%
davon mit Erfahrung/Qualifikation im Bereich des Medizinrechts	50%
– MedizintechnikerInnen	8%
– Pflegepersonal	18%
– Personen mit ethischen Fachkenntnissen	67%
– sog. BürgervertreterInnen	21%
– PharmakologInnen	75%
– Statistiker-/BiometrikerInnen	33%
– weibliche Mitglieder	84%

2. Höchstbearbeitungszeit eines Antrags über 6,3 Wochen:(Frage 5 und 5a)	2 Kommissionen mit jeweils 10 Wochen (bei geringer Sitzungsfrequenz: 5 bzw. 8 Sitzungen pro Jahr)

3. Wahrnehmung von Aufgaben neben der Begutachtung von biomedizinischen Forschungsvorhaben am Menschen (Frage 6)	50% der *Ärztekammer-Kommissionen*: ja (insb. Stellungnahmen zu Themen ethischen Inhalts für die Kammer oder auch allgemein ethische Anfragen von kammerangehörigen Ärzten) *Kommissionen der medizinischen Fakultäten*: nein

4. Bereitschaft Forschungsvorhaben zu begutachten, die keiner ärztlichen Beteiligung bedürfen (wie z.B. bestimmte Forschung durch Pflegekräfte, PsychologInnen etc., Frage 6a und 6b)	ja: 55%; davon 59% mit entsprechender satzungsmäßiger Zuständigkeitsregelung

5. Grundsätzlich schriftliche Beratung (Frage 7b)	4 von 31 Kommissionen

6. Inhalte der Kommissionsberatungen (Frage 10)

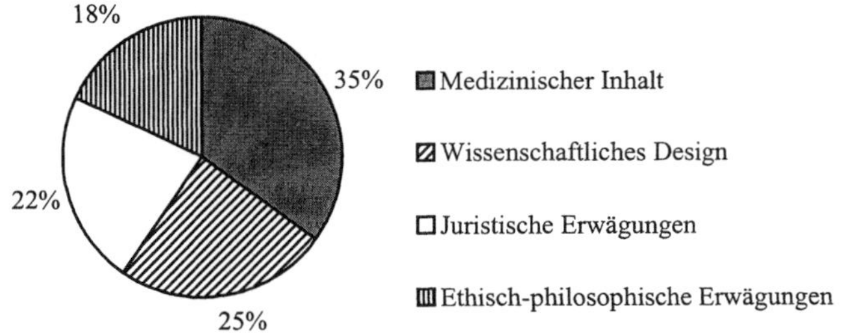

Abbildung 1: Inhalte der Kommisionsberatungen in %

Die Einschätzung des Gewichts der einzelnen Beratungsinhalte differiert jeweils zwischen 35-58%.

7. Anzahl der Anträge (Frage 11 u. 11a)

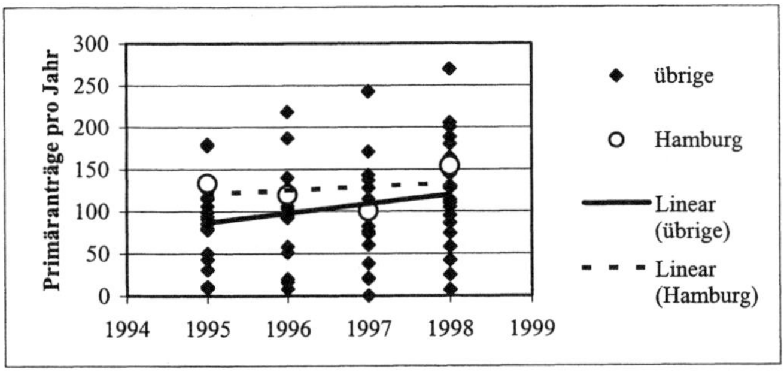

Abbildung 2: Anzahl der bearbeiteten Primäranträge 1995-1998 pro Jahr, Ethik-Kommission der Ärztekammer Hamburg und die übrigen Ethik-Kommissionen (absolute Zahlen und linearer Trend)

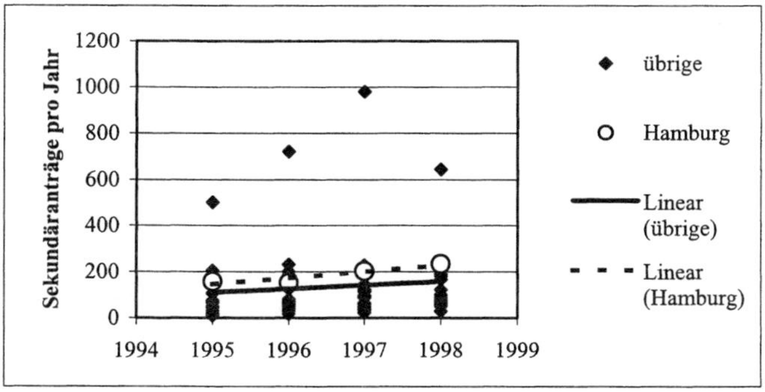

Abbildung 3: Anzahl der bearbeiteten Sekundäranträge 1995-1998 pro Jahr, Ethik-Kommission der Ärztekammer Hamburg und die übrigen Ethik-Kommissionen (absolute Zahlen und linearer Trend)

8. Einwände (Frage 11b-11d)	
Prozentualer Anteil der unbeanstandeten Protokolle	zwischen 1% und 95%
Prozentualer Anteil der geringfügigen Änderungswünsche	zwischen 5% und 80%
Prozentualer Anteil starker Bedenken	zwischen 0% und 30%

9. Umgang mit der Unterrichtung über schwerwiegende oder unerwartete unerwünschte Ereignisse (Frage 14)	
Erneute vollständige Prüfung durch gesamte Kommission	1 Kommission (bei Primärvotum oder SAE im Zuständigkeitsbereich der Kommission)
Vollständige Prüfung durch den Vorsitzenden oder Beauftragten	8 Kommissionen
Kurzprüfung durch gesamte Kommission	5 Kommissionen
Kurzprüfung durch Vorsitzenden	4 Kommissionen
Vorprüfung durch Vorsitzenden oder Beauftragten nur ggf. Prüfung durch Kommission	14 Kommissionen

10. Prüfung von Sekundäranträgen (Frage 16 und 16a)	
Erneute vollständige Prüfung durch gesamte Kommission	9 Kommissionen
Vollständige Prüfung durch den Vorsitzenden oder Beauftragten	4 Kommissionen
Kurzprüfung durch gesamte Kommission	3 Kommissionen
Kurzprüfung durch Vorsitzenden oder/und Beauftragten	5 Kommissionen
Vorprüfung durch Vorsitzenden oder Beauftragten nur ggf. Prüfung durch Kommission	11 Kommissionen
Beachtung insb. örtlicher Gegebenheiten	10 Kommissionen

11. Gesonderte Haftpflichtversicherung für alle Kommissionsmitglieder (Frage 17)	
nein	15 Kommissionen
ja	13 Kommissionen

Anhang D

Hamburgisches Ärztegesetz (Auszug)

§ 15a

Ethik-Kommission

Die Ärztekammer errichtet eine Ethik-Kommission als unselbständige Einrichtung. Sie kann bei entsprechendem Bedarf weitere Ethik-Kommissionen errichten.

§ 15b

Zielsetzung

Die Ethik-Kommission dient dem Schutz der Patienten sowie der Probanden, dem Schutz der Forschenden und der Vertrauensbildung gegenüber der notwendigen medizinischen Forschung am Menschen.

§ 15c

Aufgaben

Die Ethik-Kommission hat die Aufgabe, Ärzte und andere Wissenschaftler hinsichtlich der ethischen und rechtlichen Gesichtspunkte aller geplanten und aufgrund des geltenden Rechts sowie nach dem Stand der Wissenschaft ihr zur Stellungnahme vorgelegten Forschungsvorhaben am Menschen zu beraten und eine schriftliche Stellungnahme abzugeben. Diese ist zu begründen, wenndem Vorhaben nicht uneingeschränkt zugestimmt wird.

§ 15d

Zusammensetzung

(1) Die Kommission besteht aus fünfzehn Mitgliedern, von denen sieben Frauen und sieben Männer sein sollen; als fünfzehntes Mitglied sollen eine Frau oder ein Mann für jeweils vier Jahre abwechselnd berücksichtigt werden. Ihr gehören acht Ärzte verschiedener Fachrichtungen, davon ein in der klinischen Grundlagenforschung tätiger Wissenschaftler, sowie ein Medizintechniker, zwei Juristen mit der Befähigung zum Richteramt, ein Geistes- beziehungsweise Sozialwissenschaftler, zwei Pflegekräfte und eine Person als Vertretung der Bevölkerung an. Der Vorsitzende der Kommission ist Arzt. Für die Mitglieder können Vertreter ernannt werden.

(2) Im Einvernehmen zwischen Senat und Ärztekammer werden ärztliche Mitglieder von der Ärztekammer, nichtärztliche Mitglieder vom Senat benannt. Die Ärztekammer beruft die Mitglieder.

(3) Die Dauer der Mitgliedschaft beträgt vier Jahre.Die erneute Berufung der Mitglieder ist möglich.

(4) Die Kommission kann Sachverständige beratend hinzuziehen.

(5) Die in die Ethik-Kommission berufenen Mitglieder sind namentlich im Amtlichen Anzeiger bekanntzumachen.

§ 15e

Satzung

(1) Die Ärztekammer gibt sich zur Errichtung der Ethik-Kommission eine Satzung, in der insbesondere zu regeln ist:

1. die Anforderungen an die Sachkunde und Pflichten der Mitglieder,
2. die Voraussetzungen für ihre Tätigkeit,
3. die Verfahrensordnung,
4. das Verfahren einer Auswahl der ärztlichen Mitglieder,
5. das Verfahren zur Berufung der Mitglieder,
6. die Aufgaben des Vorsitzenden,
7. die Kosten des Verfahrens,
8. die Entschädigung der Mitglieder,
9. die Abdeckung der Haftung durch den Träger oder eine Versicherung,
10. die Anerkennung der Voten anderer öffentlich-rechtlicher Ethik-Kommissionen bei multizentrischen Studien,
11. die Bekanntgabe von Sondervoten.

(2) Durch Satzung kann geregelt werden, daß die Ethik-Kommission allen Ärzten auch zur Beratung in klinisch-ethischen Fragen und bei ethischen Problemen außerhalb der Forschung am Menschen zur Verfügung steht, soweit es sich nicht um Aufgaben der Zentralen Ethik-Kommission der Bundesärztekammer oder ethische Probleme in der individuellen Krankenversorgung handelt.

§ 15f

Stellung der Mitglieder

(1) Die Mitglieder der Kommission sind bei der Wahrnehmung ihrer Aufgaben unabhängig, an keinerlei Weisungen gebunden und nur ihrem Gewissen verpflichtet.

(2) Mitglieder der Kommission dürfen bei eigenen Anträgen und bei solchen Personen, denen gegenüber eine Befangenheit begründet sein kann, nicht mitwirken.

§ 15g

Veröffentlichung

(1) Die Anfragen und eingehenden Unterlagen sind vertraulich zu behandeln.

(2) Die Kommission berichtet über ihre Tätigkeit im Hamburger Ärzteblatt mindestens jährlich, soweit der Schutz von Forschungs-, Betriebs- und Geschäftsgeheimnissen dem nicht entgegensteht. Das Nähere regelt die Satzung.

Anhang E

Satzung der Ethik-Kommission der Ärztekammer Hamburg

Aufgrund von § 15 a in Verbindung mit § 25 Abs. 1 Nr. 1 des Hamburgischen Ärztegesetzes vom 22. Mai 1978 (Hamburgisches Gesetz- und Verordnungsblatt Teil 1 vom 25. Mai 1978, S. 152 ff.), zuletzt geändert am 27. September 1995 (Hamburgisches Gesetz- und Verordnungsblatt Teil 1 1995, S. 231 ff.), hat die Kammerversammlung der Ärztekammer Hamburg am 20. Mai 1996 die folgende Satzung der Ethik- Kommission beschlossen, die die Behörde für Arbeit, Gesundheit und Soziales am 5. Juli 1996 genehmigt hat.

§ 1

Errichtung der Ethik- Kommission

1) Die Ärztekammer errichtet eine Ethik-Kommission als unselbständige Einrichtung gemäß § 15 a des Hamburgisches Ärztegesetzes.
2) Die Kommission führt den Namen „Ethik-Kommission der Ärztekammer Hamburg".
3) Die Ethik-Kommission hat ihren Sitz in Hamburg bei der Ärztekammer Hamburg.

§ 2

Aufgaben

1) Die Ethik- Kommission hat die Aufgabe, Ärzte und andere Wissenschaftler hinsichtlich der ethischen und rechtlichen Gesichtspunkte aller geplanten und aufgrund geltenden Rechts sowie nach dem Stand der Wissenschaft ihr zur Stellungnahme vorgelegten Forschungsvorhaben am Menschen zu beraten und eine schriftliche Stellungnahme abzugeben.
2) Die Ethik-Kommission legt ihrer Arbeit die gesetzlichen Bestimmungen und allgemein anerkannten ethischen Grundsätze, insbesondere
   - die Bestimmungen des Arzneimittelgesetzes (AMG),
   - die Bestimmungen des Medizinproduktegesetzes (MPG),
   - die Bestimmungen der Strahlenschutzverordnung StrSchVO),
   - die Grundsätze für die ordnungsgemäße Durchführung der klinischen Prüfung von Arzneimitteln des Bundesministers für Jugend, Familie, Frauen und Gesundheit vom 30. 12. 1987,
   - die „Gute Klinische Praxis für die klinische Prüfung von Arzneimitteln in der Europäischen Gemeinschaft (GCP)",
   - die berufsrechtlichen Regelungen sowie
   - die Deklaration des Weltärztebundes von Helsinki in der jeweils geltenden revidierten Fassung zugrunde.
3) Die Mitglieder der Kommission sind bei der Wahrnehmung ihrer Aufgaben unabhängig und an keinerlei Weisung gebunden. Sie sind nur ihrem Gewisse verpflichtet.

4) Für die Planung und Durchführung des Forschungsvorhabens bleibt der Versuchs leiter des Forschungsvorhabens verantwortlich.

§ 3

Zuständigkeit

1) Die Ethik-Kommission ist zuständig für alle medizinischen Forschungsvorhaben, die durch Kammermitglieder durchgeführt werden, sofern nicht § 17 Abs. 6 Satz 2 Medizinproduktegesetz zutrifft, sowie für andere Wissenschaftler, die Forschungsvorhaben am Menschen durchführen.
2) Die Ethik- Kommission kann Entscheidungen anderer Ethik-Kommissionen gemäß § 6 Abs. 4 übernehmen.

§ 4

Zusammensetzung der Ethik-Kommission

1) Die Kommission besteht aus fünfzehn Mitgliedern, von denen sieben Frauen und sieben Männer sein sollen; als fünfzehntes Mitglied sollen eine Frau und ein Mann für jeweils vier Jahre abwechselnd berücksichtigt werden. Der Ethik-Kommission gehören an:
   a) acht Ärzte verschiedener Fachrichtungen mit mindestens fünfjähriger Berufserfahrung, von denen vier dem Universitäts- Krankenhaus Eppendorf angehören sollen, wovon ein Arzt als Wissenschaftler in der klinischen Grundlagenforschung tätig sein muß. Zur Auswahl dieser Ärzte ist der Sprecher des Fachbereichs Medizin der Universität Hamburg zu hören;
   b) ein Medizintechniker,
   c) zwei Juristen mit der Befähigung zum Richteramt,
   d) ein Geistes- bzw. Sozialwissenschaftler,
   e) zwei Pflegekräfte,
   f) eine Person als Vertretung der Bevölkerung.
2) Die ärztlichen Mitglieder werden vom Vorstand der Ärztekammer Hamburg auf Vorschlag des Präsidenten nach Anhörung der Ethik-Kommission gewählt. Die Kammerversammlung beschließt über den Vorschlag des Vorstandes insgesamt.
3) Der Vorstand der Ärztekammer beruft die Mitglieder.
4) Die Dauer der Mitgliedschaft beträgt vier Jahre. Die erneute Berufung der Mitglieder ist möglich.
5) Der Vorsitzende der Kommission ist Arzt.
6) Der Vorsitzende wird von der Ethik-Kommission mit Stimmenmehrheit aus deren Mitte für die Dauer der laufenden Berufung gewählt. Die Ethik-Kommission wählt mit Stimmenmehrheit (§ 9 Abs. 4) ein weiteres ärztliches Mitglied, das als stellvertretender Vorsitzender tätig wird.
7) Die Ethik-Kommission kann Sachverständige beratend hinzuziehen

§ 5

Verschwiegenheitspflicht

1) Die Mitglieder der Ethik-Kommission sind zur Vertraulichkeit und Verschwiegenheit verpflichtet. Das gleiche gilt für die beratend hinzugezogenen Sachverständigen.

2) Die Mitglieder der Ethik-Kommission sind zu Beginn ihrer Tätigkeit über ihre Verschwiegenheitspflicht zu belehren.

§ 6

Voraussetzung für das Tätigwerden in der Ethik-Kommission

1) Die Ethik-Kommission wird auf schriftliche Anfrage tätig. Anfragen können geändert oder zurückgenommen werden.
2) Anfrageberechtigt ist der Arzt als Versuchsleiter des Forschungsvorhabens am Menschen. Anfrageberechtigt sind ebenfalls pharmazeutische Unternehmen, wenn der Versuchsleiter Mitglieder der Ärztekammer Hamburg ist, sowie andere Wissenschaftler bei Forschungsvorhaben am Menschen.
3) Der Anfrage an die Ethik-Kommission ist beizufügen der Prüfplan sowie die von der Ethik-Kommission geforderten Angaben und Unterlagen.
4) Liegt bei Multicenterstudien für das betreffende Forschungsvorhaben bereits ein Votum einer anderen nach Landesrecht gebildeten Ethik-Kommission vor, so wird dieses entsprechend den Verfahrensgrundsätzen des Arbeitskreises Medizinischer Ethik-Kommissionen in der Bundesrepublik Deutschland anerkannt. In diesen Fällen wird ein verkürztes Prüfverfahren durchgeführt. In begründeten Fällen ist eine erneute umfassende Prüfung möglich.

§ 7

Verfahrensregelungen

1) Die Ethik-Kommission tagt, so oft es die Geschäftslage erfordert, in der Regel einmal monatlich.
2) Die Sitzungen der Ethik-Kommission sind nicht öffentlich.
3) Die Ethik-Kommission beschließ im mündlichen Verfahren. In den Fällen des § 6 Abs. 4 erfolgt die verkürzte Prüfung durch den Vorsitzenden oder ein von ihm bestimmtes ärztliches Mitglied.
4) Die Kommission kann den Anfragenden zur persönlichen Anhörung laden, sofern dies für notwendig erachtet wird.
5) Über jede Sitzung wird ein Protokoll mit den wesentlichen Ergebnissen der Beratung gefertigt. Das Protokoll ist von dem den Vorsitz führenden Mitglied und dem Protokollführer zu unterschreiben. Die Ethik-Kommission genehmigt das Protokoll in der folgenden Sitzung. Einwände gegen das Protokoll können nur bis zu diesem Zeitpunkt vorgetragen werden.
6) Ergänzend gelten die Bestimmungen des Hamburgischen Verwaltungsverfahrensgesetzes.
7) Zur Regelung weiterer Einzelheiten kann sich die Ethik-Kommission eine Geschäftsordnung geben.

§ 8

Rechte und Pflichten des Antragstellers

Änderungen des Forschungsvorhabens vor oder während der Durchführung sowie der Abbruch der Studie sind der Ethik-Kommission bekanntzugeben. Die Ethik-Kommission ist ferner über alle schwerwiegenden und unerwarteten unerwünschten Ereignisse, die während der Studie auftreten und die Sicherheit der Studienteilnehmer oder die Durchführung der Studie beeinträchtigen könnten, zu unterrichten.

§ 9

Beschlußfassung

1) Die Mitglieder der Ethik-Kommission sind verpflichtet, an den Sitzungen der Ethik-Kommission teilzunehmen. Im Verhinderungsfall haben die Mitglieder der Ethik-Kommission rechtzeitig die Geschäftsstelle der Ethik-Kommission zu unterrichten.
2) Die Ethik-Kommission ist beschlußfähig, wenn mindestens acht Mitglieder anwesend sind.
3) Mitglieder der Ethik-Kommission, die an dem Forschungsvorhaben mitwirken, sind von der Beratung und Beschlußfassung ausgeschlossen.
4) Die Ethik-Kommission soll über den zu treffenden Beschluß Konsens anstreben. Wird ein solcher nicht erreicht, beschließt die Ethik-Kommission mit der Mehrheit der abgegebenen Stimmen. Enthaltungen werden nicht berücksichtigt. Bei Stimmengleichheit entscheidet die Stimme des den Vorsitz führenden Mitgliedes.
5) Ablehnende Beschlüsse, Auflagen und Empfehlungen sind schriftlich zu begründen. Mit der Studie darf erst begonnen werden, wenn ein uneingeschränkt positives Votum erteilt wurde.

§ 10

Aufgaben des Vorsitzenden

1) Dem Vorsitzenden der Ethik-Kommission obliegt die Vorbereitung, Einberufung und Leitung der Sitzung sowie die Erledigung der zwischen den Sitzungen anfallenden Arbeiten gemeinsam mit der Geschäftsstelle.
2) Der Vorsitzende der Ethik-Kommission wirkt darauf hin, daß die Mitglieder über den zu treffenden Beschluß einen Konsens herstellen.
3) Stellungnahmen der Ethik-Kommission werden dem Anfragenden vom Vorsitzenden im Auftrage der Ethik-Kommission mitgeteilt.

§ 11

Geschäftsstelle

Die Ärztekammer errichtet für die Ethik-Kommission eine Geschäftsstelle und stellt die dafür notwendigen personellen und sächlichen Mittel zur Verfügung.

§ 12

Kosten

Die Ärztekammer erhebt für das Tätigwerden der Ethik-Kommission von den Anfragenden Gebühren nach der Gebührenordnung der Ärztekammer Hamburg in der jeweils geltenden Fassung.

§ 13

Entschädigung der Mitglieder und Sachverständigen

1) Die Mitglieder der Ethik-Kommission erhalten für ihre Tätigkeit eine angemessene Aufwandsentschädigung sowie Reisekosten. Es gilt die Reisekostenordnung der Ärztekammer Hamburg. Die Aufwandsentschädigung wird vom Vorstand der Ärztekammer Hamburg festgesetzt.
2) Die Entschädigung für Sachverständige richtet sich nach dem Gesetz über die Entschädigung von Zeugen und Sachverständigen in der jeweils geltenden Fassung.

§ 14

Versicherung

Die Ärztekammer Hamburg schließt für die Mitglieder der Ethik-Kommission eine Haftpflichtversicherung ab.

§ 15

Veröffentlichung

Eine zusammenfassende Darstellung der Tätigkeit der Ethik-Kommission erfolgt einmal jährlich im Hamburger Ärzteblatt, soweit der Schutz von Forschungs-, Betriebs- und Geschäftsgeheimnissen dem nicht entgegensteht. Die jeweiligen Entscheidungen der Kommission sind nicht Gegenstand der Veröffentlichung. Mitgeteilt wird auch die Zahl der Fälle, in denen Sondervoten erteilt wurden.

§ 18

Inkrafttreten, Übergangsbestimmungen

1) Diese Satzung tritt am Tag der Veröffentlichung im „Hamburger Ärzteblatt" in Kraft.
2) Die Amtszeit der bei Inkrafttreten dieser Satzung bereits amtierenden Mitglieder der Ethik-Kommission endet mit der Berufung der neuen Mitglieder durch die Ärztekammer.

Die Kammerversammlung der Ärztekammer Hamburg hat am 20. Mai 1996 den vorstehenden Satzungstext beschlossen.

Die Aufsichtsbehörde hat mit Schreiben vom 5. Juni 1996 die Genehmigung erteilt.

Die vorstehende Satzung wird hiermit ausgefertigt und im „Hamburger Ärzteblatt" unter Hinweis im amtlichen Anzeiger veröffentlicht.

Anhang F

Auszug aus der Berufsordnung der Hamburger Ärzte und Ärztinnen in der geltenden Fassung (02.09.1996)

§ 1

Berufsausübung

(4) Der Arzt/die Ärztin muß sich vor der Durchführung klinischer Versuche am Menschen oder der epidemiologischen Forschung mit personenbezogenen Daten durch eine von der Ärztekammer anerkannte Ethik-Kommission über die mit seinem/ihrem Vorhaben verbundenen berufsethischen und berufsrechtlichen Fragen beraten lassen.

(6) Bei der durchzuführenden Beratung nach Absatz 4 ist die Deklaration des Weltärztebundes von 1964 (Helsinki) in den revidierten Fassungen von 1975 (Tokio), von 1983 (Venedig) und 1989 (Honkong) zugrunde zu legen.

Literaturverzeichnis

Achterberg, Norbert: Allgemeines Verwaltungsrecht, 2. Auflage, Heidelberg 1986

Ankermann, Ernst: Ärztliches Handeln im Dialog zwischen Ethik und Recht, in: Udo Schlaudraff (Hrsg.), Ethik in der Medizin, Berlin, New York 1987, S. 93-104 (zitiert: Ankermann, in: Schlaudraff)

Arndt, Melanie: Klinische Prüfungen am Menschen – Bedeutung und Aufgaben der Ethik-Kommissionen nach der Neufassung des § 40 AMG mit der 5. AMG-Novelle, PharmaR 1996, 72-76

Bankowski, Z./Levine, R. J. (Hrsg.): Ethics and Research on Human Subjects – International Guidelines, Genf 1993

von Bar, Christian: Verkehrspflichten, Köln, Berlin et al. 1980

– Entwicklungen und Entwicklungstendenzen im Recht der Verkehrs(sicherungs-) pflichten, JuS 1988, 169-174

von Bar, Christian/Fischer, Gerfried: Haftung bei der Planung und Förderung medizinischer Forschungsvorhaben, NJW 1980, 2734-2740

Barnikel, W.: Wieweit haften Ethik-Kommissionen?, MMW 1979, 767

Beecher, Henry K.: Ethics and Clinical Research, N Engl J Med 1966, 1354-1360

Beller, F. K.: Zusammensetzung und Aufgaben von Ethik-Kommissionen, in: Symposium Medizinische Ethik-Kommissionen – Aspekte und Aufgaben, Münster 1980, S. 23-36 (zitiert: Beller, in: Symposium)

Benda, Ernst/Maihofer, Werner/Vogel, Hans-Jochen (Hrsg.): Handbuch des Verfassungsrechts, 2. Auflage, Berlin, New York 1994 (zitiert: Benda/Maihofer/Vogel-Bearbeiter)

Bender, Bernd: Staatshaftungsrecht, 2. Auflage, Karlsruhe 1974

Bergkamp, Lucas: American IRBs and Dutch Research Ethics Committees: How They Compare, IRB 10, 1988, Nr. 5, 1-6

von Bergmann, Klaus: Schwerwiegende oder unerwartete unerwünschte Ereignisse gemäß AMG – Medizinische Aspekte, in: Rolf Lachmann/Norbert Meuter (Hrsg.), Zur Gerechtigkeit der Organverteilung, Jahrbuch des Arbeitskreises Medizinischer Ethik-Kommissionen in der Bundesrepublik Deutschland, Stuttgart, Jena et al. 1997, S. 203-205 (zitiert: v. Bergmann, in: Lachmann/Meuter)

Bieräugel, Klaus: Die Grenzen berufsständischer Rechte, Würzburg, Diss., 1976

Blasius, Helga/Cranz, Hubertus: Arzneimittel und Recht in Europa, Stuttgart 1998

Blasius, Helga/Müller-Römer, Dietrich/Fischer, Jürgen: Arzneimittel und Recht in Deutschland, Stuttgart 1998

Bork, Reinhard: Aufklärung über die Probandenversicherung, VersR 1983, 1094-1097

– Präventivberatung in der Gentechnologie – zugleich ein Beitrag zur Einsatzmöglichkeit von „Ethik-Kommissionen“, DRiZ 1986, 166-173

– Das Verfahren vor den Ethik-Kommissionen der medizinischen Fachbereiche, Berlin 1984, zugl.: Münster, Diss., 1994

Brandes, Thomas: Die Haftung für Organisationspflichtverletzungen, Frankfurt a.M., New York et al. 1994, zugl.: Göttingen, Diss., 1993

Brandstetter, Arnulf: Der Erlaß von Berufsordnungen durch die Kammern der freien Berufe, Berlin 1971, zugl.: München, Diss., 1970

Bundesärztekammer (Hrsg.): Bundesärztekammer, Tätigkeitsbericht 1998, Köln 1999

– Zentrale Ethikkommission bei der Bundesärztekammer konstituiert, BÄK-Intern, 14.07.1995, S. 9-10

– Ethikkommissionen: Wirksame Instrumente der Selbstkontrolle, BÄK-Ground, 09.04.1996, S. 1-7

Bundesärztekammer/Kassenärztliche Bundesvereinigung (Hrsg.): Bekanntmachung: Zentrale Ethik-Kommission bei der Bundesärztekammer – Übertragung von Nervenzellen in das Gehirn von Menschen, DÄBl 1998, A-1869-1871

– Bekanntmachung: Richtlinien zur Verwendung fetaler Zellen und fetaler Gewebe, DÄBl 1991, A-2788-2791

Bundesverband der Pharmazeutischen Industrie e.V.: Stellungnahme zum Entwurf eines Fünften Gesetzes zur Änderung des Arzneimittelgesetzes, PharmInd 1994, 131-143

Burchardi, H.: Die Ethik-Kommission als Instrument der Qualitätssicherung in der klinischen Forschung, Intensivmed 1997, 352-360

Burmeister, Joachim: Vom staatsbegrenzenden Grundrechtsverständnis zum Grundrechtsschutz für Staatsfunktionen, Frankfurt a.M. 1971

Bussche, Hendrik van den (Hrsg.): Zur medizinischen Wissenschaft im „Dritten Reich", Berlin, Hamburg 1989

Caird, David M./Clemens, Norbert/Ansmann, Eva/Klingmann, Ingrid/Hinze, Christian: Bewertung der Zusammenarbeit mit Ethik-Kommissionen aus Sicht der Fachgesellschaft der Ärzte in der Pharmazeutischen Industrie e.V. (FÄPI), PharmInd 1995, 100-102

Caird, David M./Clemens, Norbert/Hinze, Christian/Ansmann, Eva/Klingmann, Ingrid: Bewertung der Zusammenarbeit mit der Pharmaindustrie aus Sicht der Ethik-Kommissionen, PharmInd 1996, 275-278

Classen, Claus Dieter: Ethik-Kommissionen zur Beurteilung von Versuchen am Menschen: Neuer Rahmen, neue Rolle, MedR 1995, 148-151

Czwalinna, Joachim: Ethik-Kommissionen für medizinische Forschung am Menschen: Bestand, Struktur und Vorgehensweise, MedR 1986, 305-310

– Ethik-Kommissionen: Forschungslegitimation durch Verfahren, Frankfurt a.M., New York 1987, zugl.: Göttingen, Diss., 1986

Daele, Wolfgang van den/Müller-Salomon, Heribert: Die Kontrolle der Forschung am Menschen durch Ethikkommissionen, Stuttgart 1990

Demol, Pierre/Weihrauch, Thomas R.: Multinationale klinische Therapiestudien (MTS), Med.Klin. 1997, 117-123

Deutsch, Erwin: Die rechtlichen Grundlagen und die Funktionen der Ethik-Kommissionen, VersR 1989, 429-433
– Allgemeines Haftungsrecht, 2. Auflage, Köln, Berlin et al. 1996 (zitiert: Deutsch, Allg. Haftungsrecht)
– Medizinrecht, 4. Auflage, Berlin, New York et al. 1999 (zitiert: Deutsch, Medizinrecht)
– Ethik-Kommission und Freiheit der medizinischen Forschung, VersR 1999, 1-8
– Forschung an nichteinwilligungsfähigen Patienten/Probanden, in: Rolf Lachmann/ Norbert Meuter (Hrsg.), Zur Gerechtigkeit der Organverteilung, Jahrbuch des Arbeitskreises Medizinischer Ethik-Kommissionen in der Bundesrepublik Deutschland, Stuttgart, Jena et al. 1997, S. 225-227 (zitiert: Deutsch, in: Lachmann/Meuter)
– Das Recht der klinischen Forschung am Menschen, Frankfurt a.M., Las Vegas et al. 1979 (zitiert: Deutsch, Klinische Forschung)
– Die zehn Punkte des Nürnberger Ärzteprozesses über die klinische Forschung am Menschen: der sog. Nürnberger Codex, in: Festschrift für Rudolf Wassermann zum 60. Geburtstag, Neuwied, Darmstadt 1985, S. 69-79
– Das wissenschaftliche, nicht therapeutische Experiment am Menschen: nationale und internationale Grundsätze, VersR 1983, 1-4
– Anmerkung zu BGH, Urteil vom 08.11.1973 – III ZR 129/71, JZ 1974, 712-713
– Verkehrssicherungspflicht bei klinischer Forschung – Aufgabe der universitären Ethik-Kommissionen?, MedR 1995, 483-488
– Die fünfte Novelle zum Arzneimittelgesetz – Gesetzgebung im Vermittlungsausschuß, NJW 1994, 2381-2383
– Sicherheit bei Blut- und Blutprodukten: Das Transfusionsgesetz von 1998, NJW 1998, 3377-3381
– Die Bildung von Ethik-Kommissionen nach § 40 AMG, VersR 1995, 121-125
– Das internationale Recht der experimentellen Humanmedizin, NJW 1978, 570-575
– Ethik-Kommissionen dienen dem Schutz des Patienten, DNÄ, Nr. 241, v. 14.12.1989, 2
– Ethik-Kommissionen für medizinische Versuche am Menschen: Einrichtung, Funktion, Verfahren, NJW 1981, 614-617
– Der Beitrag des Rechts zur klinischen Forschung in der Medizin, NJW 1995, 3019-3024
– Über die Zukunft des Schmerzensgeldes, ZRP 1998, 291-294
– Unerlaubte Handlungen, Schadensersatz und Schmerzensgeld, 3. Auflage, Köln, Berlin et al. 1995 (zitiert: Deutsch, Unerlaubte Handlungen)
– Das Gesetz über Medizinprodukte von 1994, NJW 1995, 752-755
– Das Arzneimittelrecht im Haftungssystem, VersR 1979, 685-691
– Ethik-Kommissionen für Versuche am Menschen, Der Chirurg 1983, 623-626
– Ein Musterstatut für institutionelle Ethik-Kommissionen, RPG 1995, 19-26
– Gebrauchsanweisung für klinische Prüfungen, DÄBl 1991, B-1936-1937

– Aufgaben und Zusammensetzung von Ethik-Kommissionen in den Vereinigten Staaten von Amerika, PharmaR 1982, 45-47

Deutsch, Erwin/Lippert, Hans-Dieter: Ethikkommission und klinische Prüfung, Berlin, New York, et al. 1998

Di Fabio, Udo: Verwaltungsentscheidung durch externen Sachverstand, VerwArch. 1990, 193-227

– Risikoentscheidungen im Rechtsstaat: zum Wandel der Dogmatik im öffentlichen Recht, insbesondere am Beispiel der Arzneimittelüberwachung, Tübingen 1994

Dietz, Rolf: Anspruchskonkurrenz bei Vertragsverletzung und Delikt, Bonn, Köln 1934

Dölle, Wolfgang/Müller-Oerlinhausen, Bruno/Schwabe, Ulrich (Hrsg.): Grundlagen der Arzneimitteltherapie, Mannheim, Wien et al. 1986 (zitiert: Dölle/Müller-Oerlinghausen/Schwabe-Bearbeiter)

Doppelfeld, Elmar: Arbeitskreis medizinischer Ethik-Kommissionen in der Bundesrepublik Deutschland einschließlich Berlin (West), in: Richard Toellner (Hrsg.), Die Ethik-Kommission in der Medizin, Stuttgart, New York 1990, S. 49-55 (zitiert: Doppelfeld, in: Toellner)

Dreier, Horst: Dimensionen der Grundrechte, Schriftenreihe der Juristischen Studiengesellschaft Hannover, Heft 23, 1993

– *(Hrsg.)*: Grundgesetz – Kommentar, Band 1, Art. 1-19, Tübingen 1996 Band 2, Art. 20-82, Tübingen 1998 (zitiert: Dreier-Bearbeiter)

Dürig, Günter: Verfassung und Verwaltung im Wohlfahrtsstaat, JZ 1953, 193-199

Eberbach, Wolfram: Die zivilrechtliche Beurteilung der Humanforschung, Frankfurt a.M., Bern 1982

Erichsen, Hans-Uwe (Hrsg.): Allgemeines Verwaltungsrecht, 11. Auflage, Berlin, New York 1998 (zitiert: Erichsen-Bearbeiter)

Erman, Walter: Handkommentar zum Bürgerlichen Gesetzbuch, Band 1, 9. Auflage, Münster 1993

Eser, Albin: Das Humanexperiment, Gedächtnisschrift für Horst Schröder, München 1978, S. 191-215

Eser, Albin/Koch, H.-G.: Zum rechtlichen Wert von Ethik-Kommissionen, DMW 1982, 443-447

Eser, Albin/Lutterotti, von/Sporken, Paul (Hrsg.): Lexikon Medizin, Ethik, Recht, Freiburg i.Br., Basel et al. 1989 (zitiert: Bearbeiter, in: Eser/v. Lutterotti/Sporken)

Evans, Donald/Evans, Martyn: A Decent Proposal: Ethical Review of Clinical Research, Chichester, New York et al. 1996

Evans, Richard J.: Tod in Hamburg. Stadt, Gesellschaft und Politik in den Cholerajahren 1830-1910, Reinbek bei Hamburg 1991

Eyermann, Erich/Fröhler, Ludwig (Begr.): Verwaltungsgerichtsordnung Kommentar, 10. Auflage, München 1998 (zitiert: Eyermann-Bearbeiter)

Finkel, Marion J.: Should Informed Consent Include Information on How Research Is Funded?, IRB 13, 1991, Nr. 5, 1-3

Fischer, Fritz Walter: Ethik-Kommissionen aus der Sicht der Deutschen Forschungsgemeinschaft, in: Symposium Medizinische Ethik-Kommissionen – Aspekte und Aufgaben, Münster 1980, 79-87 (zitiert: Fischer, in: Symposium)
Fischer, Gerfried: Das Verfahren vor den Ethik-Kommissionen der medizinischen Fachbereiche von Reinhard Bork – Buchbesprechung, NJW 1985, 2182
Fischer, Gerfried: Medizinische Versuche am Menschen, Göttingen 1979
Flöhl, Rainer: Ethikkommissionen, in: Versuche mit Menschen, Hanfried Helmchen, Rolf Winau (Hrsg.), Berlin, New York 1986 (zitiert: Flöhl, in: Helmchen/Winau)
Frankel, Mark S.: The Development of Policy Guidelines Governing Human Experimentation in the United States: A Case Study of Public Policy-Making for Science and Technology, Ethics in Science & Medicine, Band 2, 1975, 43-59
Frevert, Ute: Krankheit als politisches Problem, 1770-1880, Göttingen 1984, zugl.: Bielefeld, Diss., 1982
Fröhlich, Uwe: Forschung wider Willen? – Rechtsprobleme biomedizinischer Forschung mit nichteinwilligungsfähigen Personen, Berlin, Heidelberg 1999, zugl.: Mannheim, Diss., 1998
Fuchs, Maximilian: Deliktsrecht, 2. Auflage, Berlin, New York et al. 1997
Gernet, H. G.: Auch ein Votum für die Medizinal-Reform, Hamburg 1863
Giammona, Mary/Glantz, Stanton A.: Poor Statistical Design in Research on Humans: The Role of Committees on Human Research in: Clin.Research 1983, 572-578
Giesen, Dieter: International Medical Malpractice Law, Tübingen, London et al. 1988 (zitiert: Giesen, International Medical Malpractice Law)
– Arzthaftungsrecht, 4. Auflage, Tübingen 1995
Görlich, Hans Diether: Ethikkommissionen brauchen mehr Einheitlichkeit, DNÄ Nr. 211 v. 01.11.1989, S. 2-3
– Notwendigkeit einer Vereinheitlichung der Verfahrensweisen von Ethik-Kommissionen, PharmInd 1989, 1205-1206
Görlich, Hans Diether/Schmedding, Waltraut: Ethik-Kommissionen in Deutschland – Standortbestimmung – Gegenwärtige Situation in der Bundesrepublik Deutschland, PharmaR 1990, 42-46
Graf, Hans-Peter: Die klinische Prüfung von Medizinprodukten aus der Sicht einer Ethik-Kommission, PharmaR 1998, 236-242
Granitza, Axel: Versicherungsrechtliche Aspekte in der klinischen Prüfung von Arzneimitteln, in: H. Kleinsorge/C. Streichele/A. Sander, Klinische Arzneimittelprüfung, Stuttgart, Berlin 1987, S. 96-105 (zitiert: Granitza, in: Kleinsorge/Streichele/Sander)
Granitza, Axel: Haftung und Versicherungsfragen im Zusammenhang mit der klinischen Prüfung von Arzneimitteln, in: Festgabe für Hermann Weitnauer zum 70. Geburtstag, S. 315-331, Berlin 1980
Grunewald, Barbara: Zur Haftung von Fachleuten im Zivilrechtsverkehr, JZ 1982, 627-632

Grupp, Klaus: Zur Stellung von Ethik-Kommissionen unter öffentlich-rechtlichen Aspekten, in: Francoise Furkel/Heike Jung (Hrsg.), Bioethik und Menschenrechte, Köln, Berlin et al. 1993, S. 125-142

Gsell, O.: Medizinisch-ethische Kommissionen der Krankenhäuser der Schweiz, Schweizerische Ärztezeitung 1979, 1345-1350

Gutteridge, Frank/Bankowski, Zbigniew/Curran, William/Dunne, John: The Structure and Functioning of Ethical Review Committees, in: Zbigniew Bankowski/Norman Howard-Jones (Hrsg.), Human Experimentation and Medical Ethics, XVth CIOMS Round Table Conference, Genf 1982, S. 200-225 (zitiert: Gutteridge/Bankowski/Curran/Dunne, in: XVth CIOMS Round Table Conference)

Harding, Timothy/Ummel, Marinette: Evaluating the work of ethical review committees: an observation and a suggestion, Journal of medical ethics 1989/15, 191-194

Hart, Dieter: Heilversuch, Entwicklung therapeutischer Strategien, klinische Prüfung und Humanexperiment, MedR 1994, 94-105

– HIV-Infektionen durch Blut und Blutprodukte – Die 5. AMG-Novelle und die rechtspolitischen Vorschläge zur Änderung des Arzneimittelrechts im Schlußbericht des gleichnamigen 3. Untersuchungsausschusses des Deutschen Bundestages, MedR 1995, 61-67

Hasskarl, Horst: Klinische Arzneimittelprüfung und Ethikkommissionen – rechtliche Probleme und Entwicklungen, in: Festschrift für Erwin Deutsch zum 70. Geburtstag, Köln, Berlin et al. 1999, S. 577-591

Hasskarl, Horst/Kleinsorge, Hellmuth: Rechtliche und medizinische Voraussetzungen zur Durchführung klinischer Prüfungen von Arzneimitteln, in: H. Kleinsorge/C. Steichele/A. Sander, Klinische Arzneimittelprüfung, Stuttgart, Berlin 1987, S. 25-49 (zitiert: Hasskarl/Kleinsorge, in: Kleinsorge/Steichele/ Sander)

Haug, Winfried: Autonomie im öffentlichen Recht, Heidelberg, Diss., 1961

Heath, Erica: The Noninstitutional Review Board: What Distinguishes Us from Them?, IRB 20, 1998, Nr. 5, 8-11

Helmchen, Hanfried: Ziel, Beratungsgegenstände und Verfahrensweisen medizinischer Ethik-Kommissionen, EthikMed 1995, 58-70

Helmchen, Hanfried/Lauter, Hans (Hrsg.): Dürfen Ärzte mit Demenzkranken forschen?, Stuttgart, New York 1995

Hendler, Reinhard: Selbstverwaltung als Ordnungsprinzip, Köln, Berlin et al. 1987

Hennies, G.: Heilversuch – Beobachtungsstudie – Klinische Arzneimittelprüfung, ArztR 1996, 95-99

Herfurth, Gerd: Din – ISO – IEC – CRN – CENELEC, MPJ 1995, 12-14

Hermes, Georg: Das Grundrecht auf Schutz von Leben und Gesundheit, Heidelberg, Diss., 1987

Herzog, Roman: Subsidiaritätsprinzip, in: Evangelisches Staatslexikon, Band 2, Roman Herzog/Hermann Kunst/Klaus Schlaich/Wilhelm Schneemelcher (Hrsg.), 3. Auflage, Stuttgart 1987

Hesse, Konrad: Grundzüge des Verfassungsrechts, 20. Auflage, Heidelberg 1995

Hill, Rainer/Schmitt, Joachim M.: Wiesbadener Kommentar zum Medizinproduktegesetz, Stand: November 1998, Wiesbaden 1999 (zitiert: WiKo)
Hirsch, Günther: Heilversuch und medizinisches Experiment: Begriffe, medizinische und rechtliche Grundsatzfragen, in: H. Kleinsorge/G. Hirsch/W. Weißauer (Hrsg.), Forschung am Menschen, Heidelberg, New York et al. 1985, S. 13-17 (zitiert: Hirsch, in: Kleinsorge/Hirsch/Weißauer)
Hirsch, Günther/Weißauer, Walther: Medizinische Forschung unter Rechtfertigungsdruck, Klinikarzt 1985, 898-900
Hitzig, Walter H.: „Wir sehen uns in einer Vordenkerrolle“, BioTeCH forum 1/1998, 6-7
Hopf, Günter/Holtheide, Elisabeth/Schäfer, Robert: Anmerkungen zur Arbeit einer Ethik-Kommission, Rh.ÄBl 2/1996, 18-20
Hörnemann, Gerd: Die Selbstverwaltung der Ärztekammern – Spannungen und Wechselwirkungen von Fremd- und Selbstkontrolle, MMG 15 (1990), 3-12
– Die Selbstverwaltung der Ärztekammern, 2. Auflage, Konstanz 1995
Huerkamp, Claudia: Ärzte und Professionalisierung in Deutschland, Geschichte und Gesellschaft, 6, 1980, 349-382
Isensee, Josef: Subsidiaritätsprinzip und Verfassungsrecht, Berlin 1968
Isensee, Josef/Kirchhoff, Paul: Handbuch des Staatsrechts, Band III, Heidelberg 1988 (zitiert: Isensee/Kirchhoff-Bearbeiter)
Jarass, Hans D.: Die freien Berufe zwischen Standesrecht und Kommunikationsfreiheit; NJW 1982, 1833-1840
Jung, Heike: Zur Rolle von Ethik-Kommissionen bei medizinisch-ethischen Entscheidungsprozessen, in: Francoise Furkel/Heike Jung (Hrsg.), Bioethik und Menschenrechte, Köln, Berlin et al. 1993, S. 145-154 (zitiert: Jung, in: Furkel/Jung)
Kahlke, W.: Ethik-Kommissionen – wer, wie, was?, HÄBl 9/95, 343
Kalkbrenner, Helmut: Die rechtliche Verbindlichkeit des Subsidiaritätsprinzips, in Festschrift für Günther Küchenhoff zum 65. Geburtstag, 2. Halbbd., 1972, S. 515-539
Kauffman, Ralph E.: Drug Trials in Children: Ethical, Legal, and Practical Issues, Clin.Pharmacol 1994, 296-299
Keller, Rolf: Das Recht und die medizinische Forschung, MedR 1991, 11-17
Kirchhoff, Ulrich: Ethische Probleme in der medizinischen Forschung, arzt im krankenhaus 1980, 672-681
Klein, Eckart: Grundrechtliche Schutzpflicht des Staates, NJW 1989, 1633-1696
Kleine-Cosack, Michael: Berufsständische Autonomie und Grundgesetz, Baden-Baden 1986
Kleinsorge, Hellmuth: Die vier Phasen der Arzneimittelprüfung, DNÄ Nr. 235 v. 06.12.1989, 4
– Spezielle Probleme der Ethik-Kommissionen im Zusammenhang mit der Arzneimittelprüfung, MedR 1987, 140-144
Klingmüller, Ernst: Zur Probandenversicherung nach dem neuen AMG, Festschrift für Fritz Hauß zum 70. Geburtstag, Karlsruhe 1978, S. 169-179

Kloesel, Arno/Cyran, Walter: Arzneimittelrecht – Kommentar, Band 1, 3. Auflage, Stand des Loseblattwerkes: Juni 1998, Stuttgart 1999

Knack, Hans Joachim (Begr.): Verwaltungsverfahrensgesetz, 6. Auflage, Köln, Berlin et al. 1998

Knothe, Franziska: Staatshaftung bei der Zulassung von Arzneimitteln, Frankfurt a. M., New York 1990, zugl.: Göttingen, Diss., 1989

Koechlin Büttiker, Monica: Schranken der Forschungsfreiheit bei der Forschung an menschlichen Embryonen, Basel, Frankfurt a.M. 1997, zugl.: Basel, Diss., 1997

Kollhosser, Helmut: Haftungs- und versicherungsrechtliche Fragen bei Ethik-Kommissionen, in: Richard Toellner (Hrsg.), Die Ethik-Kommission in der Medizin, Stuttgart, New York 1990, S. 79-90 (zitiert: Kollhosser, in: Toellner)

– Juristische Fragen in Ethik-Kommissionen, in: Symposium Medizinische Ethik-Kommissionen – Aspekte und Aufgaben, Münster 1980, S. 37-55 (zitiert: Kollhosser, in: Symposium)

Kollhosser, Helmut/Krefft, Max: Rechtliche Aspekte sogenannter Pilotstudien in der medizinischen Forschung, MedR 1993, 93-97

Kopp, Ferdinand O. (Begr.)/Kopp, Ferdinand J.: Verwaltungsverfahrensgesetz, 6. Auflage, München 1996

Kopp, Ferdinand O. (Begr.)/Schenke, Wolf-Rüdiger: Verwaltungsgerichtsordnung, 11. Auflage, München 1998

Kreß, Manfred: Die Ethik-Kommission im System der Haftung bei Planung und Durchführung von medizinischen Forschungsvorhaben am Menschen, Karlsruhe 1990

Kroth, Elmar: Situation der klinischen Prüfungen in Deutschland, PharmInd 1997, 1022-1026

Krüger, Jutta: Der Hamburger Barmbek/Bernbeck-Fall, Frankfurt a.M., New York et al. 1993, zugl.: Göttingen, Diss., 1992

Küchenhoff, Günther: Einwirkungen des Verfassungsrechts auf das Arbeitsrecht, in: Festschrift für Hans Carl Nipperdey zum 70. Geburtstag, Bd. 2, 1965, S. 317-348

Kühn, Joachim: Ethik-Kommissionen aus der Sicht der Standesorganisation, in: Symposium Medizinische Ethik-Kommissionen – Aspekte und Aufgaben, Münster 1980, S. 73-77 (zitiert: Kühn, in: Symposium)

Küttner, Wolfdieter: Die Rechtsetzungsbefugnis von Selbstverwaltungskörpern nach dem Bonner Grundgesetz, Bonn, Diss., 1965

Lachmann, Rolf/Meuter, Norbert: Zur Gerechtigkeit der Organverteilung, Stuttgart, Jena 1997

Larenz, Karl: Lehrbuch des Schuldrechts, Band 1, Allgemeiner Teil, 14. Auflage, München 1987 (zitiert: Larenz, Bd. I) Band II, Halbband 1, Besonderer Teil, 13. Auflage, München 1986 (zitiert: Larenz, Bd. II, Hb. 1)

Laufs, Adolf: Medizin und Recht im Zeichen des technischen Fortschritts, Heidelberg 1978 (zitiert: Laufs, Medizin und Recht)

– Arzt und Recht im Umbruch der Zeit, NJW 1995, 1590-1599

– Die klinische Forschung am Menschen nach deutschem Recht, VersR 1978, 385-392
– Arztrecht, 5. Auflage, München 1993 (zitiert: Laufs, Arztrecht)
Laufs, Adolf/Reiling, Emil: Ethik-Kommissionen – Vorrecht der Ärztekammern?, MedR 1991, 1-11
– Ethik-Kommissionen – Vorrecht der Ärztekammern?, Berlin, Heidelberg 1991
Laufs, Adolf/Uhlenbruck, Wilhelm u.a. (Gesamtred. A. Laufs): Handbuch des Arztrechts, München, 2. Auflage 1999 (zitiert: Laufs/Uhlenbruck-Bearbeiter)
Levine, Carol: Questions and (Some Very Tentative) Answers about Hospital Ethics Committees, Hastings Center Report, Nr. 3, 1984, 9-12
Levine, Carol/Caplan, Arthur L.: A Proposal for a National Research Review Board, IRB 8, 1986, Nr. 2, 7-9
Levine, Robert J.: Ethics and Regulation of Clinical Research, 1. Auflage, Baltimore, München 1981; 2. Auflage, Baltimore, München 1986
Lewandowski, G./Schnieders, B.: Ethische Kommissionen in der klinischen Prüfung aus der Sicht des Gesundheitsamtes, in: Symposium Medizinische Ethik-Kommissionen – Aspekte und Aufgaben, Münster 1980, S. 67-71 (zitiert: Lewandowski/Schnieders, in: Symposium)
Lippert, Hans-Dieter: Rechtsfragen bei Forschungsprojekten am Menschen, VersR 1997, 545-550
– Regelungen für klinische Prüfungen von Arzneimitteln und Medizinprodukten – ein Geniestreich des Gesetzgebers, DMW 1995, 1296-1298
– Das Organisationsverschulden in Hochschulklinika – zivilrechtliche Aspekte, NJW 1984, 2606-2611
Lippert, Hans-Dieter/Strobel, Eva-Susanne: Ärztliche Schweigepflicht und Datenschutz in der medizinischen Forschung, VersR 1996, 427-430
– Die Überwachung klinischer Prüfungen nach dem AMG, VersR 1995, 637-639
Losse, Heinz: Aufgaben und Zusammensetzung von Ethik-Kommissionen", in: Hans J. Dengler, Helmut Schwilden (Hrsg.), Ethik-Kommissionen bei klinischen Prüfungen, Bonn 1989, 21 ff. (zitiert: Losse, in: Dengler/Schwilden)
Loosen, Werner: „Ethik in der Medizin ist eine besondere Herausforderung und Verpflichtung", Der Kassenarzt 31/32 1995, 18-24
Luhmann, Niklas: Legitimation durch Verfahren, 2. Auflage, Frankfurt a.M. 1989
Malchow, H./Bierlich, J./Eser, A./Roemer, V. M./Rössler, D.: Aufgabe und Arbeitsweise einer Ethikkommission am Beispiel der Tübinger Ethikkommission, Der Internist 1982, 227-232
Maunz, Theodor/Dürig, Günter: Grundgesetz, Kommentar, München, Stand des Loseblattwerkes: Juni 1998 (zitiert: Maunz/Dürig-Bearbeiter)
Maurer, Hartmut: Allgemeines Verwaltungsrecht, 11. Auflage, München 1997
Medicus, Dieter: Bürgerliches Recht, 17. Auflage, Köln, Berlin et al. 1998
Medizinal-Collegium (Hrsg.): Die Gesundheitsverhältnisse Hamburgs im 19. Jahrhundert, Hamburg 1901

Menger, Christian-Friedrich: Die Bestimmung der öffentlichen Verwaltung nach den Zwecken, Mitteln und Formen, DVBl 1960, 297-303
Michaelis, Jörg: Der Beitrag der medizinischen Biometrie zur ethischen Bewertung klinischer Studien, in: Rolf Lachmann/Norbert Meuter (Hrsg.), Zur Gerechtigkeit der Organverteilung, Jahrbuch des Arbeitskreises Medizinischer Ethik-Kommissionen in der Bundesrepublik Deutschland, Stuttgart, Jena et al. 1997, S. 206-213 (zitiert: Michaelis, in: Lachmann/Meuter)
Mugdan, Benno (Hrsg.): Die gesammelten Materialien zum Bürgerlichen Gesetzbuch, Band II, Recht der Schuldverhältnisse, Berlin 1899
von Münch, Ingo(Begr.)/Kunig, Philip (Hrsg.): Grundgesetz-Kommentar, Band 1, Präambel bis Art. 20, 4. Auflage, München 1992 Band 2, Art. 21-69, 3. Auflage, München 1995 (zitiert: v. Münch-Bearbeiter)
Narr, Helmut (Begr.): Ärztliches Berufsrecht, Band I und II, 2. Auflage, Köln 1997
Nolan, Kathleen A.: Student Members: 'Informed Outsiders' on IRBs, IRB 2, 1980, Nr. 8, 1-4
Nöthlichs, Matthias: Sicherheitsvorschriften für Medizinprodukte, Ergänzbarer Kommentar zum Medizinproduktegesetz und zur Medizingeräteverordnung, Berlin, Stand des Loseblattwerkes: September 1998
Obermayer, Klaus (Begr.)/Fritz, Roland (Hrsg.): Kommentar zum Verwaltungsverfahrensgesetz, 3. Auflage, Neuwied, Kriftel 1999
Oppermann, Thomas: Subsidiarität als Bestandteil des Grundgesetzes, JuS 1996, 569-573
Ossenbühl, Fritz: Zur Renaissance der administrativen Beurteilungsermächtigung, DÖV 1972, 401-405
– Gedanken zur Kontrolldichte in der verwaltungsgerichtlichen Rechtsprechung, in: Festschrift für Konrad Redeker zum 70. Geburtstag, München 1993
– Staatshaftungsrecht, 5. Auflage, München 1998
Palandt, Otto: Bürgerliches Gesetzbuch, 58. Auflage, München 1999 (zitiert: Palandt-Bearbeiter)
Patzig, Günther/Schöne-Seifert, Bettina: Theoretische Grundlagen und Systematik der Ethik in der Medizin, in: Winfried Kahlke, Stella Reiter-Theil (Hrsg.), Ethik in der Medizin, Stuttgart 1995, S. 1-9 (zitiert: Patzig/Schöne-Seifert, Ethik in der Medizin)
Penslar, Robin Levin (Hrsg.): Protecting Human Research Subjects – Institutional Review Board Guidebook, Washington, DC 1993
Pfeiffer, Gerd: Zum Vorliegen des Votums einer Ethik-Kommission bei einer Arzneimittelprüfung am Menschen, PharmInd 1992, 841-844
– Fünftes Gesetz zur Änderung des Arzneimittelgesetzes, VersR 1994, 1377-1381
– Die gegenwärtige und künftige Problematik der Ethik-Kommissionen, VersR 1991, 613-622
– Zur gesetzwidrigen Regelung über die Einschaltung von Ethik-Kommissionen bei der Arzneimittelforschung, ZRP 1998, 43-46

– Ethik-Kommissionen, Embryonenschutz und In-Vitro-Fertilisation: gültige Regelungen im ärztlichen Standesrecht?, VersR 1990, 685-687
– Zuständigkeit für Ethik-Kommissionen, MMW 1990, 16-18
Pfeiffer, Gerd/Tiedemann, Inge K.: Medizinische Forschung und Ethikkommissionen, Med.Klin. 1989, 557-561
Pflanz, Elisabeth: Die dornenvolle Arbeit der Ethik-Kommissionen, DÄBl 1989, C-1239-1240
Piechowiak, Helmut: Ethik-Kommissionen in der Medizin, Fortschritte in der Medizin 1982, 1023-1026
Pieper, Stefan Ulrich: Subsidiarität, Diss., Köln, Berlin et al. 1994, zugl.: Münster, Diss., 1992/1993
Pieroth, Bodo/Schlink, Bernhard: Grundrechte – Staatsrecht II, 14. Auflage, Heidelberg 1998
Pietrzak, Alexandra: Die Schutzpflicht im verfassungsrechtlichen Kontext – Überblick und neue Aspekte, JuS 1994, 748-753
Porter, Joan P.: What are the Ideal Characteristics of Unaffiliated/Nonscientist IRB Members?, IRB 8, 1986, Nr. 3, 1-6
– How Unaffiliated/Nonscientist Members of Institutional Review Boards See Their Roles, IRB 9, 1987, Nr. 6, 1-6
Prentice, Ernest D./Antonson, Dean L.: A Protocol Review Guide to Reduce IRB Inconsistency, IRB 9, 1987, Nr. 1, 9-11
Ratzel, Rudolf/Lippert, Hans-Dieter: Kommentar zur Musterberufsordnung der deutschen Ärzte, 2. Auflage, Berlin, New York et al. 1998
Rebmann, Kurt/Säcker, Jürgen/Rixecker, Roland (Hrsg.): Münchener Kommentar zum Bürgerlichen Gesetzbuch, Band 4: (§§ 607-704), 3. Auflage, München 1997 Band 5: (§§ 705-853) 3. Auflage 1997 (zitiert: MünchKomm-Bearbeiter)
Redeker, Konrad/Oertzen von, Hans-Joachim/Redeker, Martin: Verwaltungsgerichtsordnung Kommentar, 12. Auflage, Stuttgart, Berlin et al. 1997
Rehmann, Wolfgang A.: Arzneimittelgesetz mit Erläuterungen, München 1999
Reichsgerichtsräte-Kommentar *(RGRK)*: Das Bürgerliche Gesetzbuch mit besonderer Berücksichtigung der Rechtsprechung des Reichsgerichts und des Bundesgerichtshofs, Band II, 4. Teil (§§ 631-811), 12. Auflage, Berlin, New York 1978; Band II, 5. Teil (§§ 812-831), 12. Auflage, Berlin, New York 1989; Band II, 6. Teil, (§§ 832-853), 12. Auflage, Berlin, New York 1989 (zitiert: RGRK-Bearbeiter)
Reinelt, Ekkehart: Zur Haftung des Arzneimittelherstellers für die Übertragung von Viren durch Blutprodukte – Zur beabsichtigten Änderung des Arzneimittelgesetzes, ZRP 1994, 333-335
Riis, Povl: Scope of Ethical Review, in: Zbigniew Bankowski/Norman Howard-Jones (Hrsg.), Human Experimentation and Medical Ethics, XVth CIOMS Round Table Conference, Genf 1982, S. 226-230 (zitiert: Riis, in: XVth CIOMS Round Table Conference)
Ring, Gerhard: Wettbewerbsrecht der freien Berufe, Baden-Baden, Diss., 1989

Robertson, John A.: The Law of Institutional Review Boards, UCLA Law Review, Band 26, 1979, 484-549

Rodegra, H.: Das Gesundheitswesen der Stadt Hamburg im 19. Jahrhundert unter Berücksichtigung der Medizinalgesetzgebung (1586-1818-1900), Wiesbaden 1979

Roseman, Kenneth D.: Man-Child in a Promised Land: A Layman Serves on the Human Subjects Committee, IRB 9, 1987, Nr. 2, 8-10

Röwekamp, Georg: Zulässigkeit und Grenzen biomedizinischer Humanforschung – Aufgaben und Probleme der Ethik-Kommissionen, Münster, Diss., 1985

Rupp, Hans Heinrich: Ethik-Kommissionen und Verfassungsrecht, UTR, Bd. 12, 1990, 23-53

– Ethik-Kommissionen aus verfassungsrechtlicher Sicht, in: I. Klingmann, C. Kori-Lindner, P.U. Witte (Hrsg.), Ethik in der klinischen Prüfung, Fürth 1990, S. 55-63

Samson, Erich: Über Sinn und Unsinn von Ethik-Kommissionen, DMW 1981, 667-670

Sander, Axel: Die Entwicklung der Arzneimittelhaftung seit Contergan, in: Festschrift für Erwin Deutsch zum 70. Geburtstag, Köln, Berlin et al. 1999, S. 711-722

Sander, Axel: Arzneimittelrecht, Band 1 (§§1-46), Stuttgart, Berlin et al., Stand des Loseblattwerkes: Februar 1999

Saternus, Klaus-Steffen/Kernbach-Wighton, Gerhard: Ärztliche Aufklärung und Behaltensleistung bei älteren und alten Patienten, in: Festschrift für Erwin Deutsch zum 70. Geburtstag, Köln, Berlin et al. 1999, S. 723-738

Schaupp, Walter: Der ethische Gehalt der Helsinki Deklaration, Frankfurt a.M. 1993, zugl.: Wien, Diss., 1993

Scheffold, Stefan: Haftungsfragen im Zusammenhang mit der Tätigkeit von institutional review boards und von Ethik-Kommissionen, Frankfurt a.M., New York et al. 1992, zugl.: Tübingen, Diss., 1991

Schenke, Wolf-Rüdiger: Verwaltungsprozeßrecht, 5. Auflage, Heidelberg 1997

– Verfassungsrechtliche Probleme einer öffentlichrechtlichen Monopolisierung der ethischen Beratung bei klinischen Versuchen am Menschen, NJW 1996, 745-755

– Rechtliche Grenzen der Rechtsetzungsbefugnisse von Ärztekammern, NJW 1991, 2313-2322

Schiwy, Peter: Deutsches Arztrecht, Kommentar, Band 1, Stand des Loseblattwerkes März 1999, Starnberg 1999

Schiwy-Bochat, Karl-Heinz/Althoff, Helmut/Müller, Heike: Erfahrungsspektrum einer Ethik-Kommission an einer medizinischen Fakultät, MedR 1997, 68-71

Schmidt-Bleibtreu, Bruno/Klein, Franz: Kommentar zum Grundgesetz, 9. Auflage, Neuwied 1999 (zitiert: Schmidt-Bleibtreu/Klein-Bearbeiter)

Schmidt-Jortzig, Edzard: Kommunale Organisationshoheit, Göttingen 1979

Schmitt Glaeser, Walter: Verwaltungsprozeßrecht, 14. Auflage, Stuttgart, München et al. 1997
Schoch, Friedrich/Schmidt-Aßmann, Eberhard/Pietzner, Rainer (Hrsg.): Verwaltungsgerichtsordnung, Kommentar, Band I, München, Stand des Loseblattwerkes: März 1999 (zitiert: Schoch/Schmidt-Aßmann/Pietzner-Bearbeiter)
Scholz, Karsten/Stoll, Tonio: Bedarfsprüfung und Wirksamkeitskontrolle durch Ethik-Kommissionen, MedR 1990, 58-62
Schorn, Gert: Medizinprodukte-Recht, Recht – Materialien – Kommentar, 2. Auflage, Stand des Loseblattwerkes Oktober 1998, Stuttgart 1999
Schröder, Michael: Ethik-Kommissionen, Embryonenschutz und In-vitro-Fertilisation: gültige Regelungen im ärztlichen Standesrecht?, VersR 1990, 243-253
– Kommissionskontrolle in Reproduktionsmedizin und Gentechnologie, Köln, Berlin et al. 1992, zugl. Göttingen, Diss., 1991
Schwarz, Joachim A.: Safety Committees – Anforderungen an die Zusammensetzung, Arbeitsweisen, Aufgaben und Verantwortlichkeiten, PharmInd 1996, 584-590
Schwendler-Haffke, Edda/Reinken, Ursula/Hüttmann, Heidi/Schick, Karl: Ethikkommissionen in Deutschland aus Sicht der forschenden pharmazeutischen Industrie, PharmInd 1999, 11-18
Sickmüller, Barbara: Klinische Arzneimittelprüfungen in der EU, CPMP/ICH-GCP-Leitlinie, 4. Auflage, Aulendorf 1998
– Europäische Richtlinie zur klinischen Prüfung: Entwurf im Europäischen Parlament, PharmaR 1998, 80-81
– Positionspapier des Bundesverbandes der Pharmazeutischen Industrie e.V. zu einheitlichen Rahmenbedingungen für Ethik-Kommissionen, PharmInd 1990, 543-545
Sobota, Katharina: Die Ethik-Kommission- Ein neues Institut des Verwaltungsrechts?, AöR 1996, 229-261
Soergel, Hans Theodor(Begr.)/Siebert, Wolfgang (Hrsg.)/Baur, Jürgen F. et al.: Kommentar zum Bürgerlichen Gesetzbuch, Band 5/2 (§§ 823-853), 12. Auflage, Stuttgart, Berlin et al. 1999 (zitiert: Soergel-Bearbeiter)
Spatz, Johannes: Patientenschutz statt Arztschutz, Mabuse 94, Februar/März 1995, 45-47
Stamer, Katrin: Anmerkung zu VGH Bad.-Württ., Beschl. v. 10.02.1998 – 9 S 557/96, MedR 1998, 478-479
– Die Ethik-Kommissionen in Baden-Württemberg: Verfassung und Verfahren, Frankfurt a.M. 1998, zugl.: Heidelberg, Diss., 1998
Starck, Christian: Regelungskompetenzen im Bereich des Art. 12 GG und ärztliches Berufsrecht, NJW 1972, 1489-1493
– Autonomie und Grundrechte. Zur Regelungsbefugnis öffentlich-rechtlicher Autonomieträger im Grundrechtsbereich, AöR 1967, 449-477
Statistisches Bureau der Steuer-Deputation (Hrsg.): Statistik des Hamburgischen Staates, Hamburg 1902, Heft XX

von Staudinger, Julius: Kommentar zum Bürgerlichen Gesetzbuch, §§ 652-704, 13. Auflage, Berlin 1995; §§ 823-832, 12. Auflage, Berlin 1986; §§ 833-853, 12. Auflage, Berlin 1986 (zitiert: Staudinger-Bearbeiter)
Staupe, Jürgen: Parlamentsvorbehalt und Delegationsbefugnis, Berlin, Diss., 1986
Steffen, Erich: Neue Entwicklungslinien der BGH-Rechtsprechung zum Arzthaftungsrecht, 6. Auflage, Köln 1995
Steinberg, Margret: Ein kritischer Blick auf Forschung am Menschen – Die Aufgaben der Ethik-Kommission, Berliner Ärzte 9/1997, 11-13
Steiner, Udo (Hrsg.): Besonderes Verwaltungsrecht, 5. Aufl., Heidelberg 1995
Stelkens, Paul/Bonk, Heinz-Joachim/Sachs, Michael/Kallerhoff, Dieter/Schmitz, Heribert/Stelkens, Ulrich: Verwaltungsverfahrensgesetz – Kommentar, 5. Auflage, München 1998 (zitiert: Stelkens/ Bonk/Sachs-Bearbeiter)
Stern, Klaus: Das Staatsrecht der Bundesrepublik Deutschland, Band III/1 – Allgemeine Lehren der Grundrechte, München 1988
Stock, Meike: Der Probandenschutz bei der medizinischen Forschung am Menschen, Frankfurt a.M., New York 1998, zugl.: Göttingen, Diss., 1996
Sträter, Burkhard: Zur Mitwirkung lokaler Ethik-Kommissionen an multizentrischen Studien, PharmaR 1997, 337-342
Süsterhenn, Adolf: Das Subsidiaritätsprinzip als Grundlage der vertikalen Gewaltenteilung, in: Festschrift für Hans Nipperdey zum 75. Geburtstag, 1956, S. 141-155
Taupitz, Jochen: Die Zukunft der ärztlichen Selbstverwaltung, MedR 1998, 1-7
– Die Standesordnungen der freien Berufe, Berlin, New York 1991
Taupitz, Jochen/Fröhlich, Uwe: Dürfen Pflegekräfte eigenständig klinisch forschen?, MedR 1998, 257-261
Tiedemann, Inge K.: Voraussetzungen und Grenzen rechtlicher Regelungen für die Tätigkeit von Ethik-Kommissionen bei Forschungsvorhaben am Menschen, ZRP 1991, 54-61
Tiedemann, Klaus und Inge: Zur strafrechtlichen Bedeutung des sogenannten kontrollierten Versuchs bei der klinischen Arzneimittelprüfung, in: Festschrift für Rudolf Schmitt zum 70. Geburtstag, Tübingen 1992, S. 139-157
Toellner, Richard: Problemgeschichte: Entstehung der Ethik-Kommissionen, in: Richard Toellner (Hrsg.), Die Ethik-Kommission in der Medizin, Stuttgart, New York 1990, S. 3-18
Toellner, Richard/Wiesing, Urban: Geschichte und Ethik in der Medizin – von den Schwierigkeiten einer Kooperation. Stuttgart 1997
Tröhler, Ulrich/Reiter-Theil (Hrsg.): Ethics Codes in Medicine, Aldershot, Brookfield USA et al. 1998
Trute, Hans-Heinrich: Die Forschung zwischen grundrechtlicher Freiheit und staatlicher Institutionalisierung, Tübingen 1994
Ule, Carl Hermann/Laubinger, Hans-Werner: Verwaltungsverfahrensrecht, 4. Auflage, Köln, Berlin et al. 1995
Vogt, Gerhard: Ärztliche Selbstverwaltung im Wandel, Köln 1998

Wagner, Gerhard: Öffentlich-rechtliche Genehmigung und zivilrechtliche Rechtswidrigkeit, Köln, Berlin et al. 1989, zugl.: Göttingen, Diss., 1989

Wagner, Hans-Joachim: Aspekte und Aufgaben der medizinischen Ethik-Kommissionen, DÄBl 1981, 168-170

Walter-Sack, Ingeborg: Regularien der klinischen Prüfung – Innovationshemmer oder ethische Notwendigkeit, MedR 1997, 504-507

– Aufgaben und Arbeitsweise einer Ethikkommission nach der Änderung der Berufsordnung der Ärzte in Baden-Württemberg und Inkraftreten des Medizinproduktegesetzes sowie der 5. Novelle des Arzneimittelgesetzes, MedR 1997, 301-304

Weihrauch, Thomas/Baumbauer, Eberhard: Medizinische Forschung in Deutschland – Probleme und Chancen – aus Sicht der Pharmazeutischen Industrie, PharmInd 1998, 1013-1015

Weißauer, Walther: Ethikkommissionen und Recht, MMW 1979, 551-556

Wenckstern, Annette: Die Haftung bei der Arzneimittelprüfung und die Probandenversicherung, Frankfurt a.M., New York et al. 1998, zugl.: Hamburg, Diss., 1998

Wentzel, Matthias: Autonomes Berufsausbildungsrecht und Grundgesetz, Stuttgart 1970

Wolff, Hans J. (Begr.)/Bachof, Otto/Stober, Rolf: Verwaltungsrecht, Bd. I, 10. Auflage, München 1994 Bd. II, 5. Auflage, München 1987 Bd. III, 4. Auflage, München 1978

Ziegler, Wolfgang: Die Verkündung von Satzungen und Rechtsverordnungen der Gemeinden, Berlin, Diss., 1976

Zimmermann, Reinhard: Herausforderungsformel und Haftung für fremde Willensbetätigungen nach § 823 I BGB, JZ 1980, 10-16

Zuck, Rüdiger: Subsidiaritätsprinzip und Grundgesetz, München 1968

Die Reihe RECHT UND MEDIZIN wird von den Professoren Deutsch (Göttingen), Laufs (Heidelberg) und Schreiber (Göttingen) herausgegeben. Ihre Aufgabe ist es, Monographien und Dissertationen auf dem Gebiet des medizinischen Rechts zu veröffentlichen. Dieses Gebiet, das an Bedeutung noch zunehmen wird, umfaßt auf der juristischen Seite sowohl zivilrechtliche als auch straf- und öffentlich-rechtliche Fragestellungen. Die Fragen können von der juristischen oder von der medizinischen Seite aus untersucht werden. Übergreifendes Ziel ist es, den medizin-rechtlichen Fragen nicht etwa ein gängiges juristisches Denkschema überzuwerfen, sondern die besonderen Probleme der Regelung medizinischer Sachverhalte eigenständig aufzufassen und darzustellen.

Die Adressen der drei Herausgeber sind:

Prof. Dr. Dr. h.c. Erwin Deutsch (Zivilrecht und Rechtsvergleichung)
Höltystraße 8
37085 Göttingen

Prof. Dr. Dr. h.c. Adolf Laufs (Zivilrecht und Rechtsgeschichte)
Kohlackerweg 12
69151 Neckargemünd

Prof. Dr. Dr. h.c. Hans-Ludwig Schreiber (Strafrecht und Rechtstheorie)
Linzer Straße 1
30519 Hannover

RECHT UND MEDIZIN

Band 1 Erwin Deutsch: Das Recht der klinischen Forschung am Menschen. Zulässigkeit und Folgen der Versuche am Menschen, dargestellt im Vergleich zu dem amerikanischen Beispiel und den internationalen Regelungen. 1979.

Band 2 Thomas Carstens: Das Recht der Organtransplantation. Stand und Tendenzen des deutschen Rechts im Vergleich zu ausländischen Gesetzen. 1979.

Band 3 Moritz Linzbach: Informed Consent. Die Aufklärungspflicht des Arztes im amerikanischen und im deutschen Recht. 1980.

Band 4 Volker Henschel: Aufgabe und Tätigkeit der Schlichtungs- und Gutachterstellen für Arzthaftpflichtstreitigkeiten. 1980.

Band 5 Hans Lilie: Ärztliche Dokumentation und Informationsrechte des Patienten. Eine arztrechtliche Studie zum deutschen und amerikanischen Recht. 1980.

Band 6 Peter Mengert: Rechtsmedizinische Probleme in der Psychotherapie. 1981.

Band 7 Hazel G.S. Marinero: Arzneimittelhaftung in den USA und Deutschland. 1982.

Band 8 Wolfram Eberbach. Die zivilrechtliche Beurteilung der *Humanforschung*. 1982.

Band 9 Wolfgang Deuchler: Die Haftung des Arztes für die unerwünschte Geburt eines Kindes ("wrongful birth"). Eine rechtsvergleichende Darstellung des amerikanischen und deutschen Rechts. 1984.

Band 10 Hermann Schünemann: Die Rechte am menschlichen Körper. 1985.

Band 11 Joachim Sick: Beweisrecht im Arzthaftpflichtprozeß. 1986.

Band 12 Michael Pap: Extrakorporale Befruchtung und Embryotransfer aus arztrechtlicher Sicht; insbesondere: Der Schutz des werdenden Lebens in vitro. 1987.

Band 13 Sabine Rickmann: Zur Wirksamkeit von Patiententestamenten im Bereich des Strafrechts. 1987.

Band 14 Joachim Czwalinna: Ethik-Kommissionen - Forschungslegitimation durch Verfahren. 1987.

Band 15 Günter Schirmer: Status und Schutz des frühen Embryos bei der *In-vitro*-Fertilisation. Rechtslage und Diskussionsstand in Deutschland im Vergleich zu den Ländern des angloamerikanischen Rechtskreises. 1987.

Band 16 Sabine Dönicke: Strafrechtliche Aspekte der Katastrophenmedizin. 1987.

Band 17 Erwin Bernat: Rechtsfragen medizinisch assistierter Zeugung. 1989.

Band 18 Hartmut Schulz: Haftung für Infektionen. 1988.

Band 19 Herbert Harrer: Zivilrechtliche Haftung bei durchkreuzter Familienplanung. 1989.

Band 20 Reiner Füllmich: Der Tod im Krankenhaus und das Selbstbestimmungsrecht des Patienten. Über das Recht des nicht entscheidungsfähigen Patienten, künstlich lebensverlängernde Maßnahmen abzulehnen. 1990.

Band 21 Franziska Knothe: Staatshaftung bei der Zulassung von Arzneimitteln. 1990.

Band 22 Bettina Merz: Die medizinische, ethische und juristische Problematik artifizieller menschlicher Fortpflanzung. Artifizielle Insemination, In-vitro-Fertilisation mit Embryotransfer und die Forschung an frühen menschlichen Embryonen. 1991.

Band 23 Ferdinand van Oosten: The Doctrine of Informed Consent in Medical Law. 1991.

Band 24 Stephan Cramer: Genom- und Genanalyse. Rechtliche Implikationen einer "Prädiktiven Medizin". 1991.

Band 25 Knut Schulte: Das standesrechtliche Werbeverbot für Ärzte unter Berücksichtigung wettbewerbs- und kartellrechtlicher Bestimmungen. 1992.

Band 26 Young-Kyu Park: Das System des Arzthaftungsrechts. Zur dogmatischen Klarstellung und sachgerechten Verteilung des Haftungsrisikos. 1992.

Band 27 Angela Könning-Feil: Das Internationale Arzthaftungsrecht. Eine kollisionsrechtliche Darstellung auf sachrechtsvergleichender Grundlage. 1992.

Band 28 Jutta Krüger: Der Hamburger Barmbek/Bernbeck-Fall. Rechtstatsächliche Abwicklung und haftungsrechtliche Aspekte eines medizinischen Serienschadens. 1993.

Band 29 Alexandra Goeldel: Leihmutterschaft – eine rechtsvergleichende Studie. 1994.

Band 30 Thomas Brandes: Die Haftung für Organisationspflichtverletzung. 1994.

Band 31 Winfried Grabsch: Die Strafbarkeit der Offenbarung höchstpersönlicher Daten des ungeborenen Menschen. 1994.

Band 32 Jochen Markus: Die Einwilligungsfähigkeit im amerikanischen Recht. Mit einem einleitenden Überblick über den deutschen Diskussionsstand. 1995.

Band 33 Meltem Göben: Arzneimittelhaftung und Gentechnikhaftung als Beispiele modernen Risikoausgleichs mit rechtsvergleichenden Ausblicken zum türkischen und schweizerischen Recht. 1995.

Band 34 Regine Kiesecker: Die Schwangerschaft einer Toten. Strafrecht an der Grenze von Leben und Tod – Der Erlanger und der Stuttgarter Baby-Fall. 1996.

Band 35 Doris Voll: Die Einwilligung im Arztrecht. Eine Untersuchung zu den straf-, zivil- und verfassungsrechtlichen Grundlagen, insbesondere bei Sterilisation und Transplantation unter Berücksichtigung des Betreuungsgesetzes. 1996.

Band 36 Jens-M. Kuhlmann: Einwilligung in die Heilbehandlung alter Menschen. 1996.

Band 37 Hans-Jürgen Grambow: Die Haftung bei Gesundheitsschäden infolge medizinischer Betreuung in der DDR. 1997.

Band 38 Julia Röver: Einflußmöglichkeiten des Patienten im Vorfeld einer medizinischen Behandlung. Antezipierte Erklärung und Stellvertretung in Gesundheitsangelegenheiten. 1997.

Band 39 Jens Göben: Das Mitverschulden des Patienten im Arzthaftungsrecht. 1998.

Band 40 Hans-Jürgen Roßner: Begrenzung der Aufklärungspflicht des Arztes bei Kollision mit anderen ärztlichen Pflichten. Eine medizinrechtliche Studie mit vergleichenden Betrachtungen des nordamerikanischen Rechts. 1998.

Band 41 Meike Stock: Der Probandenschutz bei der medizinischen Forschung am Menschen. Unter besonderer Berücksichtigung der gesetzlich nicht geregelten Bereiche. 1998.

Band 42 Susanne Marian: Die Rechtsstellung des Samenspenders bei der Insemination / IVF. 1998.

Band 43 Maria Kasche: Verlust von Heilungschancen. Eine rechtsvergleichende Untersuchung. 1999.

Band 44 Almut Wilkening: Der Hamburger Sonderweg im System der öffentlich-rechtlichen Ethik-Kommissionen Deutschlands. 2000.